高等学校计算机基础教育教材精选

高效办公自动化
实用技术

吴鸿娟　鄢　沛　徐家良　编著

清华大学出版社
北京

内 容 简 介

本书旨在深入提升读者办公自动化知识和办公效率，以便能从容应对办公环境中可能遇到的各种问题，成为"高效办公人士"。书中主要内容包括办公自动化的基本概念，办公自动化中的典型技术，办公软件高级应用（Word、Excel、PowerPoint），数据库基本知识，实用小系统开发，VBA 编程，网络环境下的事务协同化办理，局域网组建，移动网络办公，常见办公设备的使用及维护等。

本书体系结构合理、内容丰富、条理清晰、图文并茂，以 Windows 7 操作系统和 MS Office 2010 版本为环境，结合大量真实工作情景案例，激发读者的好奇心及学习兴趣；在讲解上尽量突显内容的通俗性和前瞻性，实用性非常强；在体例编排、内容组织上下了很多工夫，直观生动，中间穿插"问题"、"提示"及"小技巧"等形式，可读性强。

本书适合于文秘类、管理类、信息类、计算机类等专业作为本专科办公自动化教程或参考书，办公自动化社会培训教程，同时可作为参加 Office 高级应用相关考试及参加竞赛的学生的参考书；也适合于企事业单位的办公人员、政府公务员等有志于提高办公操作技能的人士作为日常学习读物。

本书配套电子资源可以在清华大学出版社网站（http://www.tup.com.cn）下载。

图书在版编目（CIP）数据

高效办公自动化实用技术/吴鸿娟，鄢沛，徐家良编著. --北京：清华大学出版社，2015

高等学校计算机基础教育教材精选

ISBN 978-7-302-40165-0

Ⅰ. ①高… Ⅱ. ①吴… ②鄢… ③徐… Ⅲ. ①办公自动化－高等学校－教材　Ⅳ. ①C931.4

中国版本图书馆 CIP 数据核字（2015）第 096842 号

责任编辑：张　玥
封面设计：何凤霞
责任校对：时翠兰
责任印制：杨　艳

出版发行：清华大学出版社
　　　　　网　　　址：http://www.tup.com.cn，http://www.wqbook.com
　　　　　地　　　址：北京清华大学学研大厦 A 座　　　　　邮　　编：100084
　　　　　社 总 机：010-62770175　　　　　　　　　　　邮　　购：010-62786544
　　　　　投稿与读者服务：010-62776969，c-service@tup.tsinghua.edu.cn
　　　　　质量反馈：010-62772015，zhiliang@tup.tsinghua.edu.cn
　　　　　课件下载：http://www.tup.com.cn，010-62795954

印　刷　者：北京富博印刷有限公司
装　订　者：北京市密云县京文制本装订厂
经　　　销：全国新华书店
开　　　本：185mm×260mm　　　印　张：16.25　　　字　数：374 千字
版　　　次：2015 年 9 月第 1 版　　　印　次：2015 年 9 月第 1 次印刷
印　　　数：1～2000
定　　　价：34.50 元

产品编号：062237-01

随着信息技术的快速发展，计算机在各级各类管理活动中的应用不断深入，信息时代对人们的办公能力提出了新的要求。办公室工作烦琐而复杂，若信息素质仅限于最基本的办公软件操作，办公人员将不能从根本上改变低效、复杂的手工方式，往往被琐碎而繁杂的日常办公事务弄得焦头烂额。

本书的撰写目的是为了深入提升读者办公自动化知识和办公效率，以便能从容应对办公环境中可能遇到的各种问题，成为"高效办公人士"。本书以 Windows 7 操作系统和 MS Office 2010 版本为环境，结合大量真实工作情景案例，激发读者的好奇心及学习兴趣，并应以"计算机应用基础"知识（特别应对 Windows 操作系统和 MS Office 有一定的了解）为前提。其主要内容如下。

第 1 章讲解办公自动化概论，着重介绍办公自动化的基本概念、发展情况及办公自动化典型技术（门户技术、工作流技术等）。

第 2～4 章讲解 Word 2010、Excel 2010 和 PowerPoint 2010 的高级应用功能，如 Word 中的域、邮件合并、文档的限制编辑；Excel 中的名称、高级筛选、"宏"的录制；PowerPoint 中的相册、图片处理、动画设计（雪花飘落、卷轴动画、汉字书写、旋转的秒针等动画效果）、主题、母版与模板等。

第 5 章讲解 Access 2010 实用小系统开发及数据库中的基础知识，以"教学管理系统"为主线，对整个实用小系统的开发过程，包括数据库、表、查询、窗体以及报表的创建方法和 VBA 编程开发作讲解，方便读者根据工作需要开发实用小系统。

第 6 章讲解网络化办公，即事务协同化办理、局域网的组建、Outlook 和网盘的使用和移动网络办公等。

第 7 章讲解办公设备的使用及维护，即计算机、打印机、复印机等常见办公设备的使用及维护。

本书体系结构合理、内容丰富、条理清晰，讲解上尽量突显内容的通俗性和前瞻性。结合工作实际介绍了很多办公技术，实用性非常强。同时在体例编排、内容组织上下了不少工夫，直观生动，中间穿插"问题"、"提示"及"小技巧"等形式，可读性强，并结合实际介绍了很多使用技巧及快捷方式。

本书作者实践及教学经验丰富，第 1～4 章由吴鸿娟撰写，第 5 章由徐家良撰写，第 6～7 章由鄢沛撰写，全书由吴鸿娟统稿，重庆三峡学院熊江教授审阅了全稿，并提出了许多宝贵意见。

本书能为读者学习办公自动化技术、提高办公效率提供愉快、有效的途径。由于办公理论及技术广泛，内容更新迅速，书中不当之处在所难免，恳请广大读者批评指正。联系邮箱为 juan10329@163.com。

作　者
2015 年 2 月

目录

第 1 章 办公自动化概论

本章要求

- 熟练掌握办公自动化的定义,知道办公自动化的作用。
- 理解办公自动化的模式。
- 了解办公自动化国内外发展情况以及办公自动化程度的划分。
- 理解办公自动化系统的概念。
- 了解办公自动化系统的特性和功能层次。
- 知道办公自动化系统的功能及发展趋势。
- 理解影响办公自动化系统安全的因素。
- 掌握办公自动化系统安全的防范对策。
- 了解办公自动化中的典型技术。

1.1 办公自动化基本概念

随着现代科学技术,尤其是计算机技术、网络技术、通信技术、自动化技术的飞速发展,以及现代企事业单位管理信息化进程的加快,单位内部数据流、信息流、资金流等的信息管理已成为管理水平提升的关键,同时也是企事业单位管理向信息化迈进的基础。对信息的占有和信息处理的先进程度,不仅是企事业单位管理现代化的重要标志,也是其提高效率,深化管理的有利手段。

办公自动化(Office Automation,OA)作为术语,是由美国通用汽车公司 D. S. 哈特于1936 年提出的。20 世纪 70 年代,美国麻省理工学院教授 M. C. Zisman 为办公自动化提出了一个较完整的定义:办公自动化就是将计算机技术、通信技术、系统科学及行为科学应用于传统的数据处理难以处理的数量庞大且结构不明确的、包括非数值型信息的办公事务处理的一项综合技术。

1985 年,在我国召开的第一次办公自动化规划讨论会上,与会专家及学者综合了国内外的既有成果,将办公自动化定义如下:办公自动化是利用先进的科学技术,不断使人的一部分办公业务活动物化于人以外的各种设备中,并由这些设备与办公室人员构成服务于某种目标的人—机信息处理系统。

通过实现办公自动化,可以优化现有的管理组织结构,调整管理体制,在提高效率的基础上增加协同办公能力,强化决策的一致性,最终实现提高决策效能的目的。企事业单位实现办公自动化的程度也是衡量其实现现代化管理的标准。

1.2　办公自动化的模式

现代信息技术的发展推动了社会信息化的进程,改变了传统的办公方式,这种转变包括办公操作技能和办公自动化系统方面的变革,体现为个人办公自动化和群体办公自动化两个方面的变化。办公活动存在"个人办公"与"群体办公"两种模式,与之对应,办公自动化技术可以分为"个人办公自动化技术"和"群体办公自动化技术"。

个人办公自动化主要指支持个人办公的计算机应用技术,这些技术包括文字处理、数据处理、电子报表处理、多媒体技术等内容。通过使用通用的桌面软件,如 MS Office 和 WPS Office 等实现,在单人单机使用时非常有效。

群体办公自动化是支持群体间动态办公的综合自动化系统,为区别传统意义上的办公自动化系统,特指针对越来越频繁出现的跨单位、跨专业和超地理界线的信息交换和业务交会的协同化自动办公技术和系统。

支持群体办公自动化的特征如下。

(1)网络化:系统从一开始就建立在网络之上,依靠网络和网络信息的支持而运转,信息系统支持组织的动态变化和任何形式的协同交互业务。

(2)智能化:具有人工智能和多媒体等技术的支持,实施知识管理的组织机制,能够挖掘隐性知识,揭示信息的价值和意义,达到组织内知识共享的目的,使之成为组织运用信息进行创造性智能活动的技术基础。

1.3　办公自动化的发展状况

1.3.1　国内外发展情况

20 世纪 70 年代后期,美、英、日等国家开始办公自动化理论和技术的研究。美国是世界信息产业的发源地,也是推行办公自动化最早的国家,其发展大致经历了以下 4 个阶段。

(1)单机设备阶段(20 世纪 50 年代～70 年代中期)。主要以单件办公设备为基础,完成单项办公业务。在办公中主要使用文字处理机、词处理机、复印机、传真机等设备,用以完成单项办公业务处理,支持事务处理类工作。

(2)局域网阶段(20 世纪 70 年代后期～80 年代中期)。开始采用部分综合设备,如专用交换机、局域网等,将许多单级设备融入到局域网络中,以实现数据、设备的共享,使事务处理自动化。在此阶段,微型计算机的发展促进了办公自动化技术的普及和应用。IBM、XEROX、AT&T、DEC 等一批研制、生产办公自动化设备的企业更是应用办公自动化技术建立试验性系统,积累经验并推广办公自动化。美国政府在此期间开始建设并应用计算机网络办公信息系统,在各部门内部也建立了相对完整的办公信息处理系统。

（3）一体化阶段（20世纪80年代后期～90年代初期）。采用以数据、文字、声音、图像等多媒体信息传输、处理、存储的广域网为手段,各种技术与设备得到了综合利用,集成化、一体化的办公自动化网络建立,办公业务综合管理自动化基本得以实现。在此阶段,计算机和通信技术高度结合,网络化、一体化的办公信息通信体系和电子邮件系统得到完善。

（4）办公新阶段（20世纪90年代初期以后）。这一时期,光存储设备、智能化办公机器、语音处理设备与图形图像处理设备成为办公系统的重要组成部分,电子政务的建设促进了办公高度自动化、信息化和智能化。以光纤网络技术为先导,政府、科研机构、学校、企业、商店以及家庭之间的多媒体信息传输得以实现,办公系统与其他信息系统结合在一起,形成了高度综合化、自动化和智能化的办公环境。信息技术的进一步发展促进了信息处理和信息通信的紧密结合,从而统一到广义的信息处理概念中,形成了一体化的大型信息管理系统。移动办公、无线办公的兴起又进一步拓展了办公的时空,使办公自动化逐步走向办公信息化和智能化。

我国政府的办公自动化是20世纪80年代中期才发展起来的。1985年,全国召开第一次办公自动化规划会议,对我国的办公自动化建设进行了规划;1986年5月,在国务院电子振兴领导小组办公自动化专家组第一次专家会议上,定义了办公自动化系统的功能层次和结构模式;随后,国务院率先开发了"中南海办公自动化系统"。

虽然我国办公自动化起步较晚,但发展很迅速,1992年,为了推进政府机关的自动化程度,在政府机关普及推广计算机的使用,国务院办公室下发文件《国务院办公厅关于建设全国政府行政首脑机关办公决策服务系统的通知》。该文件下发以后,在国务院办公厅的统一指导下,经过各地区、各部门近十年的积极努力,全国政府系统信息化建设取得了长足的发展。

我国的信息化经过早期推行办公自动化（OA）系统及20世纪末的政府上网工程等发展阶段,已经具备了一定基础,取得了不小进步。但各地各级单位的发展很不均衡,沿海地区明显比内陆地区好,内陆地区又明显比偏远地区好。信息化的速度和水平还不能适应国民经济和社会发展的要求,还存在一些突出问题,比如缺乏统一规划和统一标准,各部门信息存在信息孤岛,资源难以共享;常常重系统而忽视业务流程优化;重建设,轻运行维护等。

关于移动办公,目前国内发达地区的单位已经在这方面先行一步,因为他们积累了大量的应用系统开发经验,并且本身需要实施现场巡查、调查、打印等业务,存在将工作流程向移动终端延伸的实际需求。

1.3.2　办公自动化程度划分

各企事业单位的办公自动化程度可以划分为以下4类。

（1）起步较慢,还停留在使用没有联网计算机的阶段,仅仅使用MS Office系列、WPS系列应用软件,以提高个人办公效率。

（2）已经建立了自己的Intranet网络，但没有好的应用系统支持协同工作，仍然是个人办公，网络处在闲置状态，投资没有产生应有的效益。

（3）已经建立了自己的Intranet网络，内部员工通过电子邮件交流信息，实现了有限的协同工作，但产生的效益不明显。

（4）已经建立了自己的Intranet网络；使用经二次开发的通用办公自动化系统；能较好地支持信息共享和协同工作，与外界联系的信息渠道畅通；通过Internet发布、宣传产品、技术、服务；Intranet网络已经对单位的经营产生了积极效益。正着手开发或已经在使用针对业务定制的综合办公自动化系统，实现科学的管理和决策，增强单位的竞争能力。

尽快进行办公自动化建设，占据领先地位，有助于企事业单位保持竞争优势，形成良性循环。办公自动化的实施也应该考虑单位的实际情况，主要是经济实力。按照以上分析，第一类单位进行办公自动化建设需要较多投入，既要搭建Intranet，又要开发办公自动化系统，需要较强的经济实力才能完成；对于第二、第三类单位，由于已经存在Intranet网络，只是没有或没有好的办公应用系统，因此只须投入相对网络投资较少的资金，即可开发通用办公自动化系统，产生较高的投资回报。即使一步到位开发综合办公自动化系统，投资也要比网络投资少很多，而产生的经济效益更高；对于第四类单位，由于其办公自动化基础好，只须较少的投资即可达到办公自动化的较高水平。

1.4　办公自动化系统

办公自动化系统是利用技术的手段提高办公效率，进而实现办公自动化处理的系统。它采用Internet/Intranet技术，基于工作流的概念，使单位内部人员方便快捷地共享信息，高效地协同工作；改变过去复杂、低效的手工办公方式，实现迅速、全方位的信息采集、信息处理，为企事业单位的管理和决策提供科学的依据。

1.4.1　办公自动化系统的特性

办公自动化系统应具有五大特性：易用性、开放性、健壮性、严密性和实用性。

1. 易用性

没有全面的应用做基础，一切都是空谈。大部分组织内部人员年龄跨度较大，众口难调，只有易用性高的办公自动化系统才能获得用户的一致青睐。管理落地必须面向全员，所以，软件也必须能够为全员所接受，全员所喜爱。如果易用性不强，这个前提就不存在了，管理落地就只能是空谈。

2. 开放性

与各单位现有的ERP、CRM、HR、财务等系统融合集成，是办公自动化系统发展的大趋势。只有具备开放性的办公自动化系统,才能与其他信息化平台整合集成,帮助用户打破信息孤岛、应用孤岛和资源孤岛。一套软件能够独立地完成所有方面的管理需求是很困难的,能够从其他软件系统中自动获取相关信息,并完成必要的关联性整合应用,十分重要。

3. 健壮性

必须具备超大用户、高并发应用的稳定性。管理落地必须面向全员,所以支撑"落地"的软件也必须能保证全员应用的稳定性,尤其是针对集团型的企业,否则,一旦出问题,哪怕是小问题,都有可能影响现实的集团业务,从而造成不可估量的损失。

4. 严密性

对集团型企业来说,一方面必须有统一的信息平台,另一方面,又应给各子公司部门相对独立的信息空间。所以,软件不仅要实现"用户、角色和权限"上的三维管控,还必须同时实现信息数据上的大集中与小独立的和谐统一,也就是必须实现"用户、角色、权限、数据"的四维管控,具备全面的门户功能。

办公自动化系统的严密性和健壮性是衡量软件优劣的重要指标,也是反映办公自动化软件厂商实力差距的重要方面。

5. 实用性

不实用的办公自动化系统,无论看起来功能多丰富,性价比多高,都可能与行业发展不配套,无法达到提升效率的目的。软件功能必须与管理实务紧密结合,还必须能适应单位管理发展的要求,否则药不对症,反而可能有副作用。

1.4.2 办公自动化系统的层次

按功能和实际应用划分,办公自动化系统可以分为 3 个层次。

1. 事务型办公自动化系统

事务型办公自动化系统一般用于实现事务办理的功能。只限于单机或简单的小型局域网上的文字处理、电子表格、数据库等辅助工具的应用。最普遍的应用有文字处理、电子排版、电子表格处理、文件收发管理、办公日程管理、人事管理、财务统计、个人数据库等。这些常用的办公事务处理的应用可做成应用软件包,包内不同应用程序之间可以互相调用或共享数据,以便提高办公事务处理的效率。这种办公事务处理软件包应具有通用性,以扩大应用范围,提高利用价值。

此外,在办公事务处理级上,可以使用多种办公自动化子系统,如电子出版系统、电子文档管理系统、智能化的中文检索系统、光学汉字识别系统、汉语语音识别系统等。在公用服务业、公司等经营业务方面,使用计算机替代人工处理的工作日益增多,如订票、售票系统,柜台或窗口系统,银行业的储蓄业务系统等。事务型或业务型办公自动化系统的功能都是处理日常的办公操作,是直接面向办公人员的。

2. 信息管理型办公自动化系统

信息管理型的办公自动化系统,是把事务型(或业务型)办公系统和综合信息(数据库)紧密结合起来的一种一体化的办公信息处理系统。综合数据库存放该有关单位日常工作必需的信息。如在政府机关,这些综合信息包括政策、法令、法规、公文、信函等信息;公用服务事业单位的综合数据库包括和服务项目有关的所有综合信息;公司企业单位的综合数据库包括工商法规、经营计划、市场动态、供销业务、库存统计、用户信息等。作为一个现代化政府机关或企事业单位,为了优化日常工作,提高办公效率和质量,必须具备供本单位各个部门共享的综合数据库。这个数据库建立在事务级 OA 系统基础之上,构成信息管理型的办公自动化系统。

3. 决策支持型办公自动化系统

决策支持型办公自动化系统建立在信息管理级办公自动化系统的基础上,使用由综合数据库系统所提供的信息,针对所需要做出决策的课题构造或选用决策数字模型,结合有关内部和外部的条件,由计算机执行决策程序,作出相应的决策。它不同于一般的信息管理,要协助决策者在求解问题答案的过程中方便地检索出相关的数据,对各种方案进行试验和比较,对结果进行优化。该系统除了利用数据库所提供的基本信息和数据资料外,还需要为决策者提供模型、案例或决策方法,所以该系统只有数据库的支撑是不行的,还必须具备模型库和方法库。在实际应用中,对同一问题可以用不同的模型,从不同的角度进行模拟,向决策者提出有效的建议。它的使命是在前两级的基础上,弄清当前状况、将会导致的结果、有哪些可供采用的对策、选择哪一类决策最有效等。

事务级办公自动化系统被称为普通办公自动化系统,信息管理级办公自动化系统和决策支持级办公自动化系统称为高级办公自动化系统。如在工作中收集各种文件资料,然后分档存放,并分别报送给有关领导阅读处理,然后将批阅后的文件妥善保存,以便今后查阅,领导研究各种文件之后做出决定,通常采取文件的形式向下级返回处理指示。这一过程就是一个典型的办公过程。文件本身是信息,其传送即是信息传送过程,但应当注意,领导在分析决策时,可能要翻阅、查找许多相关资料,参照研究,才能决策,所以相关的资料查询、分析,决策的选择也属于信息处理过程。目前,决策支持型办公自动化系统的功能大部分仍是事务层和管理层,随着技术的进步,决策支持型办公自动化系统将会不断发展和成熟。

1.4.3　办公自动化系统的功能

办公自动化系统应为各种类型的文案工作提供支持,通过应用信息技术支持办公室各项信息处理工作,协调不同地域之间、各职能间和各信息工作者间的信息联系,提高办公活动的工作效率和质量。办公自动化系统的设计需要考虑如下内容:具有完善的收发文跟踪流程管理功能;强大的收发文查询管理功能;友好的用户使用界面;完整的用户权限管理功能;系统功能升级与扩充性;与微软 Office 的完美结合;全面支持移动办公;合理完善的系统数据备份功能等。

办公自动化系统的主要功能可以概括为以下 6 项。

(1) 文字处理:包括文件的输入、编辑、修改、合并、生成、存储、打印、复制和印刷等。

(2) 文件管理:包括文件的登记、存档、分类、检索、保密、制表等。

(3) 行政管理:包括图表生成、日程安排、工作计划、人事管理、财务管理和物资管理等。

(4) 信息交流:OA 系统主要是通过电子邮件和电子会议等方式交流信息。

(5) 决策支持:OA 系统可配置决策支持系统(DSS)和群体决策支持系统(GDSS)。

(6) 图像处理:包括用光学字符阅读器直接将印刷体字母和数字输入计算机,用光电扫描仪或数字化仪将图形文字输入计算机。有的 OA 系统配置图像处理系统,它具有图像识别、增强、压缩和复原等功能。

1.4.4　办公自动化系统的发展趋势

伴随着信息化发展的浪潮,办公自动化系统也在不断发展,将更关注组织的决策效率,提供决策支持、知识挖掘、商业智能等全面系统服务。办公自动化发展的主要趋势如下。

1. 人性化

传统的办公自动化系统功能单一,随着功能的不断扩展,用户对功能的需求也不尽相同,这就要求系统应具有人性化的设计,能根据不同用户的需要进行功能组合,将合适的功能放在合适的位置上,给相应的员工访问,增强人本管理。未来办公自动化系统的门户更加强调人性化、易用性、稳定性、开放性,强调人与人沟通协作的便捷性,强调对于众多信息来源的整合,强调构建可以拓展的管理支撑平台框架,从而改变目前"人去找系统"的现状,实现"系统找人"的全新理念,让合适的角色在合适的场景、合适的时间里获取合适的知识,充分发掘和释放人的潜能。

2. 智能化

随着网络以及信息时代的发展,用户进行业务数据处理时,面对大量的数据,如果办公软件能做一些基本的商业智能分析工作,帮助用户快速地从数据中发现一些潜在的商业规律与机会,提高工作绩效,将对用户产生极大的吸引力。

3. 协同化

协同不仅是办公自动化系统内部的协同,而应是与其他业务系统间的协同、无缝对接。协同办公自动化能整合各个系统,把已存在的 MIS 系统、ERP 系统、财务系统等存储的业务数据集成到工作流系统中,使得系统界面统一、账户统一,业务间通过流程进行紧密集成。协同其他系统共同运作的集成软件是大势所趋。

4．通用化

20世纪90年代初出现了"项目式开发OA"以及之后的"完全产品化OA"，但其在满足用户个性化需求、适应性需求以及低成本普及方面实在让人难以乐观。"通用OA"是办公自动化技术不断进步的结果，正如Windows操作系统因更强的通用性、适应性最终替代了DOS操作系统一样，"通用OA"显然是符合未来软件技术发展的潮流。

5．网络化

网络和信息时代的日新月异，使办公自动化系统与互联网高度融合。如谷歌(Google)推出了网上在线的文档处理软件和电子表格软件，实现了网上办公的无缝衔接；微软Office用户可直接在Office软件中搜索到与其工作相关的网络上的资源，用户可在Office软件中直接撰写自己的Blog，并将其发送到网上，实现移动办公。如何将现有的OA系统与互联网有效地衔接互动，而不是"另起一页"，将决定自己的竞争力和市场地位。

6．移动化

信息终端应用正在全面推进融合，Wi-Fi、3G、4G等无线移动技术的迅速发展，使移动设备将成为个人办公必备信息终端，在此载体上的移动办公自动化协同应用将是管理的巨大亮点，实现无处不在、无时不在的实时动态管理。这将给传统OA带来重大的飞跃，尤其是高层管理者，通过移动应用实现对时间碎片的高效应用成为关注点。

1.4.5 办公自动化系统的安全

在科学技术不断发展的今天，随着各部门、各单位之间信息交流的日益频繁，办公自动化系统的信息安全问题已经提到重要的议事日程上来。办公自动化系统及其所处理的大量信息必须安全、可靠，其中的绝密信息不能泄露，要保证安全。

1．加强办公自动化系统安全的必要性

办公自动化系统中输入、处理、输出的是政府部门、企事业单位的有用信息，都有非常重要的经济和实用价值，具有一定程度的保密性要求。所以，加强其安全性，保证其内容的保密性，就显得非常重要。然而，正是由于网络技术的广泛普及和各类信息系统的广泛应用，使得网络化办公中必然存在众多潜在的安全隐患，基于网络连接的安全问题将日益突出。系统很容易遭到非法人员、黑客和病毒的入侵，传输的数据也可能被截取、篡改、删除。因此，加强系统安全与保密显得非常重要。为了保护数据的安全，就需要考虑网络化办公中的安全问题，并予以解决。信息安全是办公自动化系统运行的前提条件。

2．影响办公自动化系统安全的因素

危害办公自动化系统安全的因素有很多，以下为办公自动化系统中存在的安全问题。

1）自然因素

指各种由自然界、环境等的影响造成的对办公自动化系统的不利因素，如火灾、水灾、雷电、地震等。其危害主要针对系统设备、存储介质和通信线路等。

2）人员操作失误和泄密

人员对数据进行各种处理时，发生失误是难免的，误操作可能会造成存储介质或数据的破坏，影响数据的正确性。对于系统的操作和使用人员来说，并不是每个人都能对数据保密的重要性有足够的认识，也可能对防范数据泄露的方式不够了解，从而造成数据泄密，影响数据的安全性。比如对系统口令管理不严，对存储器保管失职等行为，都会影响到数据安全。

3）系统、设备故障

计算机内部系统的应用软件出现错误、数据不正常、导致一些操作系统运行不正确，最后文件自动损坏。硬件系统的主板、硬盘、存储介质、芯片、电源等各组成部分出现故障；驱动程序、网络接口卡和网络的连接等问题。

4）大量黑客技术入侵

黑客利用通信软件及联网计算机，通过网络非法进入系统，截获或篡改计算机数据，危害到数据信息的安全。为了使 OA 办公变得更加方便，OA 办公系统网络和互联网两者之间有一个互相连接的端口，很明显，一旦黑客操作者侵入 OA 办公系统网络中截取任意节点，就能盗走数据信息，只要再进一步分解数据信息，就可以获取重要的信息资料。随着互联网的普及应用，在开放互联环境中进行商务等机密信息交换时，保证数据信息不被窃取篡改，已成为非常关注的问题。网络犯罪等安全问题对办公自动化系统的安全构成了很大威胁。

黑客入侵的次数比较多，危害大，而且每一次入侵都是具有目的性的，黑客计算机借助他们熟知网络通信原理的优势，进入办公系统的节点侦听服务器硬盘引导区的数据、删除或恶意篡改原始数据、损害应用程序等，也有的黑客在 OA 办公系统的网络数据传输过程中对数据包进行截取，再进行解包分析，从而窃取信息资料。

5）各种病毒的危害

在国际互联网中，计算机技术更新得相当快，而病毒的出现也相当多，入侵破坏计算机内部越来越深入，整个互联网安全都受到严重威胁。计算机病毒隐蔽在程序或文件之中，按照设计者约定的条件引发，按照设计者制定的方式破坏。计算机病毒干扰计算机正常工作，毁坏计算机数据，破坏计算机的正常功能。办公文件服务器的硬盘一旦被病毒入侵，往往会使整个计算机系统瘫痪，里面的全部数据都会流失或被窃取，这样互联网服务器就失去运行状态，计算机的应用程序以及所有数据都不能正常运行，会给企事业单位造成严重的损失。

3. 办公自动化系统安全的防范对策

针对以上这些关系到办公自动化系统中数据安全的因素，从防范风险、保障安全的角度考虑，结合办公自动化系统的安全需求提出以下对策，以便保证重要数据信息的安全性。

1) 建立合理的管理策略

需要建立并完善信息防御规章制度,严格信息安全管理工作,做到有章可循;加大检查监督力度,严厉打击网络违法犯罪活动;规范秩序,加强对单位上网的管理,按照《计算机信息网络国际联网安全保护管理办法》严格审查和控制。

进一步建立计算机管理和监察机构,制定系统安全目标和具体的管理制度;执行主要任务的机构应该做到专机、专盘、专用;对计算机系统的关键场所,如主机房、网络监控室、数据介质库房和终端室,应视不同情况进行安全保护,重要部位应安装监视设备,有的区域应设置报警系统;重要数据应定时、及时备份;禁止使用来历不明的磁盘,慎重使用共享软件,不从不信任的网站上下载软件,不要随便查阅来历不明的电子邮件;完整地制作系统软件和应用软件的备份,并结合系统的日常运行管理与系统维护,做好数据的备份及备份的保管工作;敏感数据应尽可能以隔离的方式存放,由专人保管;对场地环境和软硬件设备及存储介质等进行保护;加强风险评估和安全检查,要定期组织办公自动化系统的风险评估,并通过安全检查,及时发现系统存在的隐患和漏洞,采取有效措施进行防范。

要树立办公人员的网络安全意识。办公自动化系统的信息传递途径主要是网络和软件,这极大改变了原有保密工作的对象和范围,使得泄密的渠道和范围也相应增加。除了软硬件保密漏洞之外,一些办公人员普遍存在的麻痹思想也会成为泄密的重要隐患。例如,离机不关机,或未采取屏幕保护加密,使各种信息暴露在界面上;在专业交流中,向无关者透露涉密数据;计算机损坏送去修理或者报废时,没有及时清除硬盘中的资料数据;涉密系统的移交、报废过程不规范;公用机器没加密码等,都可能造成泄密口。因此,必须建立严格的办公安全流程,加强督促管理,规范使用程序,使全体办公人员牢固树立网络安全意识。

2) 建立高效安全的办公网络

对办公系统来说,仅有防火墙保护的网络是不够的,高效安全的办公网络需综合应用以下各种技术和方法。

一是使用专用或虚拟网络。可利用各省市已建成的电子政务专网或各级政府部门、企事业单位的内部网络,以及通过使用 PPTP 和 L2TP/IPSec 协议建立的虚拟专用网络(VPN)建立可信网络通信信道。

二是使用防火墙、虚拟网络(VLAN)等技术划分网络安全域,建立安全网络结构,对办公系统进行边界防护和访问控制。

三是提高核心网络组件的安全性。通过对路由器、防火墙和交换机等核心网络组件的安全配置阻止或筛选数据包的转发,对恶意攻击和非法访问行为进行限制。

四是对数据通信进行加密。使用 SSL 协议或加密技术对数据通信进行加密保护,确保办公系统数据的安全传输。

五是采用入侵检测技术。可使用入侵检测技术对网络进行监测,对内部攻击、外部攻击和误操作进行实时保护,以便在网络系统受到危害前拦截和响应入侵。

3) 提高操作系统的安全性

办公自动化系统需要可信的操作系统来支撑,所以应当使操作系统相对可信。

一是使用正版操作系统。重视软件的正版化,尽可能使用具有自主版权的国产化操作系统。

二是对操作系统进行安全配置检测和加固。经验证明,操作系统的多数安全漏洞和隐患可以通过检测和加固的方法消除。

三是使用安全专用设备和软件检测和堵塞漏洞。一方面可使用漏洞扫描工具定期检查系统服务器和客户端的系统漏洞以及配置更改情况,并通过安装防病毒软件定期查杀病毒;另一方面可在办公网络建立补丁分发、系统升级等系统,主动发现、修复系统安全漏洞和隐患。

4）运用加密手段

在办公自动化系统中,大量的公文、机密数据要在组织内部、上下级之间传递,要在服务器、数据库内存储,需进一步保证数据的安全性。具体的加密手段如下。

一是对数据进行加密传输。即在应用层使用加密算法,对通信报文进行加密后传输,或在网络的应用层与传输层之间加入安全套接层,利用底层 SSL 协议对传输的数据进行加密。

二是对数据进行加密存储。根据不同的安全需求,可采用文件级、数据库级、介质级、应用级加密以及嵌入式加密设备等方式,并使用相应的加密算法,对数据进行加密存储。

三是采用基于数字证书的认证机制,对用户进行身份验证、识别和访问控制,以便保证只有身份真实且具有授权的用户才能访问系统,防止非授权操作。

四是在公文处理过程中采用基于 PKI 技术(公共密钥体制)的数字签名等手段,确保已签名文件的内容不被篡改,防止签名者的抵赖行为。

5）降低安全性设计上的技术风险

从办公自动化系统的现状看,各行业、各地区的应用程度不同、所处的技术阶段不同、发展也不平衡,因此,要区别新建和已有系统,合理规划、全面考虑,采用先进和成熟的技术降低系统在安全设计上的技术风险。对于已建系统,安全设计的重点应侧重于网络,要通过对网络和系统的安全检测、管理、监控和处理,建立可信网络结构和通信信道,确保数据安全传输,防止数据被非法窃取、篡改;对于新建系统,安全性设计可从网络、操作系统、数据库和应用程序等几个层次入手,识别并分析潜在安全威胁,针对网络、主机、应用、数据、管理等存在的漏洞和隐患制定和应用安全策略,并通过防火墙、入侵检测、数据加密等技术构建信息安全防御体系。

1.5 办公自动化典型技术

1.5.1 门户技术

门户是一个提供个性化和适应性接口的软件系统,用户通过这个接口能方便地找到相关的人、应用程序和信息。信息门户技术提供了个性的信息集成平台,能够根据需要进行全方位的信息资源整合。门户提供了可扩展的框架,使应用系统、数据内容、人员和业务流程之间能实现互动。门户技术屏蔽了分布在不同地域的异构系统访问难度,将机构内部各个不同应用系统界面和用户权限管理统一集成到一个标准的信息门户平台上,提供信息平台的统一入口,用户登录一次即可快速便捷地访问到分布在不同应用系统的信息资源。此外,门户技术还针对安全性、文件管理、Web 内容发布、搜索、个性化、协作服务、应用集成、移动设备支持和网站分析等提供较为便捷的解决方法。如一个企业的信息门户,对外是企业网站,对内则是管理和查询日常业务的公用系统。在办公自动化中,门户网站以及门户系统是较常用的两种表现形式。

1.5.2　工作流技术

工作流(workflow)技术已经发展成为办公自动化系统的核心组成部分,主要解决"使在多个参与者之间按照某种预定义的规则自动进行传递文档、信息或任务的过程,从而实现某个预期的业务目标或促使此目标的实现"的目标。工作流属于计算机支持的协同工作(Computer Supported Cooperative Work,CSCW)的一部分。国际工作流管理联盟(Workflow Management Coalition,WfMC)对工作流的定义是:工作流是指一类能够完全自动执行的经营过程,根据一系列过程规则,将文档、信息或任务在不同执行者之间进行传递、执行。工作流实施的三个基本步骤是:映射、建模和管理。映射的首要任务是确定并且文档化组织内全部现有的手工和自动化的业务流程;建模是开发一个有助于建成流线型业务过程的模型;第三阶段是软件实施以及跨越全部工作部门、业务单元甚至整个企业的无缝系统集成。

工作流管理系统(WfMS)是处理工作流的软件系统,主要功能是通过计算机技术的支持去定义、执行和管理工作流,协调工作流执行过程中工作之间以及群体成员之间的信息交互。工作流需要依靠工作流管理系统来实现。

工作流管理系统由如下几部分组成。

(1)定义工具:用来定义工作流,生成工作流定义。定义时可能会参考组织或角色数据,还会引用外部应用程序编程接口。

(2)工作流执行服务:用来执行工作流,可能包含多个相互独立、并行运转的工作流引擎。它可能会参考组织或角色数据,还会调用外部应用程序,维护工作流控制数据,使用工作流相关数据,生成工作列表。

(3)工作流引擎:用来执行单独的流程实例。

(4)用户界面:用户操纵工作流列表的界面,可能会调用外部的应用程序。

工作流自动化的目标就是要协调组成工作流的四大元素:人员、资源、事件、状态,推动工作流的发生、发展、完成,实现全过程监控。自动技术提供系统的三种运行模式:系统按事先定义好的任务顺序自动运行;满足触发条件后再按定义的脚本(处理规则)运行;在交互式任务中按用户的选择以及定义的处理规则进行处理。截止日期的处理是工作流自动化应用中常用的功能之一,如果一个工作项在规定时间内没有完成,系统可以自动发送提醒、警告信息;触发更高级的处理过程;提供交互式界面,按当事人或其上级及系统管理员的输入处理规则进行处理。

1.5.3　信息交换平台

为了提高办公自动化的效率，需要建设统一、安全、高效的信息资源共享交换平台。信息交换平台提供一整套规范、高效、安全的数据交换机制，由集中部署的数据交换服务器以及各类数据接口适配器共同组成，解决数据采集、更新、汇总、分发、一致性等数据交换问题，解决按需查询、公共数据存取控制等问题。

1.5.4　传输加密、公文传输

通过使用数据加密技术，可以在一定程度上提高数据传输的安全性，保证传输数据的完整性。信息传输加密技术主要对传输中的数据流进行加密，常用的有链路加密、节点加密和端到端加密3种方式。

（1）链路加密是传输数据仅在物理层上的数据链路层加密，不考虑信源和信宿，用于保护通信节点间的数据。接收方是传送路径上的各节点机，数据在每台节点机内都要被解密和再加密，依次进行，直到到达目的地。

（2）与链路加密类似的节点加密是在节点处采用一个与节点机相连的密码装置，密文在该装置中被解密，并被重新加密，明文不通过节点机，避免了在链路加密节点处易受攻击的问题。

（3）端到端加密是为数据从一端到另一端提供的加密方式。数据在发送端被加密，在接收端解密，中间节点处不以明文的形式出现。端到端加密在应用层完成。

电子公文传输系统代替了传统的纸质公文，是一条方便快捷、安全可靠的公文传输途径。电子公文传输系统利用计算机网络和安全技术，实现部门与部门、单位与单位之间红头文件的起草、制作、分发、接收等操作，以现代电子化公文传输模式取代传统的纸质公文传输模式。公文先经过计算机排版，制作成含红头和公章的电子化公文文件，再经过加密，通过计算机网络直接发送给接收方，接收后再通过解密处理，还原得到内容和版面与发送方完全一致的公文文件，最后在权限允许范围内用彩色打印机打印出具有正式效力的含有红头的公文。所有过程均通过计算机在网络中进行，从而大大缩短公文传输的过程，并有效提高公文的安全性能。

1.5.5　辅助决策技术

辅助决策系统以决策主题为重心，以互联网搜索技术、信息智能处理技术和自然语言处理技术为基础，构建决策主题，研究相关知识库、政策分析模型库和情报研究方法库，建设并不断完善辅助决策系统，为决策主题提供全方位、多层次的决策支持和知识服务，为行业研究机构以及政府部门提供决策依据，起到帮助、协助和辅助决策者的目的。

1.6　本章小结

本章介绍了办公自动化的概念、模式及其发展情况。办公活动存在"个人办公"与"群体办公"两种模式，与之对应，办公自动化技术可以分为"个人办公自动化技术"和"群体办公自动化技术"。虽然我国办公自动化起步较晚，但发展很迅速。

本章还就办公自动化系统的含义、特征、功能、发展趋势进行了讲解，特别就影响办公自动化系统安全的因素及其防范措施进行了精要阐述。办公自动化系统具有五大特性：易用性、开放性、健壮性、严密性和实用性。按办公自动化系统的功能和实际应用，可以分为事务型办公自动化系统、信息管理型办公自动化系统和决策支持型办公自动化系统三个层次。办公自动化系统的发展具有人性化、智能化、协同化、通用化、网络化、移动化的趋势。要十分重视办公自动化系统的安全，做好安全防范措施。

本章最后对办公自动化中的典型技术，如门户技术、工作流技术、传输加密、公文传输等进行了介绍。

1.7　习　　题

1. 什么是个人办公自动化和群体办公自动化？
2. 各企事业单位的办公自动化程度可以分为哪几种类别？
3. 什么是办公自动化系统？办公自动化系统具有哪些特征？
4. 办公自动化系统的主要功能包括哪些？
5. 影响办公自动化系统安全的因素有哪些？
6. 如何做好办公自动化系统安全的防范工作？

高效办公自动化实用技术

第 2 章　Word 2010 高级应用

本章要求

- 熟练掌握常用快捷键以及复杂排版技术(页面设置的基本方法、分隔设置、页眉页脚、页码、项目符号与编号的使用)。
- 了解不同的视图显示方式。
- 理解什么是样式,知道如何自定义样式和使用样式。
- 了解脚注、尾注和题注的概念与设置方法。
- 掌握目录、索引和书签的概念,会自动生成目录。
- 理解文档与模板的关系,以及管理模板的方法。
- 了解域的概念,会对域进行操作。
- 熟练掌握邮件合并相关技术。
- 会对文档进行批注与修订。
- 掌握对文档进行限制编辑的方法。

2.1　MS Office 中提高办公效率常用快捷键

要想提高办公效率,必须掌握实用快捷键,以下列举了办公过程中最实用的快捷键。不少快捷键不仅在 Word 中,而且在 MS Office 的其他应用软件中也是通用的。习惯使用快捷键后,个人办公处理速度会大大提高。在后面的内容中,本书还会就相关教学内容中的其他快捷键进行补充讲解。

(1) Windows+D(Windows 键,也被称为"徽标键"，最小化或还原所有窗口)、Alt+Tab(在窗口之间进行切换)。

(2) Ctrl+Space(中英文输入法之间进行切换)、Ctrl+Shift(输入法之间进行轮换)。

(3) Ctrl+C(复制)、Ctrl+X(剪切)、Ctrl+V(粘贴)、Ctrl+S(保存文件)。

(4) Ctrl+Z(对前面的操作进行撤销)、Ctrl+Y(恢复前面的操作,是 Ctrl+Z 的反操作)。

(5) Ctrl+[(字号缩小,是真正将文字变小)、Ctrl+](字号变大,是真正将文字变大)、Ctrl+鼠标上的滚轮(放大或缩小页面显示比例)。

(6) Ctrl+E(将文字居中对齐)、Ctrl+L(将文字左对齐)、Ctrl+R(将文字右对齐)。

(7) Ctrl+F(调出"导航"窗格,可对内容进行查找)、Ctrl+H(调出"查找和替换"对话框)、Ctrl＋P(打印)。

(8) Ctrl＋D(调出"字体"对话框)、Alt＋O＋P(调出"段落"对话框)。

2.2 复杂排版技术

2.2.1 页面组成结构

要对文档进行准确排版,首先要清楚 Word 页面的结构。如图 2-1 所示,版心区是指页面中除去上、下、左、右留白的正文内容所在的区域,更直观地说,版心区就是页面视图中四个灰色的直角中间的区域。

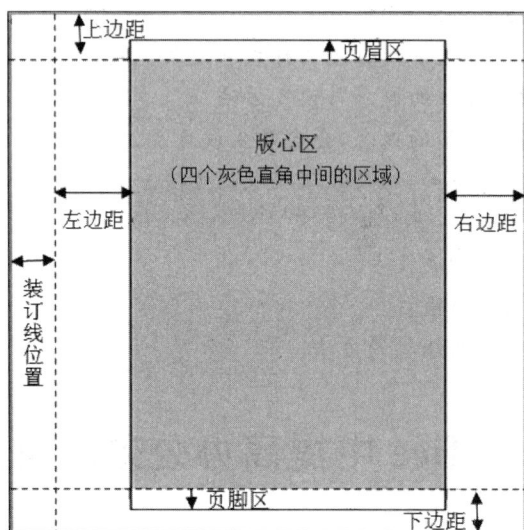

图 2-1 Word 页面组成结构

"页边距"是页面的边线到文字的距离。用户经常要在页边距上增加额外的空间以便装订,该空间与页边距之间的分隔线被称为"装订线"。

2.2.2 页面设置

选择"页面布局"选项卡→"页面设置"组,可以对 Word 页面进行设置。单击"页面设置"组中右下角的按钮,弹出"页面设置"对话框。

页面设置是版面设计的重要组成部分,虽名为"页面设置",但其作用对象却主要是文档、节和段落文字。在一篇没有分节的文档中,在"页面设置"对话框中对页面进行的设置,可作用于整篇文档或插入点之后,但在分节后的文档中,页面设置可以只应用于当前节。在 Word 排版中,页面只是一种与打印纸匹配的显示方式,页面设置的最小有效单位是"节"。那什么是"节"呢?在 Word 中,"节"是如何体现的?"2.2.3 分隔设置"中会详细介绍。

高效办公自动化实用技术

小窍门：可以单击 Word 环境中垂直滚动条上面的"▣"标尺按钮，让 Word 窗口中显示水平和垂直标尺，双击标尺上的灰色部分区域，即可快速调出"页面设置"对话框。

1. 纸张规格

纸张的规格是指纸张制成后，经过修整切边，裁成一定的尺寸。过去是以"开"（例如 8 开或 16 开等）来表示纸张的大小，现在我国采用国际标准，规定以 A0、A1、A2、B1、B2 等标记来表示纸张的幅面规格。

按照纸张幅面的基本面积，幅面规格分为 A 系列、B 系列和 C 系列。幅面规格为 A0 的幅面尺寸为 841mm × 1189mm，幅面面积为 $1m^2$；B0 的幅面尺寸为 1000mm × 1414mm，幅面面积为 $1.5m^2$；C0 的幅面尺寸为 917mm×1279mm，幅面面积为 $1.25m^2$，C 组纸张尺寸主要用于信封；复印纸的幅面规格采用 A 系列和 B 系列。若将 A0 纸张沿长度方式对开成两等分，便成为 A1 规格，将 A1 纸张沿长度方向对开，便成为 A2 规格，如此对开至 A8 规格；B0 纸张亦按此法对开至 B8 规格。其中 A3、A4、A5、A6 和 B4、B5、B6 共 7 种幅面规格为复印纸常用规格。

提示：在办公室中，A4 的纸型是常见的，一个 A3 的幅面等于 2 个 A4 的幅面，等于 4 个 A5 的幅面。

2. 页边距选项卡设置

在"页面设置"对话框中的"页边距"选项卡中可以精确设置页边距。实际上还有一个快速调整页边距的方法，在页面视图下，将鼠标定位在水平或垂直标尺的灰白分界之处，可以看出来这个界线实际上就是版心区各边界的位置，当鼠标指针变成⇔左右的箭头时，拖动鼠标就可以快速改变页边距宽度。

在工作中，经常遇见以下情况：一份文档中最后一页的内容很少，为了节约纸张，通常需要将最后一页的内容移到前面的页面中去。如图 2-2 所示，"系主任工作职责"有 2 个页面，后面一页实际只有不到 2 行的内容，为了节约版面，需要将所有内容移到一个页面内。除了可以通过缩小字号、段间距、行间距、字间距的方式来达到效果，还有一个方法就是缩小页边距，即扩大版心区。

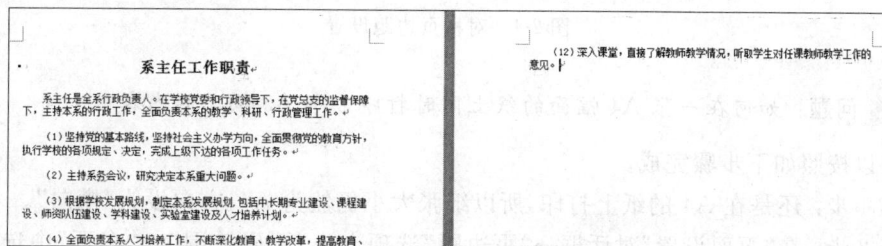

图 2-2　快速调整页边距，将页面变成一页

小窍门：快速调整页边距，若想拖动时显示文本区域的尺寸和页边距大小，可以按住 Alt 键拖动页边距。

选择"页面设置"对话框→"页边距"选项卡→"页码范围"→"多页",Word 为排版中的不同情况提供了"普通"、"对称页边距"、"拼页"、"书籍折页"、"反向书籍折页"等页面设置方式,便于书籍、杂志、试卷、折页的排版,如图 2-3 所示。

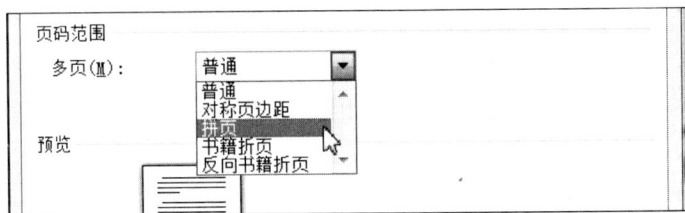

图 2-3　页码范围多页设置

对称页边距适合类似书籍及杂志的页面设置,选取对称页边距后,左右页边距标记会修改成内侧和外侧边距,如图 2-4 所示。"预览"中会显示双页,且设定第一页从右页开始,当有装订线宽度时,装订线的位置均处于对称页的内侧。

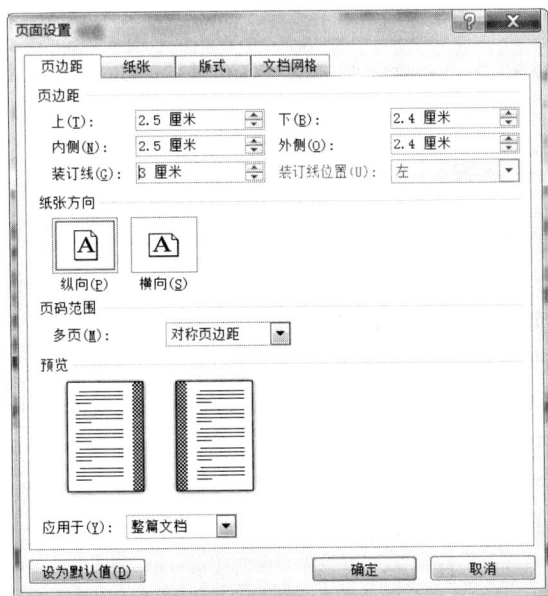

图 2-4　对称页边距设置

问题:如何在一张 A4 幅面的纸上同时打印 2 个 A5 幅面的内容?

可以按照如下步骤完成。

第 1 步:还是在 A4 的纸上打印,所以纸张大小仍然为 A4,方向设为"横向"。

第 2 步:在"页面设置"对话框→"页边距"选项卡→"页码范围"→"多页"中选择"拼页"。此时页面视图中显示的每一页就是一个 A5 幅面的内容。

第 3 步:打印内容。此时实际打印效果是在一个 A4 的纸上同时打印 2 个 A5 幅面的内容,如图 2-5 所示。

高效办公自动化实用技术

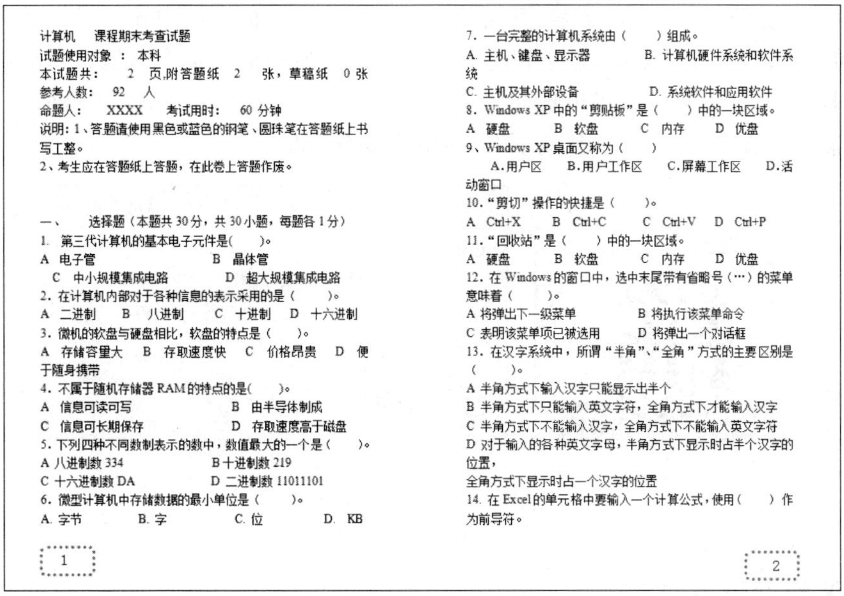

計算机 課程期末考查試題

試题使用对象：本科

本試題共： 2 页,附答題纸 2 张,草稿纸 0 张

参考人数： 92 人

命題人： XXXX 考試用时： 60 分钟

说明：1、答题请使用黑色或蓝色的钢笔、圆珠笔在答题纸上书写工整。

2、考生应在答题纸上答题,在此卷上答题作废。

一、 选择題（本题共 30 分，共 30 小题，每题各 1 分）

1. 第三代计算机的基本电子元件是（ ）。
A 电子管 B 晶体管
C 中小规模集成电路 D 超大规模集成电路

2. 在计算机内部对于各种信息的表示采用的是（ ）。
A 二进制 B 八进制 C 十进制 D 十六进制

3. 微机软盘与硬盘相比，软盘的特点是（ ）。
A 存储容量大 B 存取速度快 C 价格昂贵 D 便于随身携带

4. 不属于随机存储器 RAM 的特点的是（ ）。
A 信息可读可写 B 由半导体制成
C 信息可长期保存 D 存取速度高于磁盘

5. 下列四种不同数制表示的数中，数值最大的一个是（ ）。
A 八进制数 334 B 十进制数 219
C 十六进制数 DA D 二进制数 11011101

6. 微型计算机中存储数据的最小单位是（ ）。
A 字节 B. 字 C. 位 D. KB

7. 一台完整的计算机系统由（ ）组成。
A. 主机、键盘、显示器 B. 计算机硬件系统和软件系统
C. 主机及其外部设备 D. 系统软件和应用软件

8. Windows XP 中的"剪贴板"是（ ）中的一块区域。
A 硬盘 B 软盘 C 内存 D 优盘

9. Windows XP 桌面又称为（ ）。
A.用户区 B.用户工作区 C.屏幕工作区 D.活动窗口

10. "剪切"操作的快捷是（ ）。
A Ctrl+X B Ctrl+C C Ctrl+V D Ctrl+P

11. "回收站"是（ ）中的一块区域。
A 硬盘 B 软盘 C 内存 D 优盘

12. 在 Windows 的窗口中，选中尾带有省略号（…）的菜单意味着（ ）。
A 将弹出一级菜单 B 将执行该菜单命令
C 表明该菜单项已被选中 D 将弹出一对话框

13. 在汉字系统中，所谓"半角"、"全角"方式的主要区别是（ ）。
A 半角方式下输入汉字只能显示出半个
B 半角方式下只能输入英文字符，全角方式下不能输入汉字
C 半角方式下不能输入汉字，全角方式下不能输入英文字符
D 对于输入的各种英文字母，半角方式下显示时占半个汉字的位置，全角方式下显示时占一个汉字的位置

14. 在 Excel 的单元格中要输入一个计算公式，使用（ ）作为前导符。

1

2

图 2-5 拼页打印效果

⚠ **提示**：在 A3 的幅面上同时打印 2 个 A4 的幅面,也可以用同样的方式解决,但打印机必须支持 A3 的纸张打印。

🖊 **小窍门**：在 Word 2010 中,如何达到图 2-5 所示页码居于内侧或外侧的效果？ 可以选择"页面设置"对话框→"版式"选项卡→"页眉和页脚"→"奇偶页不同",然后分别在奇数页和偶数页插入靠左和靠右的页码。

"书籍折页"适用于将 Word 文档打印装订为书籍形式的小册子。当设置为"书籍折页"页面设置后,纸张方向只能选择横向,因此应当选择 2 倍于书籍幅面的纸张类型,完成纸张大小设置后单击"确定"按钮,选择"文件"→"打印",设置为"手动双面打印",如图 2-6 所示,这样可以更好地控制纸张的正反面放置。而"反向书籍折页"创建的是从右向左折页的效果。

3. 版式选项卡设置

"页眉和页脚"可以设置页眉和页脚距页边界的尺寸,而不是页眉页脚本身的尺寸。

"垂直对齐方式"有顶端对齐、居中、两端对齐、底端对齐这几种方式,默认方式为顶端对齐。默认

图 2-6 选择"手动双面打印"

情况下,一个新建 Word 文档中的编辑文字是从页面顶端第一行开始输入的。

"行号"按钮可以为页面添加行号,设定编号的起始编号、距正文距离、间隔以及编号方式等,添加行号后,行号能够打印出来。

"边框"按钮可以为段落、文字、页面等加上边框。在页面边框中还可以设置页面边框的颜色和宽度，如要设计请帖，还可以选择如图2-7(a)所示的艺术型边框。在页面边框的设计中，若单击"选项"按钮，将出现如图2-7(b)所示的"边框和底纹选项"对话框，若设置"测量基准"为"文字"，才能使用"选项"区域的大部分选项。

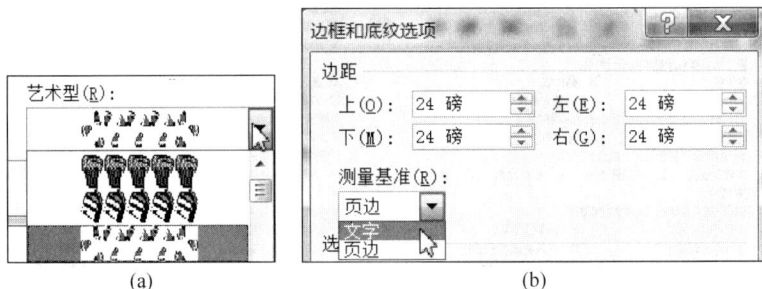

(a)　　　　　　　　　　　　(b)

图 2-7　页面边框相关设置

4. 文档网格选项卡设置

在"文档网格"选项卡中可以对页面中的行和字符进行进一步设置，如图2-8(a)所示。在"文字排列"中可以设置文字方向和页面栏数，在"网格"中默认为"只指定行网格"。若选择了"指定行和字符网格"，可以设置每行的字符数、跨度。设定后，字符与行的跨度将根据每行每页的字符数自动调整，如图2-8(b)所示。

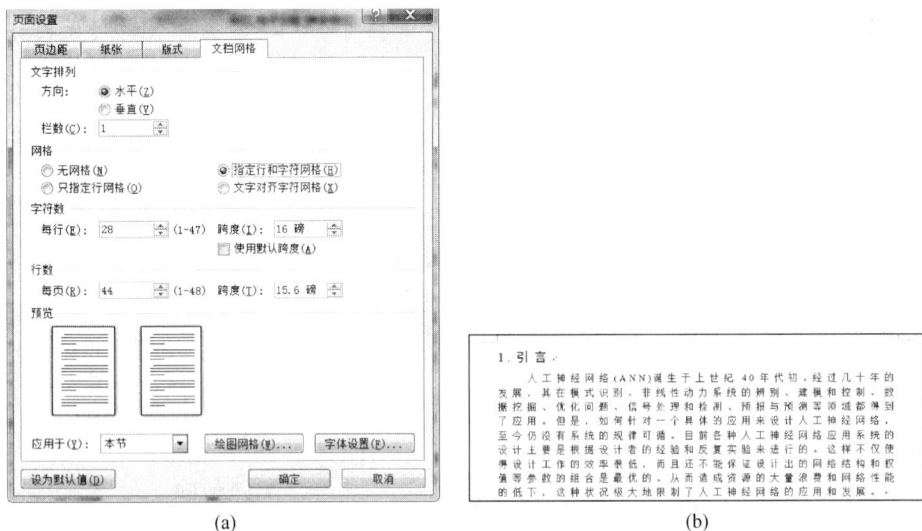

(a)　　　　　　　　　　　　(b)

图 2-8　文档网格设置

⚠ **提示**：在"视图"选项卡下的"显示"组中可以勾选"网格线"显示网格线，但是网格线一般不能打印出来。

❓ **问题**：如果工作中需要网格线效果并且需要打印出来，怎么办？

第 1 步：新建一个 Word 文档，单击"页面布局"选项卡下的"稿纸设置"，出现如图 2-9 所示的"稿纸设置"对话框。

第 2 步：在"格式"中选择"行线式稿纸"，将"行数×列数"设置为"20×20"。

第 3 步：单击"确认"按钮，并输入文字。

第 4 步：选择"文件"选项卡下的"打印"，可以看见打印效果，如图 2-10 所示。

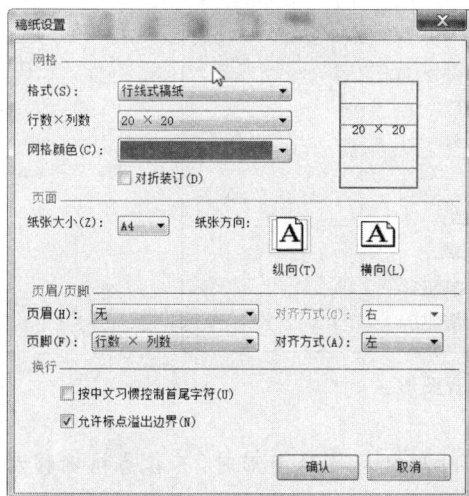

图 2-9　"稿纸设置"对话框

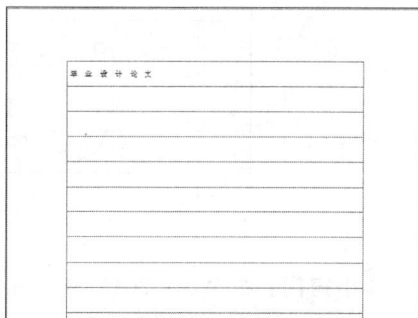

图 2-10　打印网格线效果

"文档网格"选项卡的下方有 2 个按钮，分别是"绘图网格"和"字体设置"按钮，通过"字体设置"可以预设或设置文档中的字体。"绘图网格"功能较为实用，选择"绘图网格"对话框中的"在屏幕上显示网格线"，如图 2-11 所示，文档中将会显示绘图网格线。实际上，绘图网格线是一种辅助线，利用它可以更好地对需要绘制的图形进行定位，如图 2-12 所示，通过插入 3 条直线形成了一个三角形。

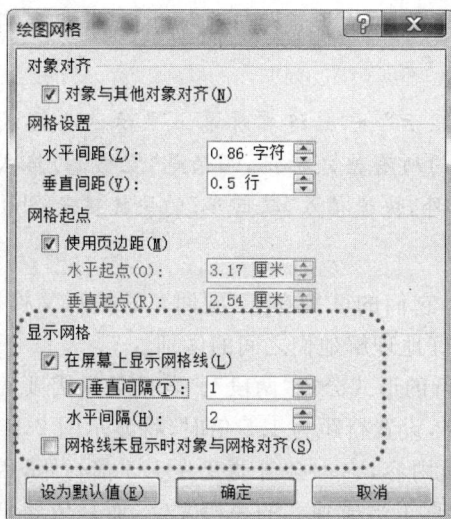

图 2-11　"绘图网格"对话框

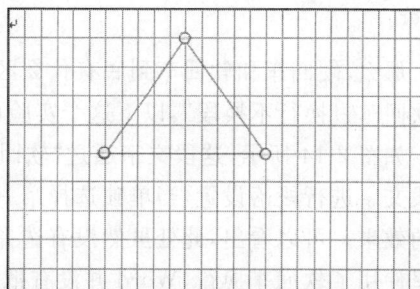

图 2-12　绘图网格显示效果

提示：可以利用 Shift 键辅助选择整个三角形的三条边，在选择最后一条边时右击，弹出快捷菜单，如图 2-13 所示，选择"组合"→"组合"，将这三条边组合为一个整体三角形，而不是三条独立的边，这样可以方便整体移动图形。图形的"组合"与"取消组合"经常在绘图时使用。

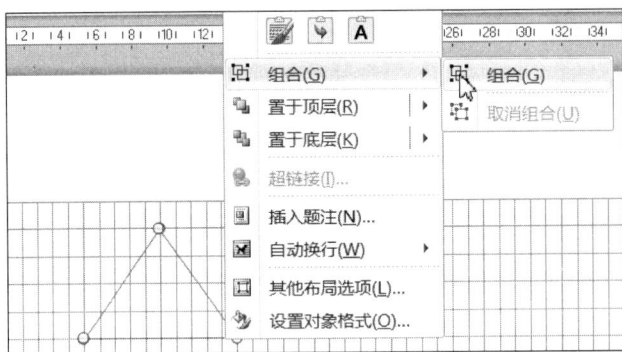

图 2-13　组合图形

小窍门：在 Word 2010 中绘制图形，有时用鼠标拖动图形时，不容易精确移动到具体的位置，可以利用快捷键"Ctrl＋光标移动键（上下左右的箭头键）"进行图形位置的微移。

2.2.3　分隔设置

1. 换行与换段

段落间的换行，通常使用键盘上的 Enter 键（回车键），习惯上这种回车被称为"硬回车"，其格式标记为"↵"，而在"页面布局"选项卡→"页面设置"组中，"分隔符"下的"自动换行符"习惯被称为"软回车"，其格式标记为"↵"。

提示：可以选择"文件"→"选项"→"显示"→"始终在屏幕上显示这些格式标记"→"显示所有格式标记"，这样与该文档相关的所有格式标记，哪怕是"空格"的格式标记都将显示出来，可以辅助对文档进行排版。另外，快速插入"软回车"的快捷键是 Shift＋Enter。

那么，硬回车和软回车到底有什么区别呢？它们的区别在于"硬回车既换行又换段，而软回车只换行不换段"，以下这个实验可以更好地理解他们之间的区别。

如图 2-14 所示，这段文字通过"软回车"换行的形式分成"两段"。若此处只需要对第一段文字进行段落设置，当单独选择第一段文字，设置行距为 1.5 倍时，将显示图 2-15 所示的效果。可以看出，此处虽然没有选择第二段内容，它也会自动变为 1.5 倍行距，因为这里使用了软回车换行，Word 并没有把第二段真正当成独立的一段文字，而是依然把它们当成一个完整的段落，所以软回车是换行不换段，硬回车才是真正地既换行又换段。

高效办公自动化实用技术

图 2-14　用"软回车"换行

图 2-15　段落设置效果

　　由此还可以看出,软回车会对排版造成一定的影响。在工作中,有时需要使用网页上的文字,但由于格式的困扰,常常带来许多麻烦,软回车就是其中的一个。通过什么方式可以快速将"软回车"替换成"硬回车"呢?

　　可以通过"查找和替换"来解决这个问题。选择"开始"选项卡→"编辑"组→"替换",弹出"查找和替换"对话框,调出"查找和替换"对话框的快捷键是 Ctrl＋H。在"查找内容"处选择对话框左下侧的"更多"按钮→"特殊格式"按钮→"手动换行符(L)",如图 2-16 所示。同样,在"替换为"处选择"特殊格式"下的"段落标记(P)",相应的栏目处就会出现"^l"和"^p",这其实就分别代表查找的"软回车"以及替换成的"硬回车"。最后选择"全部替换",就会在一瞬间替换所有的软回车。

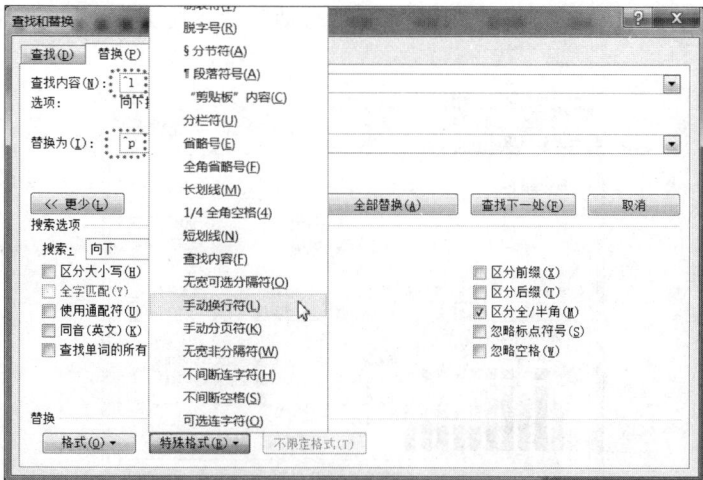

图 2-16　查找和替换软回车

　　⚠ 提示：常用的特殊的格式符号,如"^p"、"^l",可以记下来,直接在查找、替换相应栏目输入即可。

小窍门：要删掉"软回车"，在"替换为"处什么都不输入即可；要删掉文中的空白行，查找内容为"^p^p"，替换成"^p"。

问题：在如图 2-17 所示的学生实习信息表中，某些学生的整行信息是红色，如何快速保留每行文字颜色为红色的学生信息，而删除颜色为默认黑色（"自动"）的学生信息（删除后信息表的标题和表格中每一列的标题也要保留）？

毕业生实习名单　→　信息表标题

第一行为每一列的列标题

姓名	学号	班级、专业	实习单位
邓思思	12106012	计本1班	XX 软件工程有限公司
黎　明	12106021	计本1班	XX 广告艺术发展有限公司
马丽萱	42106003	计本教2班	XX 小学
彭梅	42106017	计本教2班	XX 小学
邓丽丽	42106031	计本教2班	XX 中学
李羲	42106004	计本教2班	XX 教师进修学校
潘元	42106123	数本教2班	XX 第一中学

这几行文字颜色为红色

图 2-17　保留某种颜色的文字

在 Word 文档中，对表格中文字的排序不能直接依据颜色，所以不便实现首先按照颜色排序，再删掉黑色的文字。但可以采取另外一种思路，即使用"查找和替换"功能。步骤如下。

第 1 步：选择图 2-17 中除"信息表标题"和表格第一行后的"学生实习信息行"（因为要保留整个表格的总标题和每一列的列标题）。

第 2 步：使用快捷键 Ctrl＋H 调出"查找与替换"对话框。

第 3 步：选择"更多"→"格式"→"字体"，弹出如图 2-18 所示的"查找字体"对话框，在"字体颜色"中选择"自动"，设置"查找内容"为"自动"。"替换为"处什么都不用输入，表示删除。

图 2-18　"查找字体"对话框

第4步：选择"全部替换"，随后会出现一个对话框，提示替换了多少处，问是否搜索文档的其余部分，此时选择"否"，以防止标题被删掉。

第5步：排序后，集中删掉表格中空白的行。

⚠️ 提示：

（1）"查找和替换"并不是只能查找文字内容，而且还能查找颜色、字体、字形、字号等格式，以及回车、空格等特殊格式。

（2）"查找和替换"并不是非要对整篇文档从头到尾地查找替换，还可以选择需要的区域进行查找与替换。

（3）查找颜色时，"自动"和其他"黑色"的颜色属性是不一样的。

2. 分页与分节

在很多书籍的排版中，每一章的内容总是从新起一页的第一行开始撰写，通过什么方式能达到这个效果呢？

若采用回车的方式，将每个章节的内容放置在新起一页的开始，不但敲回车很麻烦，而且当文中任意某个位置的内容涉及多行添加或删除，后面章节的内容将不会保持在新起一页的开始位置。

可以在每个章节前插入"分页符"来达到这个效果。选择"页面布局"选项卡→"分隔符"→"分页符"可以插入分页符，但建议使用快捷键 Ctrl＋Enter 插入分页符，因为工作中对文档的处理经常涉及插入"分页符"。插入分页符后，文档默认设置并不会显示分页符的具体位置，仍然可以选择"文件"选项卡→"选项"→"显示"，勾选"显示所有格式标记"，如图 2-19 所示，让"分页符"、"分节符"、"空格"等格式标记均显示在文中，分页符的格式标记如图 2-20 所示。

图 2-19　设置显示所有格式标记

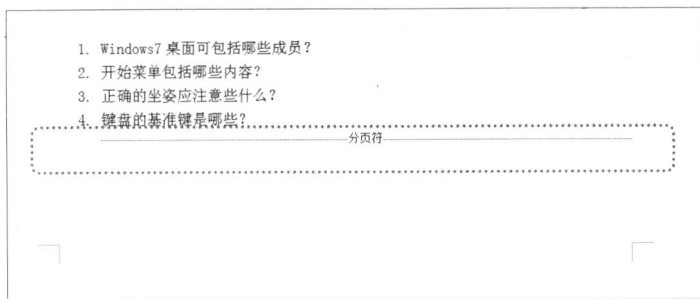

图 2-20　分页符格式标记

实际上,在"页面布局"选项卡→"分隔符"中还可以插入"分节符",分节符包括"下一页"、"连续"、"奇数页"、"偶数页"几种类型。"下一页"是指新节从下一页开始,"连续"是指新节从同一页开始,"奇数页"是指新节从下一个奇数页开始,"偶数页"是指新节从下一个偶数页开始。使用最普遍的是"下一页"这种分节符。

此处着重讲解"下一页"分节符的应用。当插入"下一页"分节符时,会显示如图 2-21(a)所示的格式标记,可以看出分节符的格式标记有两条虚线,分页符是一条虚线。通过插入分节符中的"下一页",同样能够达到分页的效果,解决上面的问题。插入分节符后,就能将文档的页面分成多个节,在"页面设置"对话框中对页面进行的设置,就可以选择只应用于本节,如图 2-21(b)所示。

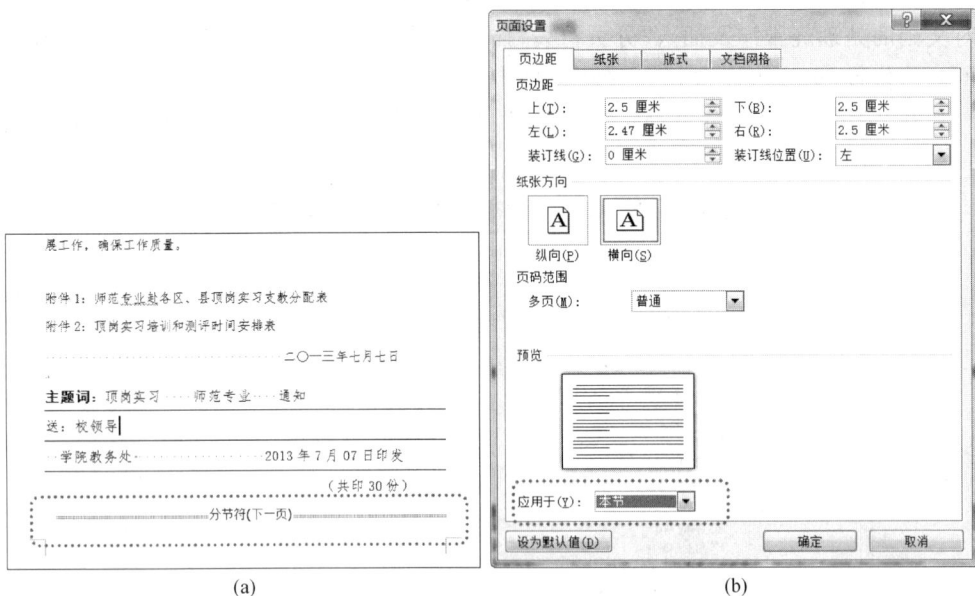

(a)

(b)

图 2-21　分节符格式标记及应用于本节

问题:在一个文档中,能不能同时既有纵向页面又有横向页面?若能够完成,通过什么方式达到这种效果?

"分页"后,在当前页面设置页面为横向或纵向是不能解决这个问题的,只能通过"分节"的方式达到此效果。在此文档中,若需要从中间的某页开始全是横向页面,前面依然是纵向页面,只需在需要设为横向页面的前面插入一个分节符,此处选择"下一页"类型,就从分节符处将这个文档分成了 2 节,将光标定位到第 2 节的页面,然后将页面设置为"横向",默认就会应用于本节。如图 2-22 所示,一个文档中既有纵向页面,又有横向页面。

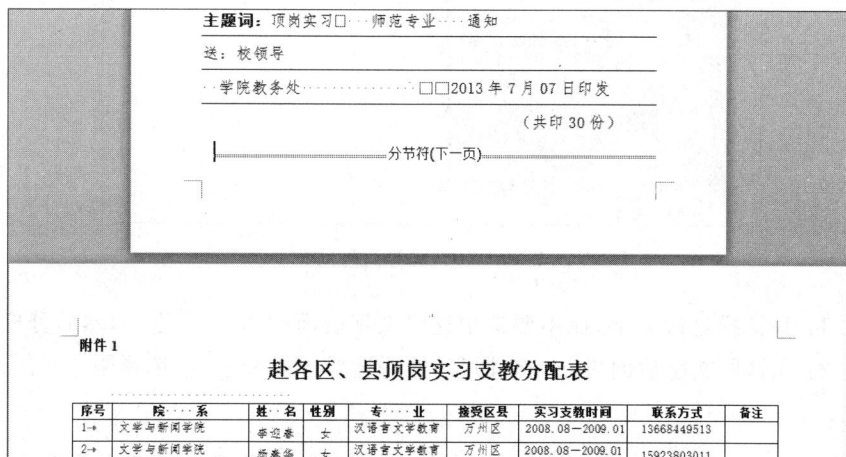

图 2-22　通过分节符实现文档中同时有纵向和横向页面

⚠ **提示**:在 Word 文档中,分页和分节是通过插入"分页符"或"分节符"实现的,"分页符"与"分节符(下一页)"的区别在于分页符只分页,分节符(下一页)既分页又分节。当进行复杂文档排版时,有的页面具有一些特定的页面格式要求,如涉及页面纵横向、页眉页脚的有无等特殊格式要求时,首先要想到用"分节"来解决。

以上讲的分页方式也被称为"硬分页",还有一种分页叫做"软分页",也称为"自动分页符"。在页面视图中,当输入的文字满页时,Word 会自动插入一个"软分页",让光标自动跳转到下一个页面中,在"草稿"视图中,所看见的一页结束后面的"虚线"就是软分页符。

3. 分栏

通常,排版过程中可能需要对某些文字进行分栏,分栏的方法也比较简单。此处着重介绍如何将某段文字分成对等的两栏,这也是很多人容易出现问题的地方。

选中一段文字进行分栏时,如果这段文字后面还有内容,选择"页面布局"选项卡→"页面设置"组→"分栏"→"两栏",可以将选中的文字很顺利地分成两栏,但当选中的文字是文档最后面的所有内容时,就有可能会出现图 2-23 所示的问题。

实际上,Word 也将这段文字分成了两栏,但不是对等的两栏,必须当左边栏中选中全部内容后,后面的内容才会到第二栏去,所以这样并没有达到分成对等栏的效果。此处介绍 2 种方法解决上述问题。

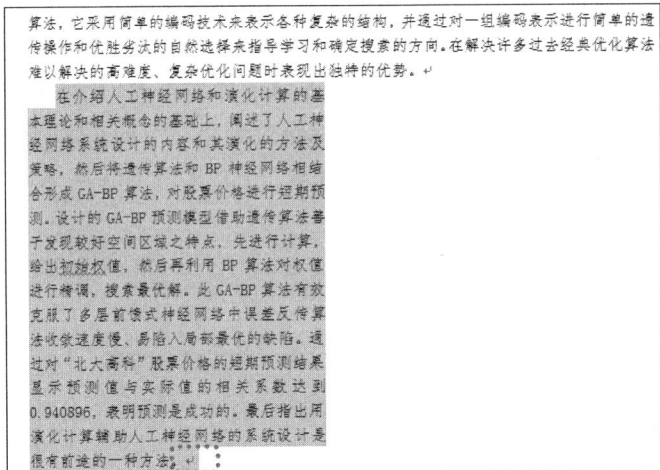

算法，它采用简单的编码技术来表示各种复杂的结构，并通过对一组编码表示进行简单的遗传操作和优胜劣汰的自然选择来指导学习和确定搜索的方向。在解决许多过去经典优化算法难以解决的高难度、复杂优化问题时表现出独特的优势。

在介绍人工神经网络和演化计算的基本理论和相关概念的基础上，阐述了人工神经网络系统设计的内容和其演化的方法及策略，然后将遗传算法和 BP 神经网络相结合形成 GA-BP 算法，对股票价格进行短期预测。设计的 GA-BP 预测模型借助遗传算法善于发现较好空间区域之特点，先进行计算，给出初始权值，然后再利用 BP 算法对权值进行精调，搜索最优解。此 GA-BP 算法有效克服了多层前馈式神经网络中误差反传算法收敛速度慢、易陷入局部最优的缺陷。通过对"北大高科"股票价格的短期预测结果显示预测值与实际值的相关系数达到0.940896，表明预测是成功的。最后指出用演化计算辅助人工神经网络的系统设计是很有前途的一种方法。

图 2-23   分成对等两栏问题

方法 1：只选择这段文字，而不要选中这段文字后面的回车标记 ↙，然后分栏。

方法 2：在这段文字后面再敲一个回车，然后选择这段文字，不选择刚才敲的回车，最后再分栏。

小窍门：不选择一段文字后面的回车格式标记，如果用鼠标不方便选择，可以用键盘选择更方便，快捷键是 Shift＋光标移动键（上下左右的箭头键）。

2.2.4　页眉和页脚

页眉和页脚一般用于显示文档的附加信息，包括章节名、作者名、页码、编辑时间等。页眉位于上页边区，页脚位于下页边区。得体的页眉和页脚会使文稿显得更加规范，给阅读带来方便。

1. 通常的页眉和页脚

选择"插入"选项卡→"页眉和页脚"组→"页眉"或"页脚"→"编辑页眉"或"编辑页脚"，鼠标指针就会定位到"页眉"或"页脚"的编辑区域，设置或从键盘直接输入页眉的内容。设置完成后，可在版心区双击，进入版心区进行编辑，双击"页眉"或"页脚"编辑区域，可继续进行"页眉"或"页脚"区域编辑。

2. 奇偶页不同的页眉和页脚

有的文档可能需要给奇数页和偶数页设置不同的页眉或者页脚。要使奇偶数页眉和页脚不同，可以通过"页面设置"对话框实现。

打开"页面设置"对话框，如图 2-24 所示，选择"版式"选项卡→"页眉和页脚"→"奇偶页不同"，单击"确定"按钮，就可以在奇数页页眉或页脚、偶数页页眉或页脚的编辑区域输入不同的内容。

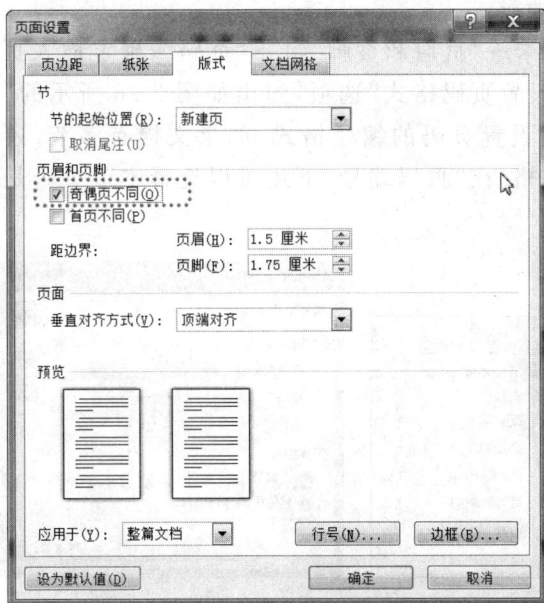

图 2-24　设置页眉和页脚的奇偶页不同

处于页眉或页脚编辑状态时，Word 窗口中会出现"页眉和页脚工具"，选择"设计"→"导航"组→"转至页眉"、"转至页脚"、"上一节"、"下一节"工具，可以实现光标转至相应区域的功能。

提示：当文档中有多个节时，除了首节外，后续节的页眉或页脚区域右侧都会有"与上一节相同"的说明字样，如图 2-25 所示。单击"页眉和页脚工具"→"设计"→"导航"组下的"链接到前一条页眉"按钮，可以建立或取消当前页眉和页脚与前一节页眉和页脚之间的链接关系。如在当前节取消与前面的页眉和页脚之间的链接关系后，前面一节中对页眉和页脚内容的编辑不会对当前节造成影响。

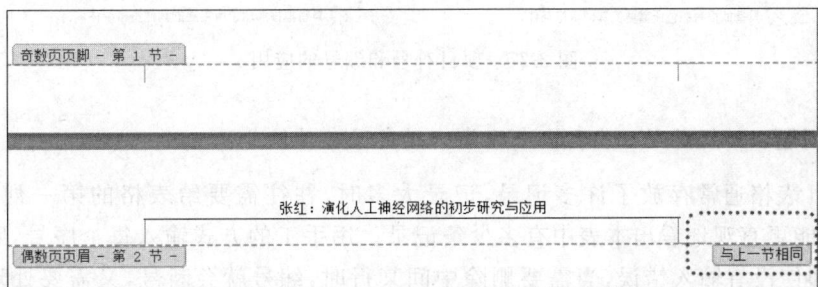

图 2-25　页眉、页脚之间的链接关系

2.2.5　页码

在文档的每个页眉、页脚的合适位置插入页码，有助于文档内容的查阅。Word 中提供了很好的页码编排功能。

选择"插入"选项卡→"页眉和页脚"组→"页码",确定插入页码的位置后可以直接插入页码。单击"设置页码格式"选项,弹出如图 2-26 所示的"页码格式"对话框,在"编号格式"下可以设置页码的编号格式,如果文档有多节,还可以设置在不同节中使用不同的页码风格,在"页码编号"下还可以选择本节页码是重新编号,还是"续前节"的编号。

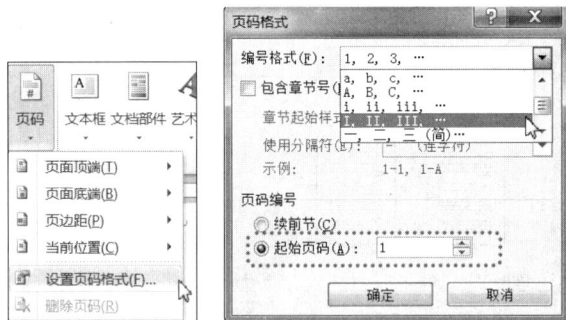

图 2-26　设置页码格式

2.2.6　项目符号与编号

利用项目符号与编号可以自动给某些栏目加上"符号"或"编号",如图 2-27 所示,而且能够保持编号的连续性,在工作中经常用到。

图 2-27　项目符号和编号的应用

问题:如何对 Word 表格中的某一列实现自动编号?

Word 表格通常存放了许多记录,记录太多时,往往需要给表格的第一列加上"序号",这样能更直观地看出本表中有多少条记录。用手工的方式输入每个序号,麻烦且容易出错,即使没有输入错误,当需要删除中间某行时,编号就会断号,又需要处理。利用 Word 中的自动编号功能,同样能对 Word 表格某一列的数据进行自动编号,而且即使删除或增加多行记录,编号也会自动更新。操作步骤如下。

第 1 步:选择需要编号的 Word 表格。

第 2 步:选择"开始"选项卡→"段落"→"编号"→"定义新编号格式",弹出"定义新编号格式"对话框。

第 3 步：删掉阿拉伯数字 1 后面的"点"，因为序号不需要"点"。

第 4 步：单击"确定"按钮，将实现自动编号。

操作过程及显示结果如图 2-28 所示。

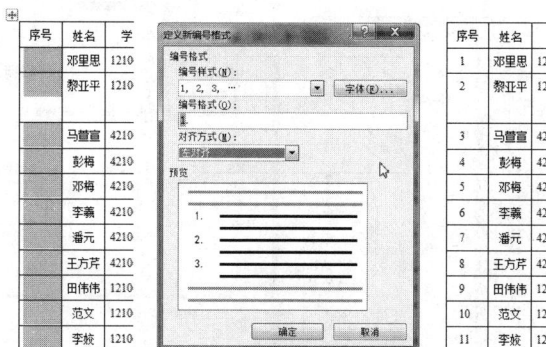

图 2-28　给 Word 表格自动编号

提示：对于有很多行数据、占据了几页的 Word 表格，默认只有第一页的表格上有列标题。可以先选择第一行的 Word 表格列标题，再选择"表格工具"→"布局"→"数据"→"重复标题行"，实现每页表格的第一行都出现列标题的效果。

而"编号"旁边的"多级列表"，实际上是根据段落的级别来进行有层次的编号。在后面的"视图方式"内容中，本书还会就"多级列表"的具体应用进行详细讲解。

2.2.7　视图方式

Word 2010 的文档视图方式有页面视图、阅读版式视图、Web 版式视图、大纲视图以及草稿视图。用户可以在"视图"选项卡中选择需要的文档视图模式，也可以在 Word 2010 文档窗口的右下方单击视图按钮选择视图。下面分别进行介绍。

1. 页面视图

Word 2010 默认的文档视图方式是"页面视图"，在这种视图下的文档显示的是 Word 2010 文档的打印结果外观，主要包括页眉、页脚、图形对象、分栏设置、页面边距等元素，是最接近打印结果的页面视图，也是用得最普遍的一种视图方式。

对于中长文档的撰写而言，最佳的撰写方式就是"页面视图＋导航窗格"，选择"视图"选项卡→"显示"组→"导航窗格"，显示"导航窗格"，如图 2-29(a)所示。这是一个"教学管理文件汇编"，文档有 60 多页，导航窗格里有相应的标题内容，单击导航窗格里的标题，页面会马上跳转至相应的页，这既便于随时把握文章的整体结构，又方便在各个章节内容之间快速跳转，导航窗格里的标题还可以根据文字的大纲级别进行"收缩"或"展开"，如图 2-29(b)所示。

在图 2-29 中，为什么有的是标题的文字进入了导航窗格，而有的标题文字没有进入导航窗格呢？

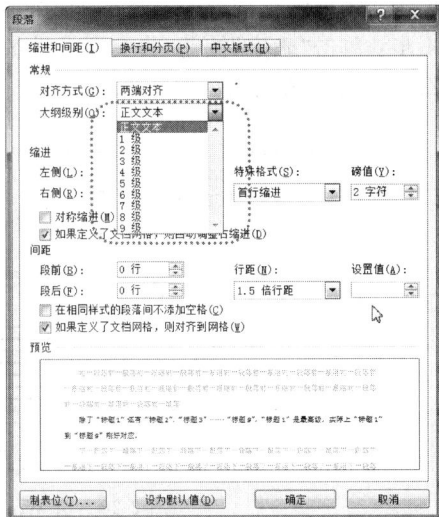

(a)   (b)

图 2-29   具有大纲级别的文字进入导航窗格

　　文档中有很多文字,按照人们的思维习惯,一般居中且字号较大的文字就是标题。实际上,如果不进行设置,不管人们认为是否是标题的文字,Word 都不会默认其为标题,除非人为进行设置。

　　把光标定位到某段文字中,选择"开始"选项卡→"样式"组→"标题 1",就能将这段文字设置为 1 级标题,这样这段文字就具有了 1 级的级别,具有级别的文字就会自动出现在"导航窗格"中,没有级别的其他文字是不会进入"导航窗格"的。

　　除了"标题 1",还有"标题 2"、"标题 3"……"标题 9"。实际上,"标题 1"到"标题 9"默认刚好对应"段落"里的 1～9 级大纲级别,"标题 1"是最高级,"标题 1"下面还可以有"标题 2",就像"章"下面还有"节"一样。把某些文字设置成了几级标题,该文字就自动有了相应的"大纲级别",所以,"样式"选择为"标题"的文字会自动进入"导航窗格"。

　　提示:对于有的文字,虽然它的样式不是"标题",但选择"开始"→"段落",单击右下角的按钮,在出现的"段落"对话框的"大纲级别"下设置了它的大纲级别,它同样会出现在"导航窗格"中。

　　小窍门:写中长文档时,一般习惯先写提纲,实际就是写标题,这些文字都应设置为相应级别的标题。除了使用鼠标选择,也可以使用快捷键 Alt＋Shift＋向左或向右的箭头键(箭头用于提升或降低级别)快速设置这些文字为哪级标题。

　　问题:撰写中长文档时,可以通过使用快捷键让某些文字的样式自动变成"标题",但如何让相应级别的标题进行自动多级编号(如进行类似"3.1.2"这样的自动编号)?

　　第 1 步:设置相应的"多级列表"。选择"开始"选项卡→"段落"→"多级列表",选择如图 2-30(a)所示风格的列表,效果如图 2-30(b)所示。

　　第 2 步:输入要设为标题的文本。

　　　　　高效办公自动化实用技术

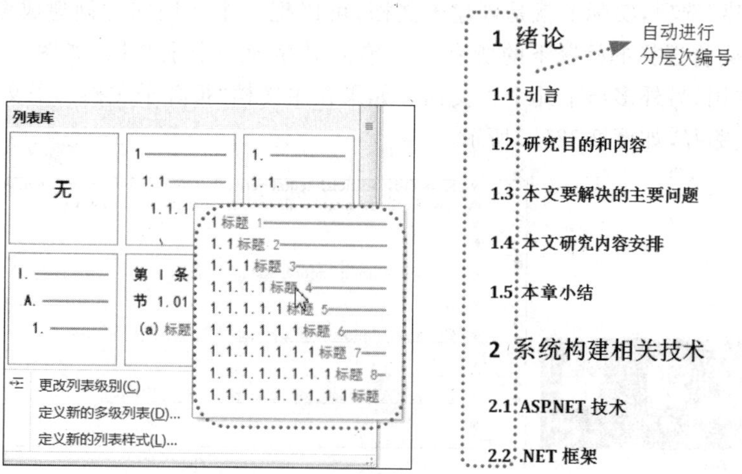

图 2-30 利用"多级列表"为标题自动编号

第 3 步：通过快捷键 Alt＋Shift＋向左或向右的箭头键确定该文本的级别即可，Word 会根据设定的几级"标题"自动进行多级编号，编辑者只需要关心标题的级别，而不需要担心编号会出错。

⚠ 提示：在"多级列表"下选择了上面这种风格后，还可以单击"定义新的列表样式"更改编号的形式，如不少文科类的文档喜欢用"第几章"、"第几节"的形式。

2. 阅读版式视图

"阅读版式视图"以图书的分栏样式显示 Word 2010 文档，"文件"按钮、功能区等窗口元素被隐藏起来。在阅读版式视图中，还可以单击"工具"按钮选择各种阅读工具。

3. Web 版式视图

"Web 版式视图"以网页形式显示 Word 2010 文档，Web 版式视图适用于发送电子邮件和创建网页。

4. 大纲视图

"大纲视图"主要用于 Word 2010 文档的设置和显示标题的层级结构，可以方便地折叠和展开各种层级的文档。大纲视图广泛用于 Word 2010 长文档的快速浏览和设置。

如图 2-31(a)所示，在"大纲工具"下，可以通过箭头按钮提升或降低文字的级别，选择"显示文档"，将会出现"主控文档"组下的其他工具，如图 2-31(b)所示。

图 2-31 "大纲视图"下的工具

选择"创建"选项，实际上就是创建子文档，可以把一个文档同时创建成多个子文档，Word 处理时会将选择的标题下的所有内容单独保存为一个子文档，如图 2-32(a)所示，除了原来的文档，另外多出了几个子文档。如果在主文档"折叠子文档"，子文档就只会显示文档的存放路径，如图 2-32(b)所示。

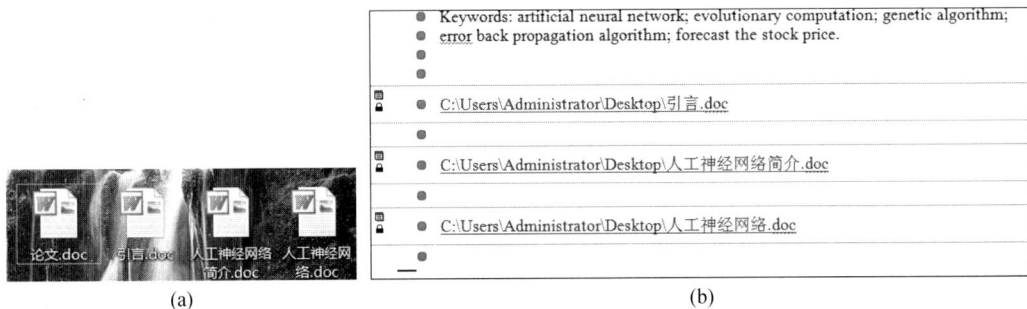

图 2-32　利用大纲视图创建子文档

同理，利用"主控文档"组下的"插入"，可以将现有文档嵌入为"子文档"。

5. 草稿视图

"草稿视图"取消了页面边距、分栏、页眉页脚等元素，主要显示标题和正文，是最节省计算机系统硬件资源的视图方式。当然，现在计算机系统的硬件配置都比较高，基本上不存在由于硬件配置偏低而使 Word 2010 运行遇到障碍的问题。

2.2.8　样式

样式是指用有意义的名称保存的字符格式和段落格式的集合，这样在编排重复格式时，先创建一个该格式的样式，然后在需要的地方套用这种样式，就无须一次次地对它们进行重复的格式化操作了。

选择"开始"选项卡→"样式"组，有如图 2-33 所示的许多默认样式可以选择，包括"标题"、"正文"等。若想取消对某些文字的格式设置，回到默认文字格式效果，可以选择"清除格式"。

如何修改和定义新的样式呢？可以选择"样式组"右下角的"⬛"按钮，弹出"样式窗格"，选择文字后，单击相应的样式，就会把相应的样式应用到该文字上。

图 2-33　样式及样式窗格

若需要修改样式，可以选择相应样式右边的下拉箭头，选择"修改"，如图 2-34(a)所示，弹出如图 2-34(b)所示的"修改样式"对话框，可以对使用该样式的所有文字格式进行统一修改。假如对"标题 1"进行了相关格式修改，那么文档中所有"标题 1"样式的文字格式都会瞬

高效办公自动化实用技术

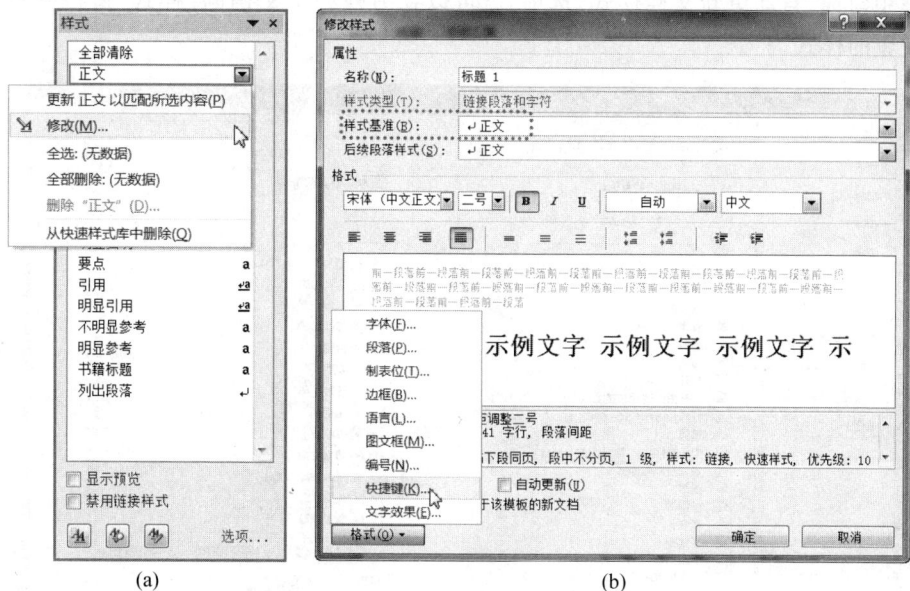

(a)   (b)

图 2-34　修改样式

间全部修改好,而不需要用"格式刷"一个一个地更改。

　　单击"样式"窗格左下角的"⚡"新建样式按钮,可以自己重新定义一个样式。

　　⚠ **提示**:由图 2-34 可以看出,有的样式,如"标题"的"样式基准"栏显示的是"正文",也就是说,如果对"正文"这种样式进行了某些格式修改,可能会对"标题"文字造成影响。要消除影响,只需将相应"标题"样式的"样式基准"栏全部设置为"无样式",这样"正文"样式的修改就不会对相应"标题"样式的文字造成影响。

　　✏ **小窍门**:通过选择"修改样式"→"格式"→"快捷键",还可以对应用该样式设置"快捷键"。

　　❓ **问题**:修改或新建样式以后,就可以在本文档中直接使用该样式,若其他文档也要使用这些样式,该如何解决?

　　第 1 步:新建一个文档,在"样式"窗格中新建一个样式,假如此处以"新正文"为样式名,如图 2-35 所示。

　　第 2 步:以文档模板的形式保存该文件,此处另存为"格式规范.dotx"。

　　第 3 步:另外新建一个文档,选择"文件"→"选项"→"自定义功能区",如图 2-36 所示,在右侧列表中勾选"开发工具"选项,单击"确定"按钮,Word 窗口中将显示"开发工具"选项卡。

图 2-35　新建样式

　　第 4 步:在"开发工具"选项卡中选择"文档模板"→"模板和加载项"对话框,单击"选用"按钮,修改该文档的模板为"格式规范.dotx",并在如图 2-37 所示的"模板和加载项"

对话框中勾选"自动更新文档样式"选项,就可以在另外一个文档的"样式"窗格中看见模板中设置的样式。

图 2-36   选择"开发工具"选项卡

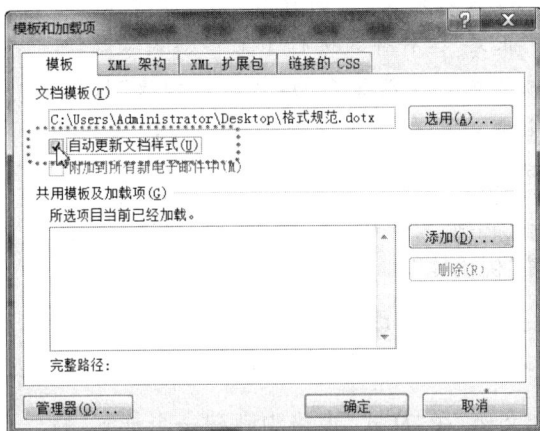

图 2-37   在"模板和加载项"对话框中修改文档模板

2.2.9   文档注释与交叉引用

1. 脚注和尾注

脚注和尾注用于文档和书籍中,用于输入说明性或补充性信息,或者显示引用资料的来源。一般用脚注对文档内容进行注释说明,用尾注说明引用的文献。脚注位于页面的底部，尾注则位于文档的结尾处。

脚注或尾注由两个互相链接的部分组成：注释引用标记（数字或字符）和与其对应的注释文本。注释中可以使用任意长度的文本，并像处理任意其他文本一样设置注释文本格式。

如图 2-38 所示，要对"HTML"这个术语进行说明，先将光标定位在 HTML 的后面，选择"引用"选项卡→"插入脚注"，HTML 后面将自动出现引用标记（此处为阿拉伯数字），当前显示将跳转到当前页面底部，可在页面底部输入对 HTML 的说明性文字。输入说明性文字后，将鼠标指针定位到正文中 HTML 后面的阿拉伯数字处，将出现相应注释文本的提示信息。在其他位置插入脚注，将会自动进行连续编号。

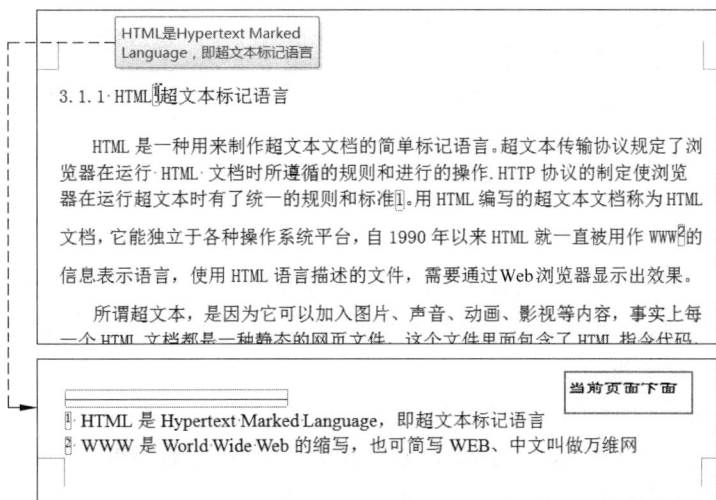

图 2-38　给文档插入脚注

⚠️ **提示**：可以选择"引用"→"脚注"，单击"脚注"组右下角的按钮，调出"脚注和尾注"对话框，对脚注和尾注进行设置。将注释引用标记设为下标的快捷键是 Ctrl＋＝，设为上标的快捷键是 Ctrl＋Shift＋＝。

用类似的方式可以插入尾注，尾注的注释文本在文档的结尾处。例如，论文的"参考文献"就可用插入尾注的方式设置，如图 2-39 所示。

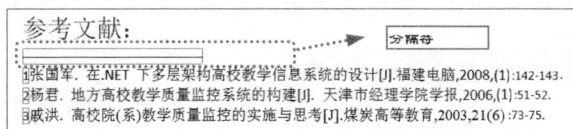

图 2-39　插入尾注

删除脚注或尾注的注释引用标记，将同时删除注释文本。若删除了一个自动编号的注释引用标记，Word 会自动对注释进行重新编号。如果要删除所有自动编号的脚注或尾注，打开"查找与替换"对话框，选择"更多"→"特殊格式"，选择"尾注标记"或"脚注标记"，"替换为"文本框为空，就可以删除相应注释。

小窍门：如图 2-39 所示，插入尾注后选择参考文献下的所有文献内容，在"查找与替换"对话框中查找"^e"，替换为"[^&]"，可将参考文献的编号瞬间变成[1]、[2]……的形式。

问题：如何修改或删除脚注或尾注分隔符？

第 1 步：切换到"草稿"视图。

第 2 步：选择"引用"→"显示备注"，窗口下面将出现相应窗格。

第 3 步：如图 2-40 所示，选择相应的分隔符，可以进行修改或删除。

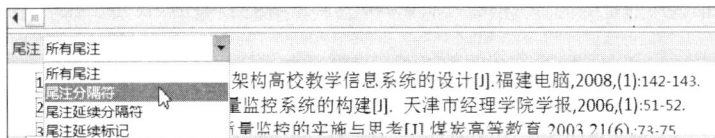

图 2-40　修改分隔符

2. 题注

题注是可以添加到表格、图表、公式或其他项目上的编号标签。在文档中插入表格、图表或其他项目时，可以让 Word 为某些特定内容自动添加题注，也可以先插入表格、图表、公式等项目，然后添加题注。

可以为不同类型的项目设置不同的题注标签和编号格式（可自动编号），如图 5、图 2-3、表 2-1、公式 1-1 等形式。还可以创建新的题注标签，如"照片"等。在文档编辑中，添加、删除或移动了题注，还可以方便地更新所有题注的编号。

1）手动添加题注

可以为已有的表格、图表、公式或其他对象手动添加题注。如在已有的图片下面插入题注，选择"引用"选项卡→"题注"组→"插入题注"，弹出如图 2-41 所示的"题注"对话框，在"标签"栏可以选择能准确描述对象的标签，如图表、公式等，也可以单击"新建标签"，自定义新的标签。

如果文档利用了前面所讲内容，用"多级列表"为标题进行了编号，就可以单击"题注"对话框上的"编号"按钮，如图 2-42 所示，将弹出"题注编号"对话框，勾选"包含章节号"，设置"章节起始样式"为"标题 1"，就可以为相关对象添加如"图 1-1"这种形式的题注。

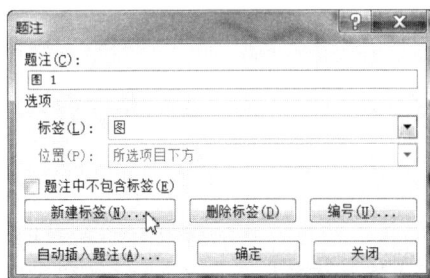

图 2-41　"题注"对话框

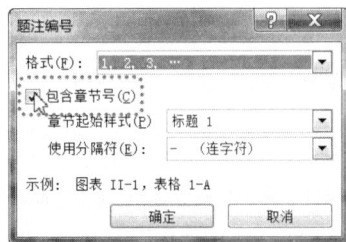

图 2-42　"题注编号"对话框

提示：在文档中插入其他相同标签的题注，题注的编号会自动保持连续一致。

2）自动添加题注

插入表格、公式或其他对象时，还可以设置让 Word 自动添加题注。选择"引用"选项卡→"题注"→"插入题注"，弹出"题注"对话框，单击"自动插入题注"，弹出如图 2-43 所示的"自动插入题注"对话框，选择插入时添加题注的对象，单击"确定"按钮，在 Word 文档中插入对应的对象时就会自动添加相应的题注。

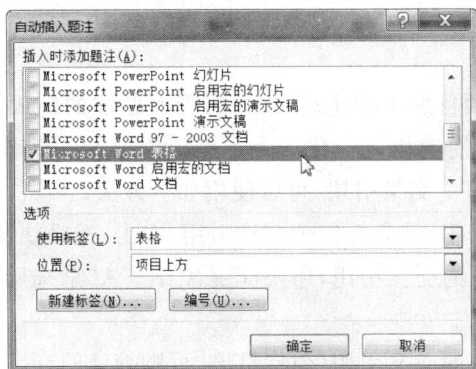

图 2-43 "自动插入题注"对话框

3. 交叉引用

可以为标题、脚注、尾注、书签等创建交叉引用。创建的交叉引用仅可引用同一文档中的项目。如果要交叉引用其他文档中的项目，首先要将这个文档合并到主控文档中。交叉引用的项目必须已经存在。比如在交叉引用某个题注前，应该先将该题注插入文档中。

1）插入交叉引用

在文档中，输入交叉引用开头的介绍文字，如"具体信息，请参见×××"（"×××"的位置表示给交叉引用的预留位置）。然后选择"引用"选项卡→"题注"组→"交叉引用"，弹出如图 2-44 所示"交叉引用"对话框。在"引用类型"下拉列表中选择要引用项目的类型，如"标题"、"书签"、"公式"、"图表"等，在"引用内容"下拉列表中选择要在文档中插入的信息，如"整个题注"、"只有标签和编号"等。

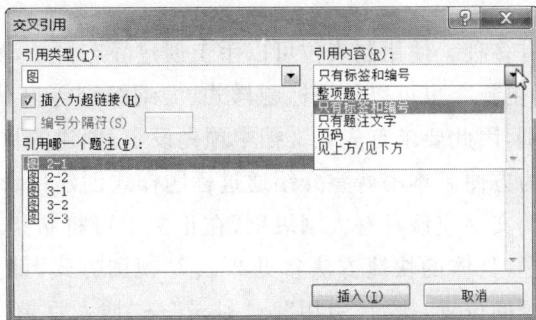

图 2-44 "交叉引用"对话框

选中"插入为超链接"复选框,可以通过交叉引用直接跳转到所引用的项目。单击"插入"按钮,插入交叉引用后就会在交叉引用的位置处出现如图 2-45 所示的交叉引用效果,将光标定位到该位置,交叉引用的内容会以灰底显示。

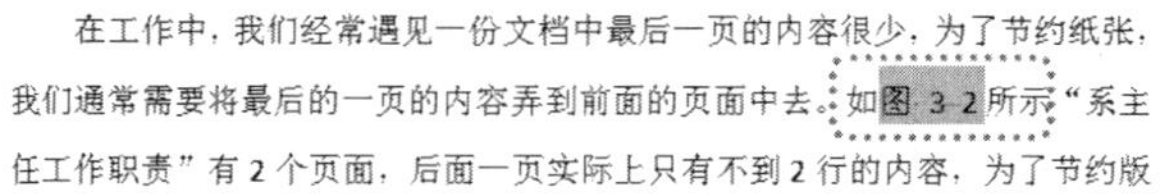

在工作中,我们经常遇见一份文档中最后一页的内容很少,为了节约纸张,我们通常需要将最后的一页的内容弄到前面的页面中去。如图 3-2 所示"系主任工作职责"有 2 个页面,后面一页实际上只有不到 2 行的内容,为了节约版

图 2-45　交叉引用效果

2）更新交叉引用

当文档中被引用的项目发生变化后,比如在当前题注的前面又增加了一个相同标签的题注,题注的编号也会发生相应变化。为了保证内容的一致性,交叉引用也要随之改变。如果要更新一个或多个交叉引用,可以使用如下方法。

（1）更新某个交叉引用,将光标定位到该引用,右击,选择快捷菜单中的"更新域"。

（2）更新所有正文中的交叉引用,用快捷键"Ctrl＋A"全选所有正文,右击所选项,选择快捷菜单中的"更新域"。

（3）打印时更新所有的交叉引用(包括页眉、页脚等处的交叉引用),选择"文件"选项卡→"选项"→"显示"→"打印选项",勾选"打印前更新域"。

⚠ 提示：也可以选定特定的交叉引用或整个正文,再按"F9"来更新交叉引用,在 Word 文档中按"F9"键,就可以实现更新域。

2.2.10　目录和索引

目录是文档中若干具有级别的内容的列表。可以通过目录查阅文档提纲以及各级标题的页码,还可以通过目录实现文档的快速浏览。只要按住"Ctrl"键,单击目录中的某一章节,就可以直接跳转到该章节的相应内容处。Word 是利用"域"来实现自动编制和管理目录的。

1. 文档目录

1）创建目录

创建目录的方式有多种。使用制表位可以手工创建静态目录,操作方便,但一旦页码发生变化,就无法自动更新。也可以使用标题样式、大纲级别等自动生成目录,该方法基于样式设置和大纲级别,因此要求首先在文档中预先设定,创建的目录可以自动更新页码和结构,便于维护,尤为方便。本书着重介绍通过标题样式创建目录。

通常希望进目录的文字应该具有大纲级别,在正文中可将希望进入目录的文字样式设置为相应级别的标题(具体的快捷方法参见 2.2.7"视图方式"部分的内容),然后将插入点定位到要建立目录的位置,执行"引用"→"目录"→"插入目录",出现如图 2-46 所示的"目录"对话框。

　高效办公自动化实用技术

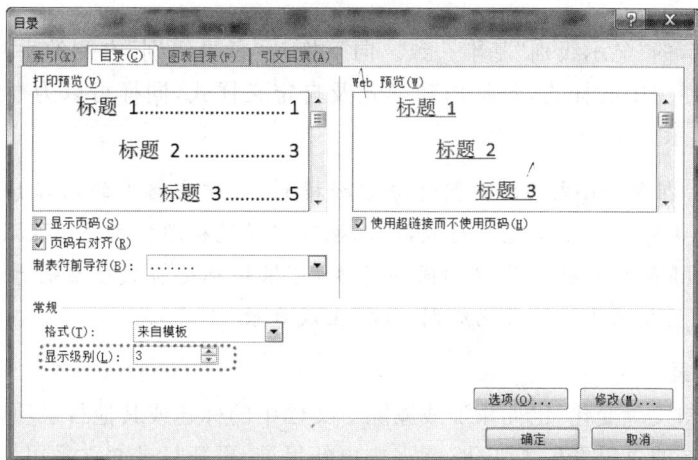

图 2-46　"目录"对话框

在"目录"选项卡下可以执行如下操作。

（1）在"常规"栏的"显示级别"微调框中可以设置在目录中显示的标题级别数目。若文档中设置了标题样式1～4，希望设置4层的目录，可将"显示级别"改为4，预览框中将会出现1～4逐层缩进的预览显示。

（2）在"常规"栏的"格式"下拉列表框中可以选择其他格式来更改目录的整体外观，可以在"打印预览"和"Web预览"区中查看选择后的效果。

（3）选择"制表符前导符"下拉列表框中的选项，可以更改文本和页码间显示的符号类型。

（4）单击"修改"按钮，将出现如图2-47所示的"样式"对话框，在"样式"列表框中选择要更改的级别，单击"修改"按钮，出现"修改样式"对话框，在该对话框中可以进行字体、段落等样式格式的设置。

（5）单击"选项"按钮，将出现如图2-48所示的"目录选项"对话框，在"有效样式"下可以查看到默认目录建自标题1～3，在样式名旁边的"目录级别"下可以看到目录级别分别对应1～3级，若增加目录的层数，可以根据实际情况设置标题4～9的目录级别，其效

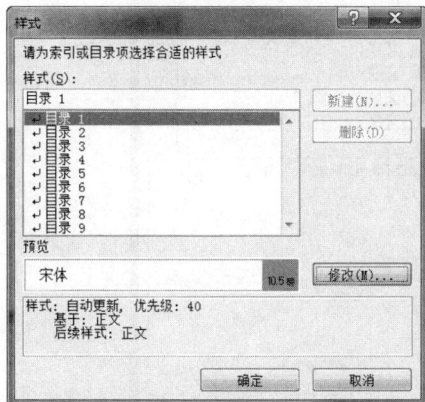

图 2-47　"样式"对话框

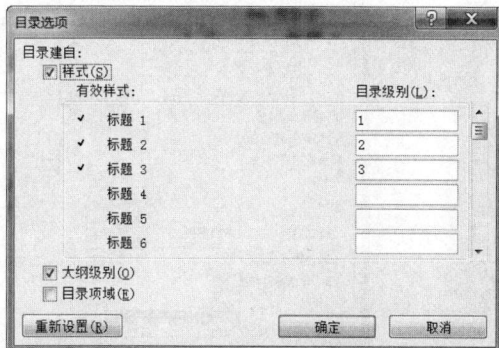

图 2-48　"目录选项"对话框

果与目录选项卡的"显示级别"基本一致。向下拖动"目录级别"右侧的垂直滚动条,将显示文档中其他使用中的样式,包括内建样式及自定义样式,同样可以为样式设置目录级别,在目录中显示。

⚠ 提示:在 Word 文档的视图部分曾经提到,导航窗格中的内容按照大纲级别显示,标题样式与大纲级别默认逐级对应,所以也可以通过标题样式套用生成导航窗格中的内容。同理,目录的生成也是依据相同的原理,可根据标题样式生成目录,也可以在"段落"对话框中设置相应文字的大纲级别,以便生成目录。

2)更新目录

若文档结构发生变化,比如添加或删除了文档中的标题或其他目录项,或者应该进入目录的标题所在的页码发生了变化,就需要更新目录,更新目录通常采用如下方法。

(1)选择"引用"→"目录"→"更新目录",将弹出如图 2-49 所示的"更新目录"对话框,在该对话框内可以设置是"只更新页码"还是"更新整个目录"。

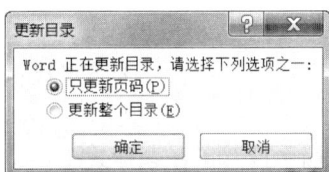

(2)右击目录,在快捷菜单中选择"更新域",也将出现"更新目录"对话框。

(3)还可以在目录处按 F9 键更新目录。

图 2-49 "更新目录"对话框

2. 图表目录

图表目录是为文档中的图表、公式等创建的目录,为读者查阅图片、表格和公式等提供方便,主要步骤如下。

(1)创建题注。为图片、表格、公式等编制目录前,先为这些对象创建题注。

(2)插入图表目录。与创建文档目录的方式类似,将插入点定位到要插入"图表目录"的位置,选择"引用"→"插入图表目录",出现如图 2-50 所示"图表目录"对话框,在"题注标签"下拉列表处选择相应的标签,就可以对相应标签的题注创建图表目录,如图 2-51 所示。

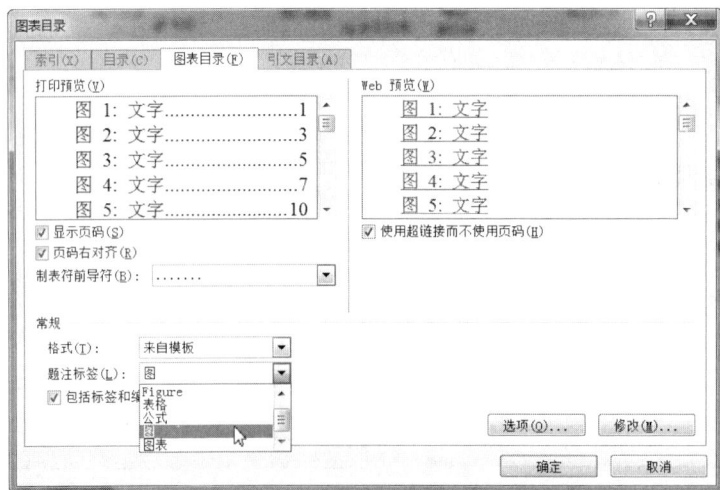

图 2-50 图表目录对话框

图 2-51　一篇文档的图目录

（3）通过目录快速访问项目。按 Ctrl 键，单击某项目录，就会跳转到该目录项。

3．索引

索引可以列出一篇文章中重要关键词或主题的所在页码，以便快速检索查询。"索引"就像一条线索，每一条线索对应一份完整的信息，常见于一些书籍和大型文档中。

1）索引和目录的区别

所谓"目录"，就是文档中各级标题的列表，它通常位于文章扉页之后。目录的作用是方便阅读者快速地检阅或定位感兴趣的内容，同时比较容易了解文章的纲目结构。

所谓"索引"，就是以关键词为检索对象的列表，它通常位于文章封底页之前。索引的作用在于，阅读者可以根据相应的关键词，比如人名、地名、概念、术语等，快速定位到正文的相关位置，获得这些关键词的更详细信息。

索引侧重于找到你要找的文章，目录侧重于显示整篇文章的结构。Word 提供了"标记索引项"和"自动索引"两种方式创建索引。

2）标记索引项

（1）主索引项。采用标记索引项方式适用于添加少量索引项。选择文档中要作为索引项的文字，选择"引用"→"标记索引项"，快捷键为 Alt＋Shift＋X，弹出"标记索引项"对话框，如图 2-52 所示。选中的文字会出现在"主索引项"中，或把插入点移至要输入索引项目的位置，在"标记索引项"对话框中输入需要索引的文字。

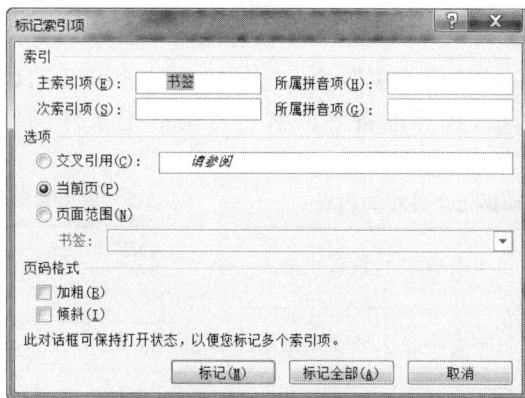

图 2-52　"标记索引项"对话框

（2）次索引项。可在"次索引项"栏中输入次索引项目，若下面还需要加入第三层项目，可在"次索引项"栏中的次索引项后面输入英文冒号，再输入第三层项目文字。

（3）选中"交叉引用"选项，在其后的文本框中输入文本，就可以创建交叉引用。

（4）选中"当前页"选项，可以列出索引项的当前页码。

（5）选取"页面范围"选项，将会显示一段页码范围。如果一个索引项有几页长，必须先选取该文本，再选择"插入"→"书签"，设置书签的名字，将索引项定义为书签，即可在"标记索引项"对话框中选择"页面范围"下相应的书签名。

设置好后，最后单击"标记"按钮，可以完成某个索引项目的标记，单击"标记全部"按钮，则文档中每次出现此文字时都会被标记。

⚠ 提示：标记完成后，可以不关闭"标记索引项"对话框，在对话框外单击，进入页面编辑状态，选择第二个需要标记的关键词，然后单击对话框，可以完成第二个关键词的标记，重复上面的操作直至全部关键词标记完成。

标记索引项后，Word 会在标记的文字旁边出现一个｛XE｝域，如图 2-53 所示。若无法查看域，可以选择"开始"→"段落"组下面的"显示/隐藏编辑标记 ┦ "按钮，该域不会被打印出来。

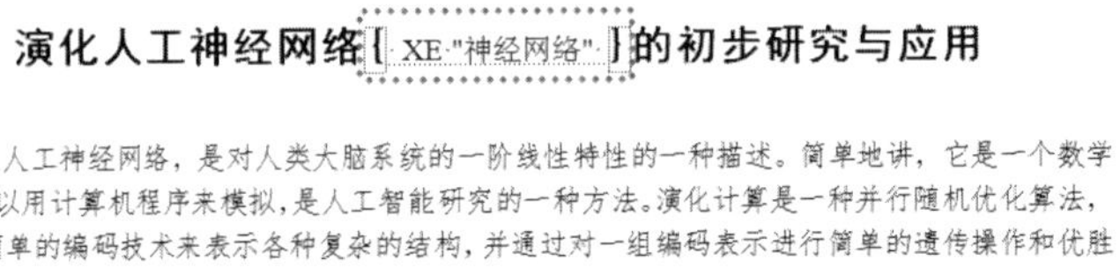

演化人工神经网络｛ XE·"神经网络" ｝的初步研究与应用

摘　要：人工神经网络，是对人类大脑系统的一阶线性特性的一种描述。简单地讲，它是一个数学模型，可以用计算机程序来模拟，是人工智能研究的一种方法。演化计算是一种并行随机优化算法，它采用简单的编码技术来表示各种复杂的结构，并通过对一组编码表示进行简单的遗传操作和优胜

图 2-53　｛XE｝域

3）自动索引

如果有大量关键词需要创建索引，用标记索引的方式逐一标记比较麻烦，需使用自动索引。将所有索引项存放在一张双列的表格中，如表 2-1 所示，再由自动索引命令导入，实现批量化索引项标记，这个含表格的文档被称为索引自动标记文件。

双列表格的第一列键入要搜索并标记为索引项的文字，第二列中键入第一列中文字的索引项。

方法：选择"引用"→"插入索引"，弹出"索引"对话框，单击"自动标记"，弹出"打开索引自动标记文件"对话框，选择准备好的索引自动标记文件，假设该文件中的内容为表 2-2 所示内容。

表 2-1　索引自动标记文件中的内容

标记为索引项的文字 1	主索引项 1；次索引项 1
标记为索引项的文字 2	主索引项 2；次索引项 2
……	……

表 2-2　索引自动标记文件中的内容示例

ANN	ANN
EC	EC
BP	BP
GA-BP	GA-BP
网络	网络：人工神经网络

Word 将在整个文档中搜索索引自动标记文件中第一列中文字的确切位置，使用第二列中的文本作为索引项标记，如果被索引文本在一个段落中重复出现多次，Word 将只

对其在此段落中的首个匹配项作标记。

4）创建索引

完成标记索引项后，就可以创建索引，将插入点定位到要插入索引的位置，选择"引用"→"插入索引"，弹出"索引"对话框，如图 2-54 所示，单击"确定"按钮，完成索引的创建。

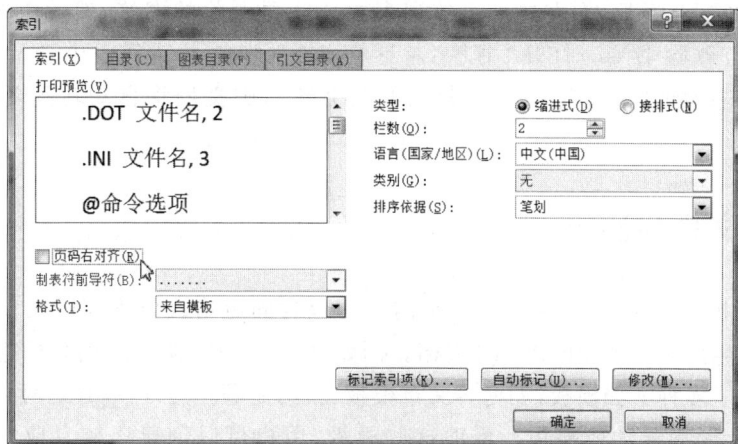

图 2-54　"索引"对话框

（1）类型中的"缩进式"是指次索引以缩进方式排列。如果选取了按"缩进式"方式排列，还可以选择"页码右对齐"复选框；选择"接排式"，次索引项与主索引项将排列在同一行，必要时文字会自动换行。

（2）设置"栏数"，可以将生成的索引按多栏方式排列。

（3）"修改"即可修改索引的样式，与修改目录相似。

图 2-55 为一篇毕业论文的关键词索引示例。

索　引　　　栏数为2，页码右对齐

ANN2, 3, 1, 5, 6, 7, 8, 15, 16, 17, 18, 20, 21, 24,　　GA-BP........... 3, I, II, 13, 15, 16, 17, 20, 21, 23
25, 31, 32, 33　　　　　　　　　　　　　　　　　　网络
BP2, 3, I, II, 1, 10, 11, 12, 13, 14, 15, 17, 18, 20,　　　人工神经网络1, 2, 3, I 1, 2, 3, 5, 6, 7, 8, 9,
21, 23, 26, 27　　　　　　　　　　　　　　　　　10, 11, 13, 14, 15, 16, 17, 21, 22, 23, 25, 27
EC...2

图 2-55　关键词索引示例

⚠ **提示**：索引是利用{INDEX}域创建的，同样可以用更新域的方法对其进行更新，与目录相似。

4. 书签

Word 中的书签主要用于在 Word 长文档中快速定位至特定位置，或者引用同一文档（也可以是不同文档）中的特定文字。在 Word 文档中，文本、段落、图形图片、标题等都可以添加书签。除可以快速定位文档外，书签还可以用于创建交叉引用，每个书签都有一个独一无二的名称。

Word 书签的制作方法如下。

首先,打开 Word 2010 文档窗口,选中需要添加书签的文本、标题、段落等内容。切换到"插入"选项卡,在"链接"组中单击"书签"按钮。

然后,打开"书签"对话框,在"书签名"编辑框中输入书签名称(书签名只能包含字母和数字,不能包含符号和空格),并单击"添加"按钮。

打开"书签"对话框,在左侧的书签列表中选择要删除的书签,然后单击右侧的"删除"按钮,即可删除书签。打开"书签"对话框,在左侧的书签列表中选择要定位的书签,然后单击右侧的"定位"按钮(或者双击该书签),则文档将自动转到要定位的书签位置。

2.2.11 文档与模板

Word 模板是指 Microsoft Word 中内置的包含固定格式设置和版式设置的模板文件,用于快速生成特定类型的 Word 文档。例如,Word 2010 除了通用型的空白文档模板之外,还内置了多种文档模板,如博客文章模板、新闻稿等。另外,Office 网站还提供了证书、奖状、名片等特定功能模板。借助这些模板,用户可以创建比较专业的 Word 2010 文档。

 问题:在 Word 2010 中使用模板创建文档的方法是什么?

第 1 步:打开 Word 2010 文档窗口,依次选择"文件"选项卡→"新建"组。

第 2 步:在打开的"新建"面板中单击"博客文章"、"样本模板",使用 Word 2010 自带的模板创建文档,还可以单击 Office 网站提供的"名片"、"日历"等在线模板。例如单击"样本模板"选项。

第 3 步:打开样本模板列表页,单击合适的模板,在"新建"面板右侧选中"文档"或"模板"单选框(本例选中"文档"选项),然后单击"创建"按钮。

第 4 步:打开选中的模板创建的文档,可以在该文档中编辑。

 提示:除了使用 Word 2010 已安装的模板,还可以自己创建文档模板。首先在文档中设计好文档,保存文档时设置保存类型为"Word 模板"即可。以后双击这个模板文件就是根据这个模板新建一个文档,若要再次修改这个模板,只需右击该模板文件,选择"打开",修改后再次保存即可。

当对文档进行"另存为"操作时,可以设置不同的保存类型,与 Word 2010 文件相关的常见文件格式如下。

(1).docx 不含宏或代码的标准 Word 文档,这也是 Word 2010 默认的文档保存类型。

(2).dotx 不含宏或代码的 Word 模板。

(3).docm 可以包含宏或代码的 Word 文档。

(4).dotm 可以包含宏或代码的 Word 模板。在 Word 2010 中新建一个空白文档,其实就是通过"通用型的空白文档模板"建立的,"通用型的空白文档模板"就是如图 2-56 所示的 Normal.dotm,该模板中包含了决定文档基本外观的默认样式和自定义设置。若该模板文件被损坏,可能引发无法正常打开 Word 文档的错误,此时可以在本机上查找该模板文件,然后将其删除,Word 将在下次启动时自动创建新的版本(使用原始的默认设置)。

Normal.dotm

图 2-56　通用型空白文档模板

对于上述文件格式,能看到的主要外在差异在于是否使用宏或代码。在 Word 2003 中,常见文件类型有文档和模板(.doc 和.dot)。Word 2007 及 2010 的常见文件类型有.docx、.dotx、.docm 和.dotm("x"表示 XML,"m"表示宏)。基本文档和模板(.docx 和.dotx)不再包含宏或代码,在文档中无法嵌入隐藏代码,因此更加安全。由于有时需要录制或编写"宏",所以提供了另外两个文件类型支持包含代码的文档和模板:.docm 和.dotm。

2.3　Word 中的域

域是文档中可能发生变化的数据或邮件合并文档中套用信封、标签的占位符。可以这样理解域:域就像是一段程序代码,文档中显示的内容是域代码运行的结果。在 Word 文档中,插入目录后能自动生成目录,插入页码后能自动显示当前页码以及"脚注、尾注、题注"的自动编号,都是通过"域"来实现的,只不过人们看见的是域代码最终运行的结果而已。如果熟悉域代码,可以自己写代码,如果不熟悉,就只能直接利用相关工具来使用常用的域。

2.3.1　域的构成

域由域特征符、域名、域参数、域开关构成,用 Word 处理文档时,若能巧妙应用域,会给工作带来极大方便。域代码的通用格式是{域名[域参数][域开关]},方括号中的内容是可选的,域代码不区分英文大小写。域名表示相应域的名称;域参数对域名作进一步说明,某些域有参数,某些域没有参数;域开关是特殊的指令,在域中可引发特定的操作,分为通用开关和只能用于某个域的特有开关两种,通用域开关分为格式开关\＊、数字显示方式开关\＃、日期时间图片开关\@,域通常有一个或多个可选的开关,开关之间使用空格进行分隔,域开关通常可以让同一个域出现不同的域结果。

例如:域代码{ docproperty company \＊ mergeformat },域名是 docproperty,域参数是 company,后面是域开关"\＊ mergeformat",它表示将以前结果使用的格式作用于当前的新结果。

选择"插入"选项卡→"文本"组→"文档部件"→"域",将出现如图 2-57 所示的"域"对话框。选择相应的域,Word 中提供了 9 大类 70 多个域,例如选择 Page,将插入相应的域并显示当前页的页码。

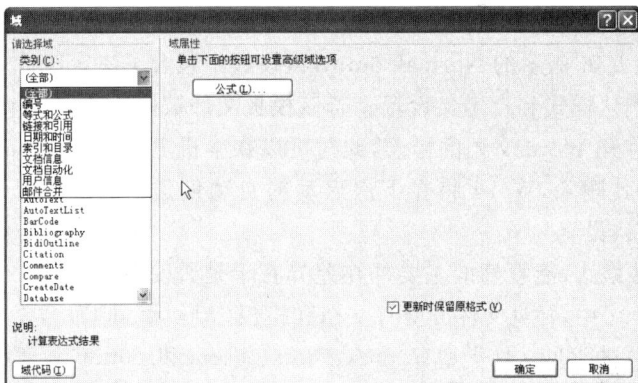

图 2-57　"域"对话框

问题：如何在 Word 2010 表格中使用域，实现数据的简单运算？

第 1 步：将当前光标定位到需要显示运算结果的单元格中，如图 2-58(a)所示。

第 2 步：选择"插入"选项卡→"文本"组→"文档部件"→"域"，弹出"域"对话框。

第 3 步：在"域名"中选择＝(formula)，并单击右边的"公式"按钮，弹出如图 2-58 所示的"公式"对话框。

第 4 步：在"粘贴函数"下拉列表中选择需要的函数，此处利用 SUM 函数实现求和。

第 5 步：设置好相应公式，此处设置为"＝SUM(ABOVE)"，就是对上面的数据进行求和运算，单击"确定"按钮，将计算出请假总次数。

第 6 步：通过复制、粘贴，将上述域粘贴到其他列，然后选择所有域，按 F9 键，更新域，计算出所有列的数据总和，如图 2-58(c)所示。

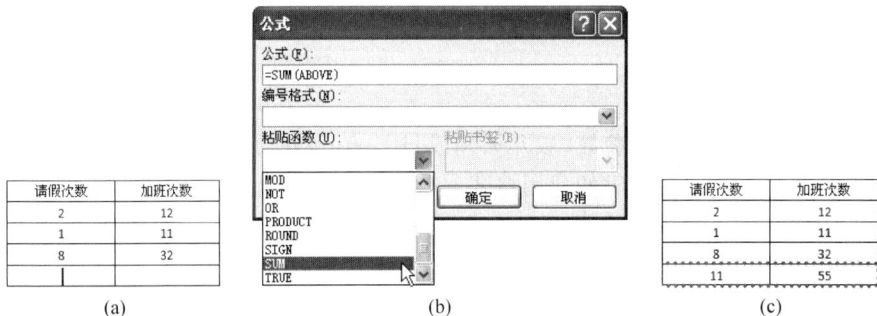

图 2-58　利用域计算 Word 表格中的数据

2.3.2　域的操作

1. 编辑域

也可以编辑域代码。编辑域代码，首先需要插入域的特征符，就是这一对"{ }"，但并不是直接输入大括号，直接输入的大括号不是域的特征符，域的特征符可以通过快捷键

——————— 高效办公自动化实用技术

Ctrl+F9 插入。

然后输入域名,根据需要还可以输入域参数和域开关。可以通过"域对话框"插入域,也可以直接在域的特征符中输入相应域代码,然后按 F9 键查看最终效果。

例如:{NumPages} 将默认以阿拉伯数字显示文档的页数。

{Page\ * roman} 将以罗马数字显示当前页页码。

{=4+5\ ♯ 00.00} 将显示 09.00。

{Date\@ "yyyy 年 m 月 d 日"} 将以 20××年×月×日的格式显示当前日期。

2. 更新域操作

当 Word 文档中的域没有显示出最新信息时,应采取以下措施更新,以获得最新域结果。

(1) 更新单个域:首先单击需要更新的域或域结果,然后按 F9 键(F9 就是更新域的快捷键)。

(2) 更新一篇文档正文中所有域:可以利用快捷键 Ctrl+A 选定整篇文档,然后按 F9 键。

(3) 另外,也可以选择"文件"→"选项"→"显示",在"打印选项"中勾选"打印前更新域"命令,以实现 Word 在每次打印前都自动更新文档中所有域的功能。

3. 显示或隐藏域代码

(1) 显示或隐藏指定的域代码:首先单击需要显示域代码的域或其结果,然后按 Shift+F9 组合键。

(2) 显示或隐藏文档中所有域代码:按 Alt+F9 组合键。

4. 选择前一个/下一个域

(1) F11 可以选择文档中的下一个域。

(2) Shift+F11 可以选择文档中的前一个域。

5. 锁定/解除域操作

(1) 要锁定某个域,以防止修改当前的域结果的方法是:单击此域,然后按 Ctrl+F11 组合键。

(2) 要解除锁定,以便对域进行更改的方法是:单击此域,然后按 Ctrl+Shift+F11 组合键。

6. 解除域的链接

首先选择有关域内容,然后按 Ctrl+Shift+F9 组合键,即可解除域的链接,此时当前的域结果就会变为常规文本(即失去域的所有功能),以后它当然再也不能进行更新了。若需要重新更新信息,必须在文档中插入同样的域才能达到目的。

2.3.3　域的常见应用

1. 用 Eq 域创建框中带钩的效果

利用域代码{Eq \o(□,√)}，可以实现框中带钩的效果。在 Eq 域中，开关\o( )的作用是将每一个连续的元素重叠在其前一个元素上。

⚠️ **提示**：也可以在"域"对话框的"域名"列表中选择 Eq，选择"域代码"→"选项"，弹出如图 2-59 所示的"域选项"对话框，在开关列表中查看其对应的开关。

📝 **小窍门**：通过选择"插入"选项卡→"符号"→"其他符号"，在"字体"中选择 Wingdings，也可以找到 √ 的符号。

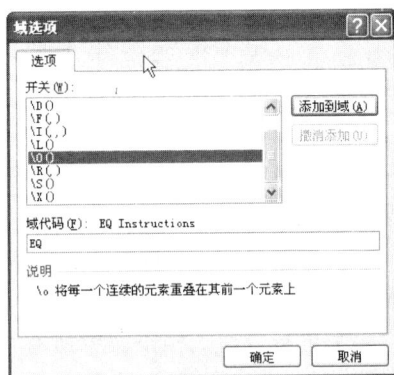

图 2-59　"域选项"对话框

2. 利用 Ref 域插入用书签标记的文本

利用域代码{Ref 书签名[域开关]}，可以插入用书签标记的文本。

❓ **问题**：如何利用 Ref 域实现插入用书签标记的文本？

第1步：将某段文字定义为书签。例如：选择"计算机科学与技术"这部分文字，选择"插入"→"书签"，将书签名设置为"jsj"，选择"添加"。

第2步：在需要引用文本的地方插入 Ref 域引用书签的名字，对应的域代码为{Ref jsj \ * MergeFormat}。

⚠️ **提示**：若利用插入"域"对话框进行操作，在"域"对话框中勾选"更新时保留原格式"，就是在对应域代码中加上开关"\ * MergeFormat"，若不勾选，反之，如图 2-60 所示。

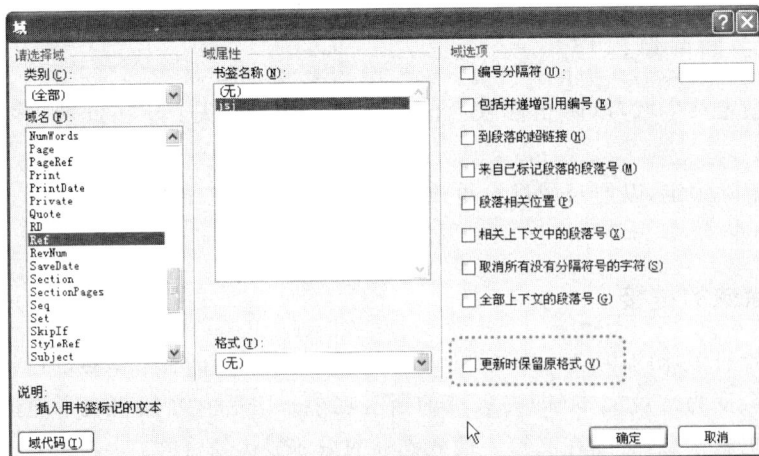

图 2-60　"域"对话框

3. 利用 StyleRef 域提取指定样式的文字

利用代码{StyleRef "样式" [域开关]}可以提取指定样式的文字。

问题：如何设置页眉,使得每页页眉都显示当前章节的标题?

第 1 步：将光标定位到页眉：选择"插入"→"页眉"→"编辑页眉"。

第 2 步：插入 StyleRef 域：可以利用"域"对话框选择,也可以直接编辑域代码。若此处要引用样式为"标题 1"的文字,域代码为{StyleRef "标题 1"}。

提示：StyleRef 域仅提取指定样式的文字,若前面的编号是自动编号,那么编号不会被提取出来,此时可以利用两个 StyleRef 域实现,一个提取"标题 1"样式的段落编号,一个提取"标题 1"样式的文字,其代码为{StyleRef "标题 1"\r}{StyleRef "标题 1"}。如图 2-61 所示。

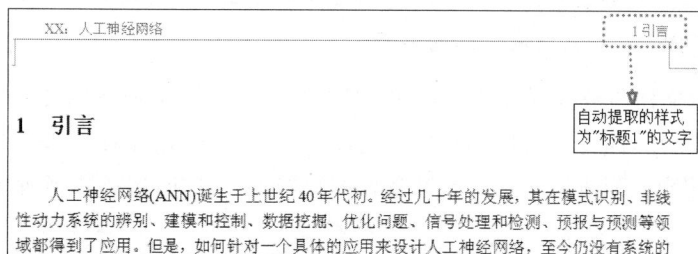

图 2-61　每页页眉处自动提取当前章节的标题

4. 利用 MergeField 域实现个性化文档的批量处理

在日常工作中,经常需要处理这样的文档,文档的主要内容基本相同,只是具体数据有变化,如录取通知书、学生成绩单、学生准考证、员工工资单等。Word 提供了"邮件合并"功能来批量、高效处理这些文档。邮件合并,实际上主要就是通过 MergeField 域实现的。邮件合并是 Word 中的一个特色功能,在 Word 2010 环境中的"邮件"选项卡包含的就是进行邮件合并相关的工具。

问题：如何利用邮件合并功能批量制作员工工资单?

第 1 步：准备数据源。要发生变化的内容(如职工编号、姓名这些个性化的信息)必须存储在数据源中,如图 2-62 所示。数据源可以是 Access 数据库、Excel 文件、Word 文档等多种形式。

	A	B	C	D	E	F	G	H
1	职工编号	姓名	性别	基本工资	奖金	出勤扣款	应扣保费	应发工资
2	001	曾明志	男	1680	2080	0	53	3707
3	002	陈虹桦	女	2060	1600	10	53	3597
4	003	陈佳	女	1420	1600	0	30	2990
5	004	陈秋月	女	2060	1620	10	53	3617
6	005	陈星妃	女	1080	1400	30	30	2420
7	006	程伟	女	2060	1800	20	53	3787
8	007	段学岗	男	1340	2080	0	30	3390

图 2-62　"员工工资"数据源

数据源文件中的列代表信息的类别，每一列应该有一个列标题，且数据类型应该相同，数据源文件中的行代表信息的记录。进行邮件合并时，Word 为每个记录生成一个主文档副本。

第 2 步：创建主文档。建立主文档的过程和新建一个 Word 文档一模一样，在进行邮件合并之前，它只是一个普通的文档。如图 2-63 所示，输入所有相同的信息，预留个性化信息占位符的位置。

尊敬的　　，您7月的工资情况如下：

职工编号	基本工资	奖金	出勤扣数	应扣保费	应发工资

图 2-63　创建主文档

提示：主文档设计的原则：凡是不发生改变的内容，利用键盘输入；要发生变化的内容，利用"域"来实现相应信息的显示。

第 3 步：主文档与数据源关联。单击"邮件"选项卡，该选项下的许多工具都是灰色的，表示当前不可用，因为主文档和数据源还没有产生关联，在"邮件"选项卡下选择"选择收件人"→"使用现有列表"，找到开始准备好的数据源并打开，选择数据所在的数据表，单击"确定"按钮。

第 4 步：在主文档中插入域。在"编写和插入域"组中单击"插入合并域"，在下拉列表中将出现数据源中相应的数据类别。在主文档中需要的位置选择相应信息，完成合并域的插入，如图 2-64 所示。添加到主文档中的域，其实就是数据源中这些类别的占位符。

尊敬的《姓名》，您7月的工资情况如下：

职工编号	基本工资	奖金	出勤扣数	应扣保费	应发工资
《职工编号》	《基本工资》	《奖金》	《出勤扣款》	《应扣保费》	《应发工资》

图 2-64　在主文档中插入合并域

既然这些占位符是域，就可以通过快捷键 Alt＋F9 查看相应的域代码。如图 2-65 所示，邮件合并实际主要就是通过 MergeField 域来实现的。

尊敬的{ MERGEFIELD 姓名 }，您7月的工资情况如下：

职工编号	基本工资	奖金	出勤扣数	应扣保费	应发工资
{ MERGEFIELD 职工编号 }	{ MERGEFIELD 基本工资 }	{ MERGEFIELD 奖金 }	{ MERGEFIELD 出勤扣款 }	{ MERGEFIELD 应扣保费 }	{ MERGEFIELD 应发工资 }

图 2-65　"合并域"代码

第 5 步：合并到新文档。选择"完成并合并"→"编辑单个文档"，选择需要的记录范围（此处选择全部），单击"确定"按钮，将生成所有员工的工资单。

上例中，主文档的一页纸上只设计了一个员工的工资单，内容很少，合并到新文档后，每一张纸上只显示一个员工的工资单，这样文档打印会很浪费纸张。设计主文档时，插入合并域后，将上面的工资单进行复制和粘贴，然后在各工资单之间选择"邮件"选项卡→"编写和插入域"组→"规则"→"下一记录"，分别插入"下一记录"域，最后再合并到新文档。就可以在一页纸上显示多个员工的工资单，其主文档的设计及合并后的新文档如图 2-66 所示。

尊敬的《姓名》，您 7 月的工资情况如下：

职工编号	基本工资	奖金	出勤扣数	应扣保费	应发工资
《职工编号》	《基本工资》	《奖金》	《出勤扣款》	《应扣保费》	《应发工资》

《下一记录》

尊敬的《姓名》，您 7 月的工资情况如下：

职工编号	基本工资	奖金	出勤扣数	应扣保费	应发工资
《职工编号》	《基本工资》	《奖金》	《出勤扣款》	《应扣保费》	《应发工资》

《下一记录》

尊敬的《姓名》，您 7 月的工资情况如下：

职工编号	基本工资	奖金	出勤扣数	应扣保费	应发工资
《职工编号》	《基本工资》	《奖金》	《出勤扣款》	《应扣保费》	《应发工资》

尊敬的曾明志，您 7 月的工资情况如下：

职工编号	基本工资	奖金	出勤扣数	应扣保费	应发工资
001	1680	2080	0	53	3707

尊敬的陈虹桦，您 7 月的工资情况如下：

职工编号	基本工资	奖金	出勤扣数	应扣保费	应发工资
002	2060	1600	10	53	3597

尊敬的陈佳，您 7 月的工资情况如下：

职工编号	基本工资	奖金	出勤扣数	应扣保费	应发工资
003	1420	1600	0	30	2990

图 2-66　在一页纸上显示多个员工工资单

提示：实际上，"规则"中的内容都是与邮件合并相关的 Word 域，利用规则中的"如果……那么……否则"，还可以根据不同条件显示不同的内容。例如：根据性别的不同而显示不同的称谓，根据分数的不同而显示不同的评语等。

邮件合并的功能很强大。在数据源文件中，若有"电子邮件"这列数据，可以进行合并到电子邮件操作，配合 Outlook 邮件客户端软件实现合并文档的群发。另外，利用

Word 中的邮件合并功能可以批量制作胸卡、准考证、学生证等证件,若证件中还需显示每个人的照片,就可以利用 Word 中的 IncludePicture 域来实现对图片信息的合并与显示。

2.4　文档批注与修订

批注:是作者或审阅者为文档的一部分内容所做的注释。

修订:是用来显示对文档所做的所有编辑更改。在打开修订功能的情况下,可以查看当前在文档中所做的所有更改;当关闭修订功能时,可以对文档进行任何更改,而不会对更改的内容做出标记。

2.4.1　批注操作

1. 插入批注

选择要进行批注的文本,选择"审阅"选项卡→"批注"组→"新建批注",在批注框中输入批注文本。

2. 修改批注

单击要编辑的批注框内部,直接进行所需的更改。如果批注在屏幕上不可见,可以在"审阅"选项卡→"修订"组→"显示标记"中进行设置。

3. 删除批注

(1) 删除单个批注:右击该批注,然后单击"删除批注"。

(2) 删除文档中的所有批注:选择"审阅"选项卡→"批注"组,单击"删除"下拉箭头,选择"删除文档中的所有批注"。

(3) 删除指定审阅者的批注:选择"审阅"选项卡→"修订"组,选择"显示标记"旁边的箭头,选择"审阅者",取消勾选"所有审阅者",再次单击"显示标记"旁的箭头,选择"审阅者",单击要删除其批注的审阅者的姓名,选择"批注"组中的"删除"下拉箭头,选择"删除所有显示的批注"。

2.4.2　修订操作

打开需要修订的文档,选择"审阅"选项卡→"修订"组→"修订"。通过插入、删除、移动或格式化文本或图形进行所需的修订,Word 将标记对文档所执行的所有修改过程。如图 2-67 所示,利用"修订"标记了对"实训合作协议"文档进行的修改。

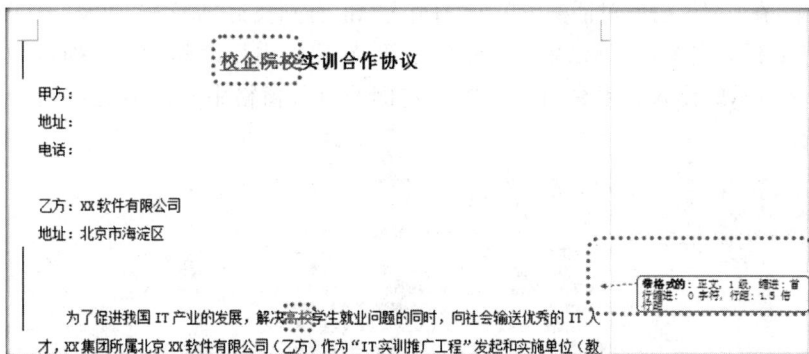

校企院校实训合作协议

甲方：
地址：
电话：

乙方：XX软件有限公司
地址：北京市海淀区

为了促进我国 IT 产业的发展，解决高校学生就业问题的同时，向社会输送优秀的 IT 人才，XX 集团所属北京 XX 软件有限公司（乙方）作为"IT 实训推广工程"发起和实施单位（教

图 2-67　对文档进行修订

2.4.3　查看／审阅批注和修订

选择"审阅"选项卡→"修订"组→"审阅窗格"，默认将在左侧出现"审阅窗格"。在"审阅窗格"中可以集中查看对文档添加的批注和标记的修改过程。

选择"审阅"选项卡→"更改"组，单击"接受"的下拉箭头，在出现的列表中可以实现接受修订、接受所有显示的修订、接受对文档的所有修订。同样，单击"更改"组的"拒绝"下拉箭头，在出现的下拉列表中可以实现拒绝修订、拒绝所有显示的修订、拒绝对文档的所有修订。

但批注不是文档的一部分，作者只能参考批注的建议和意见。如果要将批注框内的内容直接用于文档，要通过复制、粘贴的方法进行操作。

⚠ 提示：选择"文件"选项卡→"打印"，单击"打印所有页"右侧的下拉箭头，在下拉列表中勾选或取消勾选"打印标记"，实现打印或取消打印批注和修订标记。

❓ 问题：小张将论文交给老师审核，老师在论文上进行了一系列修改后将论文修改稿传回（老师没有打开修订功能，所以修改稿上没有标记修改过程），小张如何快速查看老师进行了哪些修改？

第 1 步：选择"审阅"选项卡→"比较"组→"比较"（在"比较"下拉列表中还可以对文档进行"合并"，以便将多位作者的修订组合到一个文档中），弹出"比较文档"对话框，如图 2-68 所示。

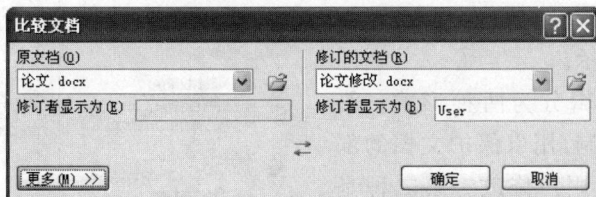

图 2-68　"比较文档"对话框

第 2 步：在"比较文档"对话框中单击"打开"按钮，分别找到"原文档"以及"修订的文档"。

第 3 步：根据需要，还可以单击"更多"按钮，对比较进行设置，单击"确定"按钮，将出现如图 2-69 所示的比较结果窗口。在窗口左侧的审阅窗格中可以清楚地查看文档的修改情况。

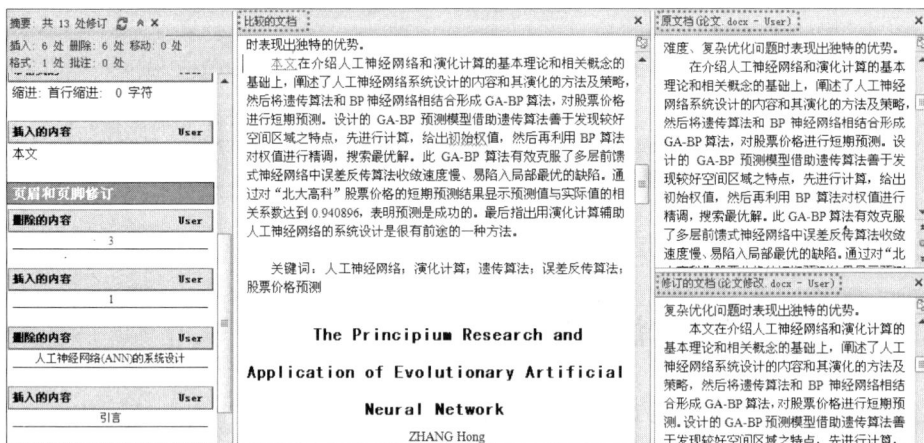

图 2-69　文档比较结果

2.5　文档的限制编辑

选择"文件"选项卡→"信息"组→"保护文档"，可以进行保护文档的相关设置，常见的形式如下。

（1）防打开：对于一些重要文件，可以加设打开密码，防止任意用户打开。

（2）防修改：设置修改密码或者设置权限。

（3）防丢失：自动备份、自动保存。

（4）防篡改：对文档进行数字签名，以确认文档是否被其他用户篡改过。

文档的限制编辑也属于文档保护的一种形式，选择"文件"选项卡→"信息"组→"保护文档"→"限制编辑"，如图 2-70（a）所示，可以打开"限制格式和编辑"对话框，如图 2-70（b）所示。

文档的限制编辑分为两种形式。第一种是格式设置限制，用以保护文档的部分或全部格式不被用户修改。第二种是编辑限制，可允许用户进行修订、批注、填写窗体和不允许任何更改（只读）的操作，

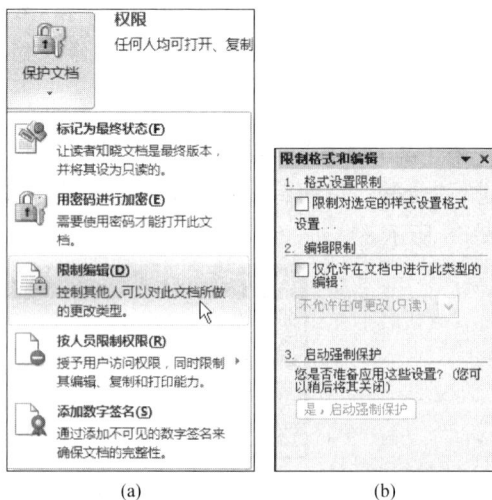

(a)　　　　　(b)

图 2-70　打开"限制格式和编辑"对话框

高效办公自动化实用技术

当在"限制格式和编辑"窗格中勾选"仅允许在文档中进行此类型的编辑",在下拉列表中可以选择上述需要的操作,如图 2-71 所示。

选择一种编辑限制操作后,必须单击下面的"是,启动强制保护"按钮,然后设置密码,才有意义,若要取消密码,只需再次调出"限制格式和编辑"窗格,单击"停止保护",输入限制编辑密码即可。

若对文档设置了"修订"或"批注"的编辑限制操作,那么打开这个文档后,对文档的编辑将处于"修订"状态,(强行标记对文档的修改过程),或只能添加"批注"的状态。

对文档进行"不允许任何更改(只读)"的编辑限制操作后,打开这个文档后,文档将处于"只读"状态。

对文档进行"填写窗体"的编辑限制操作,需要在文档中插入相关控件,选择"文件"选项卡→"选项"组→"自定义功能区",在右侧列表中勾选"开发工具",单击"确定"按钮,在 Word 中将出现一个名为"开发工具"的选项卡。"开发工具"选项卡下有录制宏代码、对文档进行 VBA 编程开发、为文本添加控件等相关工具,该选项卡下的工具与编程人员就 Word 文档进行二次编程开发,默认状态下,"开发工具"选项卡没有显示在 Word 2010 的窗口中,所以需要通过上述操作调出该选项卡。在"开发工具"选项卡下的"控件"组中可以插入相关控件,如图 2-72 所示。

在图 2-72 中,除了新增的几个内容控件工具外,右侧还有一个"旧式工具"控件,用于访问 Word 2003(及更低版本)中的旧式窗体工具和 ActiveX 工具。ActiveX 控件可方便编程人员进行二次开发。

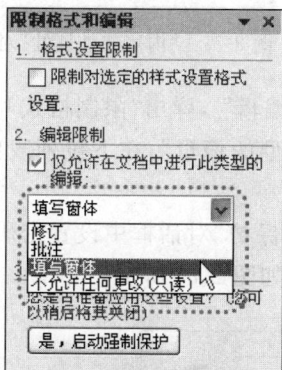

图 2-71　"编辑限制"设置

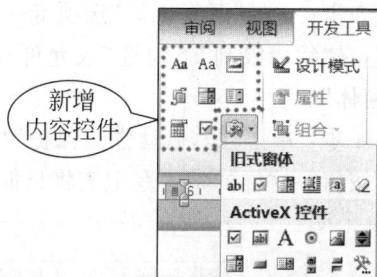

图 2-72　"开发工具"中的"控件"组

新增的内容控件与 Word 旧式窗体域不同,它不是专门为了使数据收集变得更加容易而设计的,更多的是为了方便构建文档模板,让用户进行填写,如空白处。如果不需要直接从这些文档中提取数据,就可以使用这些内容控件工具。但如果确实需要系统地提取窗体中的数据,请使用旧式工具。

根据需要选择相应的控件,有文本内容控件、下拉列表内容控件、复选框内容控件、图片内容控件等,然后对文档进行"填写窗体"的编辑限制操作,将只能在控件处选择或填写内容,而不能修改文档的其他内容。

：如何制作只能在相应栏目填写内容的学生登记电子文档？

第1步：设计好学生登记表格，如图2-73所示。

第2步：添加相应控件，根据需要选择新增内容控件或旧式窗体控件，如图2-74所示。

小窍门：对于复选框，可以选择新增控件中的复选框控件，但该复选框默认的选中状态是"叉"。可以单击该控件，然后在"控件"组中选择属性，出现如图2-75所示对话框，单击"选中标记"旁的"更改"按钮，在"字体"中选择Wingdings，找到 √ 符号，来实现选中状态为"勾"。

学生登记表			
姓名		性别	
民族		出生日期	
籍贯		是否党员	是 否
宿舍		联系电话	
年级		专业	
干部情况			

图 2-73　设计学生登记表

学生登记表				
姓名		性别		
民族		出生日期	单击此处输入日期。	
籍贯		是否党员	是□ 否□	
宿舍		联系电话		
年级		专业	选择一项。	
干部情况	单击此处输入文字。			

图 2-74　添加相关控件

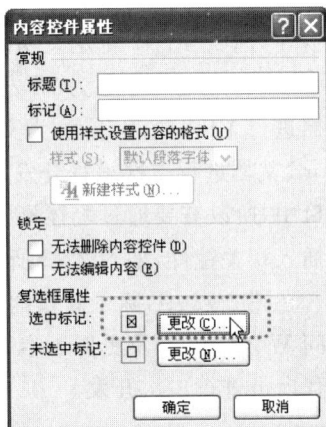

图 2-75　"内容控件属性"对话框

第3步：选择"开发工具"选项卡→"保护"组→"限制编辑"，弹出"限制格式和编辑"对话框，在"编辑限制"下勾选"仅允许在文档中进行此类型的编辑"，在下拉列表中选择"填写窗体"。

第4步：单击"是，启动强制保护"按钮，在"启动强制保护"对话框中设置密码，单击"确定"按钮。这样的学生登记表将只能填写相应的栏目，如图2-76所示。

学生登记表				
姓名	张三	性别	男	
民族	汉	出生日期	1996/10/10	
籍贯	重庆	是否党员	是☑ 否□	
宿舍	一舍511	联系电话	15123561118	
年级	2013	专业	计算机科学与技术	
干部情况	单击此处输入文字。		选择一项。 软件工程 信息管理与信息系统 计算机科学与技术 物联网	
家庭地址				
家庭成员	姓名	成员关系		联系电话
	李四	母子		

图 2-76　只能填写相关栏目

提示：旧式窗体控件，实际上是使用的窗体域，同样可以查看其域代码。

2.6 本章小结

本章内容从 Office 办公效率提高常用快捷键、复杂排版技术、Word 中的域、文档批注与修订、文档的限制编辑这几个方面讲解 Word 2010 的高级应用功能。Word 不仅是一个文字编辑软件，更是一个优秀的排版及文档管理软件，提供了丰富的功能集，供创建复杂文档使用。

在长文档的撰写中，应当放弃只是输入文字，简单地调整格式的习惯，对整个文档进行规划设计，配合分页、分节、编号、样式、导航窗格、脚注、尾注、题注等功能，这将大大提高文档处理效率，将用户从烦琐的格式调整中解脱出来。

Word 域类似于数据库中的字段，实际上，它就是 Word 文档中的一些字段。每个 Word 域都有唯一的名字，但有不同的取值。用 Word 排版时，若能熟练使用 Word 域，可增强排版的灵活性，减少烦琐的重复操作，提高工作效率。

在 Word 中，还可以跟踪每个插入、删除、移动、格式更改或批注操作，以便审阅所有相应更改。

文档的限制编辑分为两种形式。第一种是格式设置限制，用以保护文档的部分或全部格式不被用户修改。第二种是编辑限制，可允许用户进行修订、批注、填写窗体和不允许任何更改(只读)的操作。文档的限制编辑也是文档保护中的一种形式。

2.7 习　题

1. 分页符和分节符的区别是什么？
2. Word 2010 中的视图方式有哪些？各自有什么特点？
3. Word 2010 文件相关的常见文件格式有哪些？各个文件格式有什么不同？
4. 什么是域？域代码的通用格式是什么？
5. 按照下述要求，完成该毕业设计(论文)综合排版。

第 1 页为封面：利用"分隔符"将论文的封面自成一页，封面没有页眉和页脚内容。

第 2 页为目录：利用"分隔符"将目录自成一页，并将正文中的各级标题自动生成到目录之中，目录的页眉页脚没有内容，目录效果如图 2-77 所示。

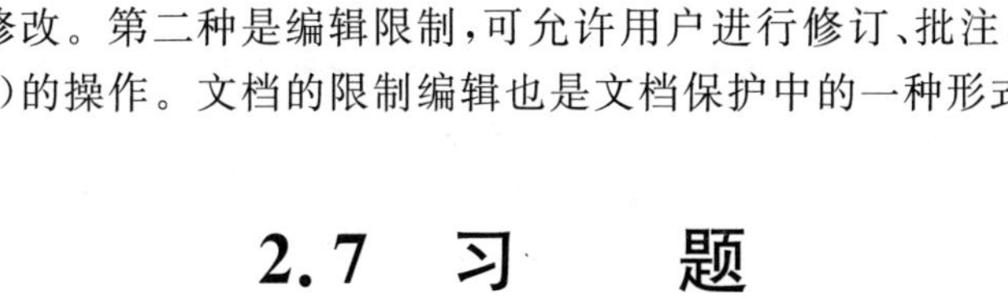

简要:	I
Abstract:	II
1　引言	1
2　人工神经网络简介	1
2.1　生理神经元系统	2
2.2　简化的神经元数学模型	2
3　人工神经网络(ANN)的系统设计	2

图 2-77　目录效果

第 3 页为中文摘要：页眉处没有内容，页脚处页码为罗马字Ⅰ。

第 4 页为英文摘要：页眉处没有内容，页脚处页码为罗马字Ⅱ。

第 5 页开始为正文：奇数页页眉内容为"×××届毕业设计（论文）"；偶数页页眉内容为"姓名：毕业设计论文的具体题目"；正文页脚处页码为"第×页 共×页"，从"第 1 页 共×页"开始编号。

6. 20××年 12 月 5 日上午 9：00—11：00，××学校要组织 20××年大学生数学竞赛初赛考试。该初赛的参赛学生数据已经保存在 "student.xlsx"文件中，如图 2-78 所示。请通过邮件合并建立数学竞赛准考证主文档，页面设置要求用 A5 的纸张，纵向，上、下、左、右页边距均为 2cm，并通过主文档给每个学生生成一份准考证（每页显示两个学生的准考证信息），如图 2-79 所示，取名为"准考证汇总.docx"。

	A	B	C	D
1	考生姓名	学号	准考证号	考场
2	曹洋	2013030543	3000230601	实验楼306
3	方芳	2013030409	3000230603	实验楼306
4	方伟	2013030579	3000230609	实验楼306
5	曹林	2013020321	3000230607	实验楼306

图 2-78　student.xlsx 文件

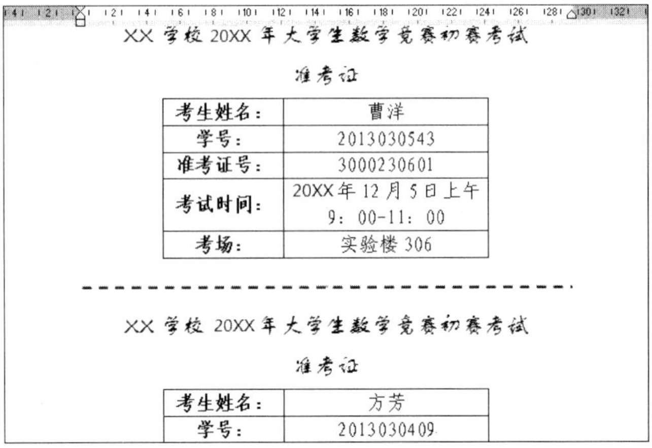

图 2-79　准考证汇总.docx

7. 将如图 2-80 所示的文档"录用职位设置表.docx"，按照以下要求进行处理，要求：在序号列中自动生成阿拉伯数字的序号；第二页显示的表格要求设置有标题行重复。

××省国税系统 2014 年考试录用国家公务员职位表

序号	录用单位	职位总数	往届毕业生	应届毕业生	联系人	报名咨询电话
	A 市国税局	20	14	6	冯 军	0xx1-33xxxxx
	B 市国税局	17	13	4	邢延朝	0xxx2-39xxxxx
	C 市国税局	20	16	4	赵 虎	0xx3-29xxxxx
	D 市国税局	8	6	2	景 刚	0xx4-35xxxxx
	E 市国税局	8	6	2	孟继双	0xx5-33xxxxx
	F 市国税局	8	8		杨 光	0xx6-26xxxxxx
	G 市国税局	15	10	5	赵东阳	0xxx7-28xxxxx
	H 市国税局	6	6		祁爽淑	0xx8-31xxxxx
	I 市国税局	12	10	2	袁峰英	0xx9-32xxxxx
	J 市国税局	16	11	5	付莉婷	0xx0-28xxxxx
	K 市国税局	10	10		王俊娟	0xxx-xxxxxxx
	L 市国税局	22	20	2	马 朋	0xx8-31xxxxx
	M 市国税局	10	5	5	张 英	0xx8-32xxxxx

图 2-80　录用职位设置表

高效办公自动化实用技术

8. 利用 Word 中的控件及文档的限制编辑,制作如图 2-81 所示的学生电子登记表。学生打开该文档后,只能对相应的栏目进行填写,不能修改表格的其他内容。

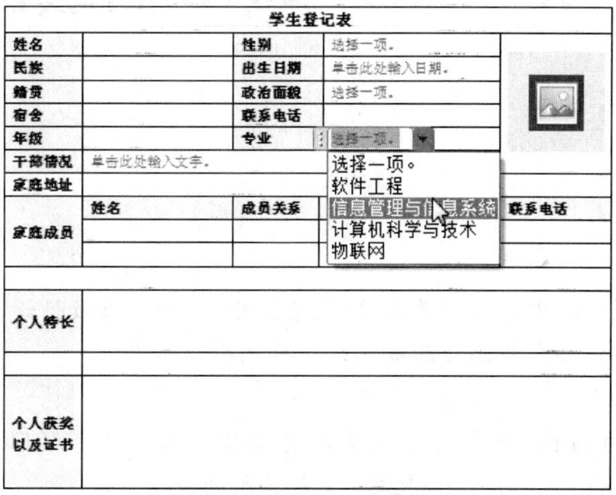

图 2-81　学生电子登记表

第 **3** 章　Excel 2010 高级应用

本章要求

- 熟练掌握 Excel 中的数据录入技巧、条件格式、数据有效性设置。
- 理解 Excel 中公式与函数的概念以及单元格的引用。
- 掌握 Excel 中的运算符与优先级。
- 理解函数的结构,并熟练掌握常用的数据含入函数、VLOOKUP、IF、SUMIF、COUNTIF、TEXT、LEFT、RIGHT 等函数的使用。
- 了解名称的创建及使用。
- 了解数据列表的概念。
- 掌握数据的排序、高级筛选和分类汇总方法。
- 掌握创建数据透视表和数据透视图的方法,会使用切片器。
- 掌握宏的录制方法。
- 熟练掌握数据打印技巧。
- 知道如何对工作簿进行保护。

3.1　数据录入技术

3.1.1　数据输入技巧

在 Excel 2010 工作簿中处理数据,首先必须在工作表的单元格中输入数据,可以输入多种数据类型,包括文本、数字、日期、时间、货币、公式和函数等。为了更好和更准确地采集数据,数据输入过程中还有如下一些技巧。

1. 换行

在单元格中输入数据后,一般有两种情况需要换行。第一种情况是单元格中的内容有点多,希望能在单元格中一行写满后自动换行。可以先选中需要换行的单元格,右击,在弹出的快捷菜单中选择“设置单元格格式”→“对齐”选项卡,勾选“自动换行”选项,如图 3-1(a)所示。换行效果如图 3-1(b)所示。

第二种情况是在某个固定位置处人为换行。将光标置于需要换行的位置,利用快捷键 Alt＋Enter 输入一个换行符,进行人为换行,换行效果如图 3-2 所示。

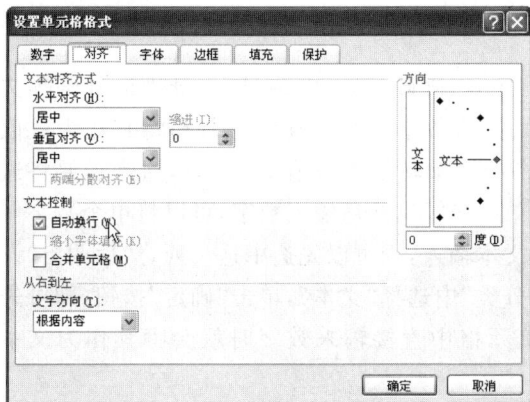

(a)

(b)

图 3-1　设置自动换行

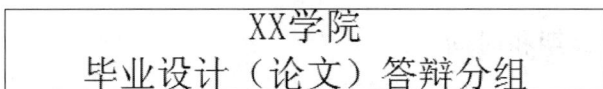

图 3-2　在某个位置处换行

2. 冻结窗格

进行数据采集时,若需要采集的信息栏目很多,数据量很大,需要移动水平及垂直滚动条,默认状态可能会看不清相应的标题以及每一条记录的相关信息,如图 3-3(a)所示。要始终显示标题栏,如图 3-3(b)所示,具体操作如下。

(a) 冻结窗格前

(b) 冻结窗格后

图 3-3　冻结窗格

选择"冻结窗格"功能,不论当前单元格处于哪个位置,其上或左侧始终显示相应的表格标题以及具体那条记录。首先选择某一个单元格,如 C3,在这个位置实施"冻结窗格"(选择的单元格以上和左侧的范围将被冻结,图 3-4 所示的阴影区域为冻结区域),选择"视图"选项卡→"窗口"组→"冻结窗格"→"冻结拆分窗格",效果如图 3-3(b)所示。

图 3-4　窗格冻结区域

3．将数字作为文本类型输入

在 Excel 表格处理中,有时会遇到学号、序号、邮政编码、电话号码、身份证号码等文本型的数字输入问题。在单元格中直接输入这些数字,Excel 通常会自动将其作为数值类型数据,可能会出现问题,如输入序号 001,会自动转换成数值 1。所以,通常需要将这些数字作为文本类型输入,先输入一个英文单引号"'",然后输入数字,可以将单个数字作为文本类型输入;若某一列数字都应该作为文本输入,则可以先选中这一列,然后调出"设置单元格格式"对话框,在"数字"选项卡的"分类"中选择"文本",单击"确定"按钮,即可先将该列的数据类型设置为"文本",然后在单元格中直接输入数字时就会将其作为文本类型。

4．输入分数

先输入一个 0,再输入一个空格,然后输入分数,可以正常显示分数。

5．输入当前日期和时间

快捷键 Ctrl＋;可以输入当前系统日期,Ctrl＋Shift＋;可以输入当前系统时间。

6．快速输入中文大写数字

先选中需要输入的单元格区域,然后调出"设置单元格格式"对话框,在"数字"选项卡的"分类"中选择"特殊",在"类型"下选择"中文大写数字",单击"确定"按钮,如图 3-5 所示,设置完后,在相应的单元格中输入阿拉伯数字时,将自动显示为中文大写。

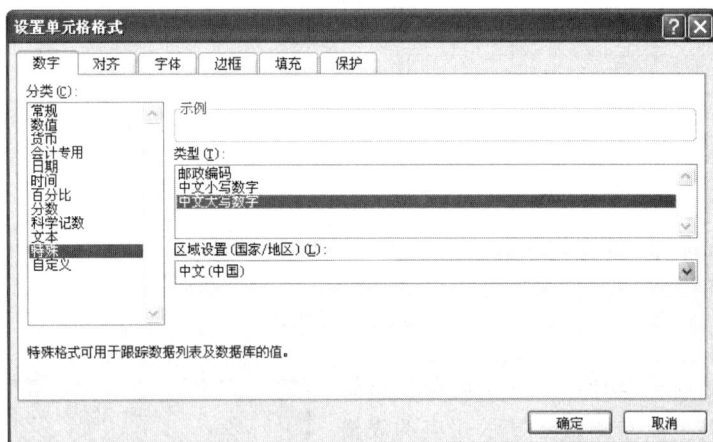

图 3-5　设置中文大写数字

7．自动超链接处理

(1) 如果超链接是刚输入的数据转换来的,例如,输入电子邮箱地址按回车后显示的超链接,用 Ctrl＋Z 组合键可以马上取消超链接。如果不是,就可以右击,在弹出的快捷菜单中选择"取消超链接"。

（2）选择"文件"选项卡→"选项"→"校对"→"自动更正"选项，弹出"自动更正"对话框，在"键入时自动套用格式"选项卡中取消勾选"Internet 及网络路径替换为超链接"，如图 3-6 所示，可以关闭自动超链接。

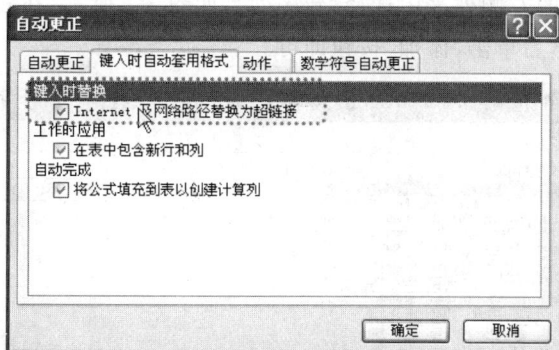

图 3-6　"自动更正"对话框

（3）当粘贴的内容中有多个超链接，可以在粘贴时右击，在弹出的快捷菜单中选择"选择性粘贴"下的"值"，取消多个超链接。

⚠ 提示：在 Excel 中，如果只是想要粘贴公式计算后的值，而不是粘贴公式，也可以在粘贴时选择"选择性粘贴"下的"值"来实现。

3.1.2　自定义序列与填充柄

若要输入一系列数据，如递增（减）的数字，请在一个单元格中输入起始值，然后在下一个单元格中再输入下一个值，建立一个模式。例如：要使用序列 1、2、3、4、5……，可先在前两个单元格中分别输入 1 和 2，然后选中这两个单元格，最后拖动填充柄，涵盖要填充的整个范围。要按升序填充，请从上到下或从左到右拖动；要按降序填充，请从下到上或从右到左拖动。

⚠ 提示：拖动填充柄后，将出现"自动填充选项"按钮 🔳，可以选择如何填充选定的内容。例如，可以选择单击"仅填充格式"，只填充单元格格式；也可以选择单击"不带格式填充"，只填充单元格的内容。

另外，若在前两个单元格中分别输入 1、3，然后选中这两个单元格，利用填充柄向下填充，将出现 1、3、5、7……的等差数列。

若输入 1、2、3、4，然后选中这 4 个单元格，按住 Ctrl 键的同时利用填充柄向下填充，将让 1、2、3、4 循环出现，可用于将数据平均分组编号。

若输入"星期一"，然后拖动填充柄向下填充，会出现星期二、星期三、……、星期日，若输入"优"，然后拖动填充柄向下填充，却会重复出现"优"，而不会出现良、中、合格、不合格，为什么会产生这样的现象？

选择"文件"选项卡→"选项"组→"高级",单击"编辑自定义列表"按钮,弹出如图 3-7 所示的"自定义序列"对话框,在对话框中,序列中有"星期日、星期一、……、星期五"这样的序列,而默认没有"优、良、中、合格、不合格"这样的序列,因此才会出现上述现象,若希望输入优,然后拖动填充柄向下填充,出现"良、中、合格、不合格"这样的序列,只需要在"自定义序列"对话框的左侧列表中选择"新序列",如图 3-7 所示,在右侧输入"优、良、中、合格、不合格"序列,然后单击"添加"按钮即可。

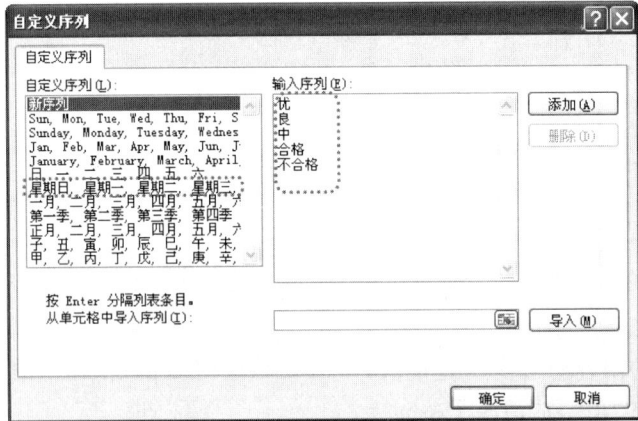

图 3-7 "自定义序列"对话框

3.1.3 自定义下拉列表输入数据

利用 Excel 进行数据采集时,为了减少数据的采集错误,有时可以将表格中的单元格设计成利用下拉列表的方式进行数据采集,如图 3-8 所示。

图 3-8 利用下拉列表输入数据

问题:在学生信息表中,如何将"专业"栏做成利用下拉列表输入数据的形式?

第 1 步:选择"专业"选项卡下面相应的单元格。

第 2 步:选择"数据"选项卡→"数据工具"组→"数据有效性",弹出如图 3-9(a)所示的"数据有效性"对话框。

第 3 步:在"设置"选项卡下单击"允许"选项的下拉箭头,选择"序列",在"来源"栏输入相应的专业,如"计算机科学与技术,软件工程,物联网"(专业之间用英文逗号隔开),如图 3-9(b)所示,单击"确定"按钮即可。

高效办公自动化实用技术

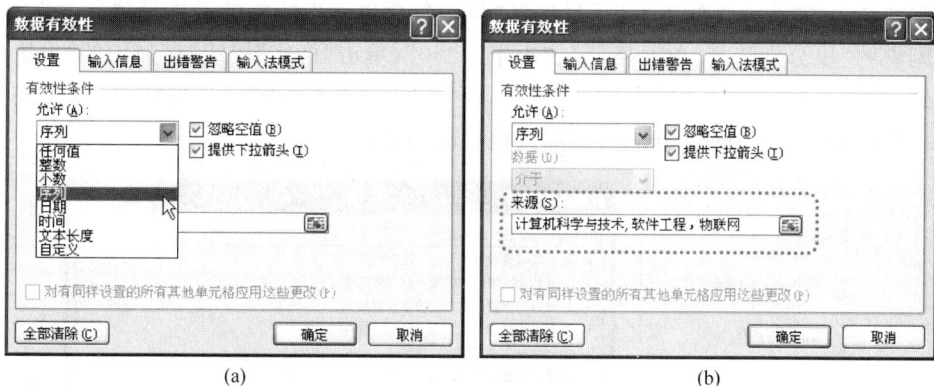

(a)	(b)

图 3-9　在"数据有效性"对话框中设置下拉列表输入数据

⚠️**提示**：在"数据有效性"对话框"设置"选项卡的"来源"栏中也可以根据需要单击右侧的 🔳 按钮，选择其他单元格中的序列作为来源。另外，在"数据有效性"对话框的"输入信息"选项卡下还可以设置选择某些单元格时出现相应的提示信息，如图 3-10(a)所示，效果如图 3-10(b)所示。

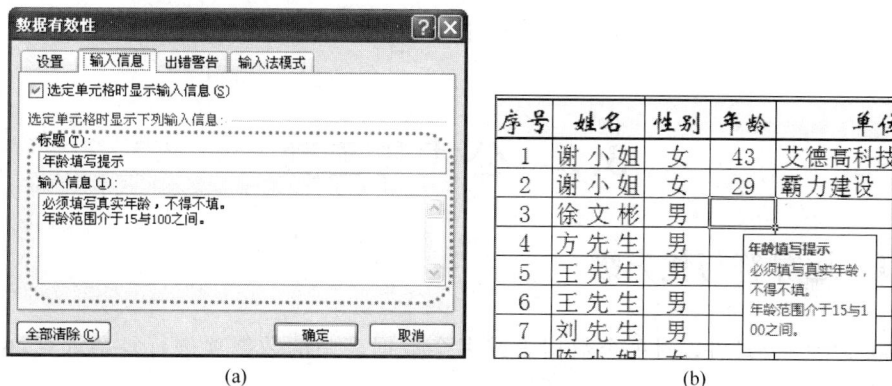

(a)	(b)

图 3-10　设置提示信息及效果

3.2　条件格式

在 Excel 中，还可以让 Excel 自动判断满足某些条件的单元格或内容以特殊的格式（如红色、数据条、图标等）显示。该功能可让单元格根据不同的设置条件发生变化。

❓**问题**：如何让 Excel 自动将不及格的学生成绩显示为红底？

第 1 步：选择需要设置条件格式的区域，例如总成绩列。

第 2 步：选择"开始"选项卡→"样式"组→"条件格式"→"新建规则"，如图 3-11(a)所示，弹出"新建格式规则"对话框；如图 3-11(b)所示。

第 3 步：在"选择规则类型"组里选择"只为包含以下内容的单元格设置格式"，在"编辑规则说明"里分别选择"单元格值"、"小于"、"60"，单击"格式"按钮，在弹出的"设置单元格格式"对话框的"填充"选项卡内设置"背景色"为红色，单击"确定"按钮，即可完成自动判断所选区域成绩小于 60 分的数据用红色自动填充。

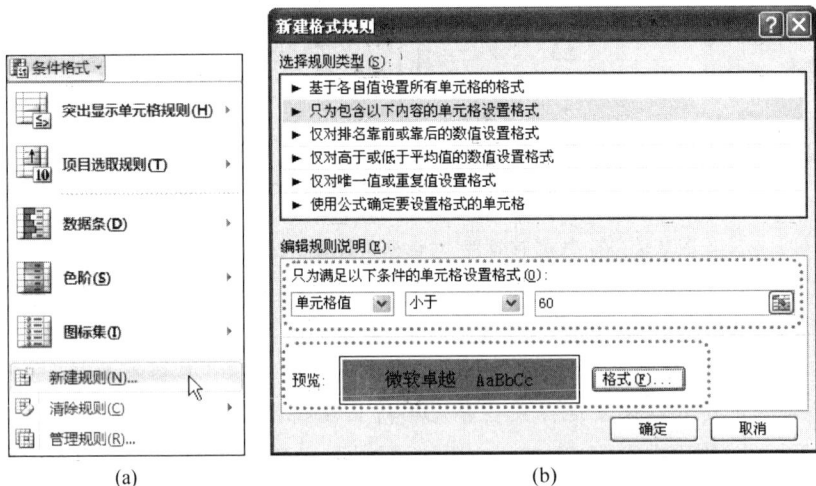

(a)　　　　　　　　　(b)

图 3-11　设置条件格式

3.3　公式与函数

3.3.1　运算符与优先级

Excel 中的公式可以对单个数据表或多个数据表中的数据项进行复杂计算，由操作数和运算符组成。

操作数可以是不用计算的常量（如日期 2013-10-9、数字 20 以及文本"收入"，都是常量）；名称；单元格引用和函数等。

运算符用于指定要对公式中的操作数执行的计算类型。计算时有默认的次序，但可以使用括号更改计算次序。运算符分为算术、比较、文本连接和引用 4 种不同类型。表 3-1 所示为 Excel 中可以使用的运算符。

表 3-1　运算符

类　　型	符　　号	含　　义	示　　例
算术运算符	＋（加号）	加法	3＋3
	－（减号）	减法/负数	3－1/－1
	＊（星号）	乘法	3＊3

类　　型	符　　号	含　　义	示　　例
算术运算符	/(正斜杠)	除法	3/3
	％(百分号)	百分比	20％
	^(脱字号)	乘幂	3^2
比较运算符(结果为逻辑值 TRUE 或 FALSE)	=(等号)	等于	A1＝B1
	>(大于号)	大于	A1>B1
	<(小于号)	小于	A1<B1
	>=(大于等于号)	大于或等于	A1>＝B1
	<=(小于等于号)	小于或等于	A1<＝B1
	<>(不等号)	不等于	A1<>B1
文本运算符	&(与号)	连字符,将两个值连接或串起来,产生一个连续的文本值	" North " & " wind ",结果为 "Northwind"
引用运算符	:(冒号)	区域运算符,生成对两个引用之间所有单元格的引用	B5：B15
	,(逗号)	联合运算符,将多个引用合并为一个引用	SUM(B5：B15,D5：D15)表示引用 B5：B15 和 D5：D15 两个区域
	(空格)	交集运算符,生成对两个引用中共有的单元格的引用	SUM(B7：D7 C6：C8)表示引用这两个区域的共有单元格 C7

提示：在单元格中对公式和公式运算结果进行对比观察时,快捷键 Ctrl＋～ 可以在两者之间切换。

运算符优先级：如果一个公式中有若干个运算符,Excel 将按表 3-2 中的次序进行计算。如果一个公式中的若干个运算符具有相同的优先顺序(如一个公式中既有乘号又有除号),Excel 将从左到右进行计算。

表 3-2　运算符优先级

优先顺序	运　算　符	说　　明
1	:(冒号)（单个空格）,(逗号)	引用运算符
2	—	负数(如 −1)
3	％	百分比
4	^	乘方
5	* 和 /	乘和除
6	＋和 —	加和减
7	&	连接两个文本字符串
8	＝ ＜ ＞ <= >= <>	比较运算符

3.3.2　单元格的引用

编制公式时,时常需要引用单元格的地址。引用单元格地址的方法主要有相对地址引用、绝对地址引用、混合地址引用、三维引用。

1. 相对地址引用

相对引用的形式就是在公式中直接将单元格的地址写出来,例如,D2 单元格中有公式"＝A2＋B2＋C2",公式中的地址 A2、B2、C2 就是采用的相对地址引用。如果公式所在单元格的位置改变,引用也随之改变。如果多行或多列地复制或填充公式,引用会自动调整。例如,将单元格 D2 中的上述公式复制或填充到单元格 D3,D3 中的公式将自动调整为"＝A3＋B3＋C3"(D3 单元格相对 D2 单元格行号加 1),若将 D2 中的上述公式复制到单元格 E3,E3 中的公式将自动调整为"＝B3＋C3＋D3"(E3 单元格相对 D2 单元格行号和列号分别加 1)。

2. 绝对地址引用

绝对引用就是对某单元格的引用与公式所在的位置无关,其标记是在列标和行号前面加上"＄"符号。例如,用\$A\$2来表示单元格 A2 的绝对引用。当复制含有绝对引用的公式时,这些绝对引用地址是不会改变的。例如,将单元格 D2 中的公式"＝\$A\$2＋B2＋C2"复制或填充到单元格 D3,D3 中的公式将自动调整为"＝\$A\$2＋B3＋C3",若将 D2 中的上述公式复制到单元格 E3,E3 中的公式将自动调整为"＝\$A\$2＋C3＋D3"(绝对引用地址没有改变)。

3. 混合地址引用

混合引用具有绝对列和相对行或绝对行和相对列。绝对引用列采用 \$A1、\$B1 等形式,绝对引用行采用 A\$1、B\$1 等形式。如果多行或多列的复制或填充公式,相对引用将自动调整,而绝对引用将不作调整。如果将一个混合地址引用"＝A\$1"从单元格 A2 复制到单元格 B3,地址引用将从"＝A\$1"调整到"＝B\$1"。

问题:如图 3-12(a)所示,如何利用公式计算各商品的销售数量百分比?

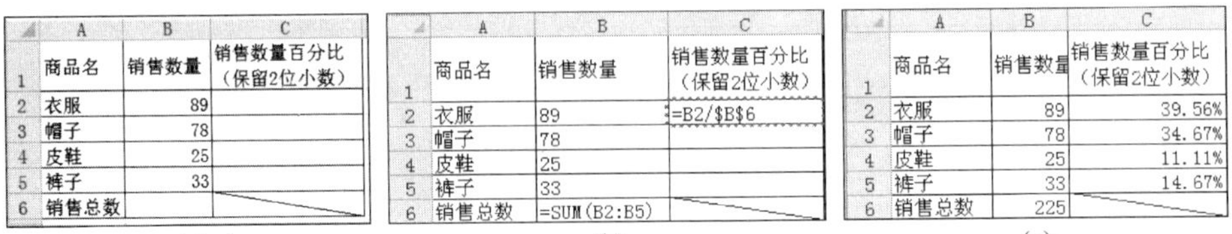

图 3-12　计算各商品销售数量百分比

第 1 步:设计好表格后,在 B6 单元格中使用公式"＝SUM(B2:B5)",对所有商品的销售数量求总和,如图 3-12(b)所示。

　高效办公自动化实用技术

第 2 步：在 C2 单元格中利用公式"＝B2/＄B＄6"求"衣服"的销售比例。然后利用填充柄填充公式，求所有商品的销售比例，如图 3-12(c)所示。

⚠ **提示**：在求百分比的公式中，除数＄B＄6采用绝对地址，因为在填充公式时，任何商品百分比的计算都是除以单元格 B6 中的数据算出的总数，在公式填充过程中，利用绝对地址＄B＄6作为除数，能让除数保持不变。因为此处只是进行公式的纵向填充（行变列不变），所以利用公式"＝B2/B＄6"也可以。

第 3 步：打开"设置单元格格式"对话框，让计算的比例以百分比的形式呈现，且保留 2 位小数。

4. 三维引用

利用三维引用可以引用多个工作表中的单元格或单元格区域中的数据。三维引用包含单元格或区域引用，前面加上工作表名称的范围。例如，＝SUM（Sheet2：Sheet13！B5）将计算从工作表 2～工作表 13 中所有 B5 单元格内包含的所有值的和。

❓ **问题**：某 Excel 工作簿的 4 张工作表如图 3-13 所示，如何在"第一季度"工作表中分别算出所有员工第一季度的加班及请假总次数？

姓名	加班	请假		姓名	加班	请假		姓名	加班	请假		姓名	加班	请假
王平	1	2		王平	2	3		王平	4	0		王平	7	5
李明	2	1		李明	1	3		李明	1	0		李明	4	4
张红	3	4		张红	2	1		张红	1	2		张红	6	7
钟艳	1	1		钟艳	1	1		钟艳	3	1		钟艳	5	3
王静	2	1		王静	2	0		王静	1	1		王静	5	2
李玲	1	0		李玲	2	0		李玲	1	0		李玲	4	0
刘冬梅	0	0		刘冬梅	2	1		刘冬梅	2	0		刘冬梅	4	1
向文静	2	0		向文静	3	0		向文静	3	0		向文静	8	0
叶小丽	3	0		叶小丽	4	0		叶小丽	4	2		叶小丽	11	2
张燕	1	2		张燕	1	0		张燕	2	0		张燕	4	2
黄海容	2	0		黄海容	1	0		黄海容	1	0		黄海容	4	0
何莉	2	3		何莉	2	0		何莉	2	1		何莉	6	4
张志攀	4	0		张志攀	3	2		张志攀	0	1		张志攀	7	3
罗文君	1	1		罗文君	0	1		罗文君	3	1		罗文君	4	3
"一月"表 (a)				"二月"表 (b)				"三月"表 (c)				"第一季度"表 (d)		

图 3-13　计算员工第一季度"加班及请假"次数

第 1 步：设计好这 4 张表。分别在"一月"、"二月"和"三月"表中记载员工当月的加班及请假次数。

⚠ **提示**：由图 3-13 可以看出，这个工作簿中的四张工作表除了具体的加班、请假次数数据不一样，其他内容基本相同，对于这样的多张表，可以按住 Ctrl 键，再分别单击所有的工作表标签 一月／二月／三月／第一季度 让这些工作表产生关联，只需具体设计一张表，就能够同时设计出多张表。利用 Ctrl 键，让工作表间产生关联，就能够在多张不同表的相同位置处输入相同的内容。取消关联，只需要再次单击某一张表的标签即可。

第 2 步：在"第一季度"表中的 B2 单元格中输入公式"＝一月!B2＋二月! B2＋三月! B2"，在 C2 单元格中输入公式"＝一月! C2＋二月!C2＋三月!C2"。

第 3 步：同时选中 B2、C2 单元格，双击右下角的填充柄，填充公式。

3.3.3　函数的结构

Excel 提供了丰富的内置函数，完成常用的数据处理。选择要使用函数的单元格，单击"编辑栏"上的"插入函数"按钮（*fx*），将出现"插入函数"对话框，在对话框中可以查看Excel 中所有的内置函数。

Excel 中函数的结构以等号"＝"开始，后面紧跟函数名称和左括号，然后以英文逗号分隔输入该函数的参数列表，最后是右括号。参数可以是数字、文本、TRUE 或 FALSE 等逻辑值、错误值（如 ♯N/A）或单元格引用（如"B3"）。例如："＝SUM(3,6,A2：B4)"。

可将某函数作为另一函数的参数使用。如公式 MAX(AVERAGE(A1：A10),50)使用了嵌套的 AVERAGE 函数，并将结果与值 50 进行了比较。

3.3.4　常见重要函数应用

1. 数据舍入函数

在日常工作中，经常需要对数据进行舍入处理，比如学生成绩、经费数据等。很多人喜欢简单地在"设置单元格格式"对话框的"数字"选择卡下选择"数值"，并设置"小数位数"的方式来进行数据的"舍入"，如图 3-14 所示，但这种方式进行数据的"舍入"，不是真正的舍入，而是数据仅仅显示为"四舍五入"的结果。

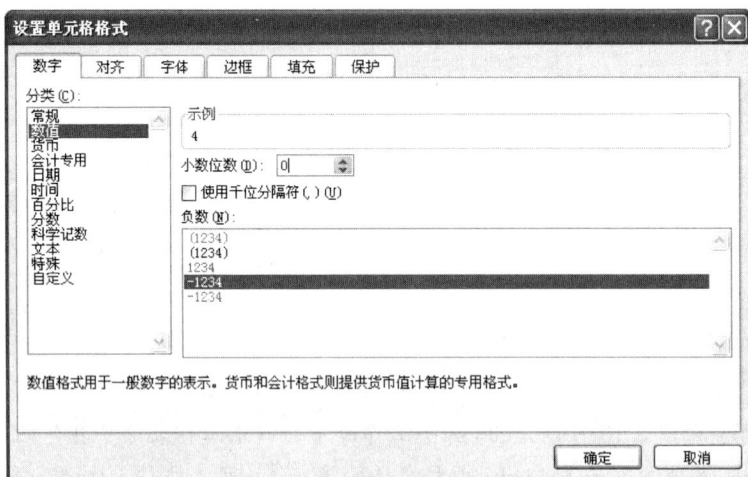

图 3-14　让数据显示为"四舍五入"

如图 3-15 所示，在 A1、A2、A3 三个单元格中分别输入 0.5，然后使用上述方法，在"设置单元格格式"对话框中将数据进行"四舍五入"取整数，都将显示为 1，在 A4 单元格中利用公式"＝SUM(A1：A3)"，对上面三个单元格中的数据求和，但运算结果却是 2，不是3。原因就是上述方法只是显示成"四舍五入"，但实际这三个单元格中的数据还是 0.5，只是

高效办公自动化实用技术

下面显示了"四舍五入"的结果,SUM 函数还是把实际值 3 个 0.5 进行相加,然后再"四舍五入"显示为 2。所以,为了能正常进行数据运算,特别是财务上的经费运算,必须学会真正对数据进行舍入处理。

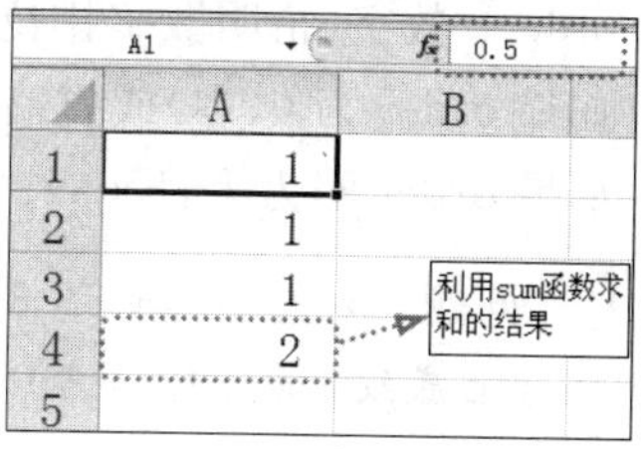

数据舍入函数能够对数据进行真正的舍入。常用的数据舍入函数有 INT、TRUNC 和 ROUND。函数说明如下。

图 3-15　显示为"四舍五入"带来的问题

（1）INT(number)：向下舍入为最接近的整数。

number：必需。需要进行向下舍入取整的实数。

（2）TRUNC(number,[num_digits])：根据需要,将数字的小数部分截去。

number：必需。需要截尾的数字。

num_digits：可选。用于指定取整精度的数字。num_digits 的默认值为 0,如公式＝TRUNC(−12.356,2)的结果是−12.35。

⚠ 提示：在函数的参数中,两边加了中括号[],就表示该参数为可选,不是必需的,反之没加中括号为必需。

当 TRUNC 的 num_digits 为 0 或省略时,TRUNC 和 INT 类似,都返回整数。TRUNC 直接去除数值的小数部分,而 INT 则是将一个数值基于其小数部分的值向下取整。INT 和 TRUNC 在处理负数时有所不同：TRUNC(−4.3)返回−4,而 INT(−4.3)返回−5,因为−5 是较小的数。

（3）ROUND(number,num_digits)：可将某个数字四舍五入为指定的位数。

number：要四舍五入的数字。

num_digits：位数,按此位数对 number 参数进行四舍五入。

例如,如果单元格 A1 含有 13.7825,并且希望将该数字四舍五入为小数点后两位,则可以使用公式＝ROUND(A1,2)。图 3-16(a)和(b)分别为使用 3 个数据舍入函数对 A1 单元格中的正负数据进行舍入取整的效果。

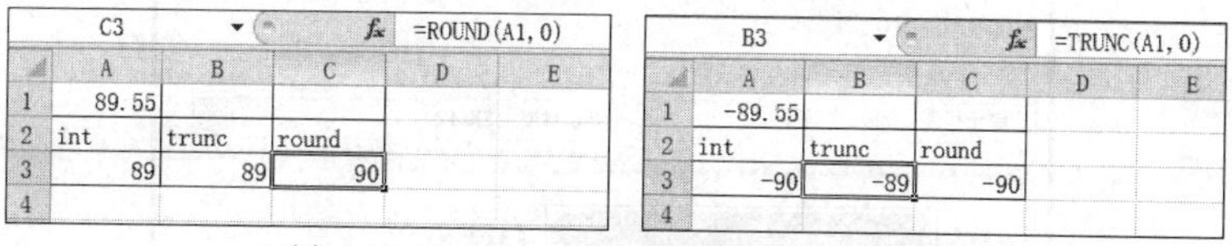

图 3-16　3 个数据舍入函数分别对 A1 单元格中的数据进行舍入取整

2. RANK 函数

RANK(number,ref,[order])：返回一个数字在数字列表中的排位。数字的排位是其大小与列表中其他值的比较值(如果列表已排过序,则数字的排位就是它当前的位置)。

number：需要找到排位的数字。

ref：数字列表数组或对数字列表的引用。ref 中的非数值型值将被忽略。

order：数字，指明数字排位的方式。

如果 order 为 0(零)或省略，Excel 对数字的排位是基于 ref 为按照降序排列的列表。

如果 order 不为零，Excel 对数字的排位是基于 ref 为按照升序排列的列表。

问题：如何制作如图 3-17 所示"歌唱比赛计分表"(能自动算总分，自动让最高和最低分打上底纹，能自动排名)？

	姓名	评委一	评委二	评委三	评委四	评委五	评委六	最后得分	排名
1									
2	王平	7	5	5.4	6	6	8	6.35	9
3	李明	4	4	5	6	7	8	5.5	11
4	张红	6	7	5	7	8	9	7	5
5	吴红	6	8	9	10	10	8	8.25	1
6	杨明	4	6	6	7	8	9	6.5	6
7	张丽	3	5	9	9	9	9	7.75	2
8	李飞	4	4	6	7	9	9	6.25	10
9	马蔷	5	6	7	8	8	5.6	6.65	7
10	王军	4	5	6.6	7.6	9	9	6.8	4
11	李小林	6	7	8	9	9	0	7.5	4
12	陈佳	4	6.5	7	8	9	9	7.625	3

图 3-17　歌唱比赛自动计分表

第 1 步：设计好表格后，在 H2 单元格中输入公式"＝(SUM(B2：G2)－MAX(B2：G2)－MIN(B2：G2))/4"，分别去掉一个最高分，一个最低分，再计算平均分作为选手得分，然后填充公式，可以让 Excel 自动算出所有选手得分。

第 2 步：利用前面所讲设置条件格式的步骤，打开"新建格式规则"对话框，如图 3-18 所示，设置单元格的值等于"＝MAX(H2：H12)"，也就是等于最高分时，自动打上红色底纹。同理可以利用"＝MIN(H2：H12)"，让单元格的值等于最低分时，自动打上其他颜色的底纹。

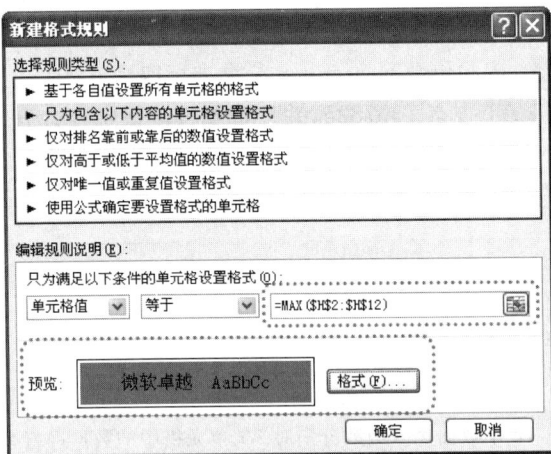

图 3-18　"新建格式规则"对话框

第 3 步：在 I2 单元格中输入公式"＝RANK(H2，H：H，0)"，然后填充公式，可让 Excel 自动对选手当前得分进行排名。

3. IF 函数

IF(logical_test,[value_if_true],[value_if_false])：如果指定条件的计算结果为

TRUE,IF 函数将返回某个值;如果该条件的计算结果为 FALSE,则返回另一个值。

logical_test：计算结果可能为 TRUE 或 FALSE 的任意值或表达式。例如,A10=100 就是一个逻辑表达式,如果单元格 A10 中的值等于 100,表达式的计算结果为 TRUE;否则为 FALSE。此参数可使用任何比较运算符。

value_if_true：logical_test 参数的计算结果为 TRUE 时所要返回的值。

value_if_false：logical_test 参数的计算结果为 FALSE 时所要返回的值。

例如,如果 A2 中的数值大于或等于 60,公式=IF(A2>=60,"合格","不合格")将返回“合格”,如果 A2 中的数值小于 60,则返回“不合格”。

问题：如图 3-19 所示,如何利用 if 函数实现学生成绩五级等级的自动判断并显示?

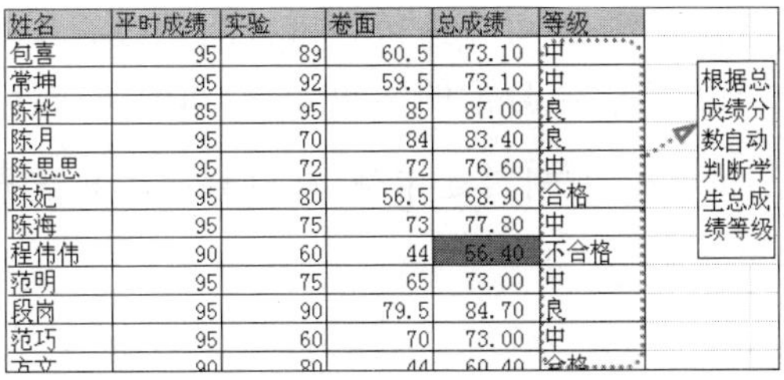

姓名	平时成绩	实验	卷面	总成绩	等级
包喜	95	89	60.5	73.10	中
常坤	95	92	59.5	73.10	中
陈桦	85	95	85	87.00	良
陈月	95	70	84	83.40	良
陈思思	95	72	72	76.60	中
陈妃	95	80	56.5	68.90	合格
陈海	95	75	73	77.80	中
程伟伟	90	60	44	56.40	不合格
范明	95	75	65	73.00	中
段岗	95	90	79.5	84.70	良
范巧	95	60	70	73.00	中
方文	90	80	44	60.40	合格

图 3-19　利用 if 函数嵌套实现学生成绩五级等级自动判断

利用公式“=IF(F2<90,IF(F2<80,IF(F2<70,IF(F2<60,"不合格","合格"),"中"),"良"),"优")”可以实现学生成绩五级等级的自动判断。

4. COUNTIF 函数

COUNTIF(range, criteria)：对区域中满足单个指定条件的单元格进行计数。例如,可以对以某一字母开头的所有单元格进行计数,也可以对大于或小于某一指定数字的所有单元格进行计数。

range：要计算其中非空单元格数目的区域。

criteria：用于定义将对哪些单元格进行计数的数字、表达式、单元格引用或文本字符串。条件可以表示为 32、">32"、B4、"苹果"或"32"等。

假设有一个工作表,列 A 中包含一列任务,列 B 中包含分配了每项任务的人员的名字。可以使用公式“=COUNTIF(B:B,"张三")”计算张三的名字在列 B 中的显示次数,这样便可确定分配给张三的任务数。

提示：在条件中可以使用通配符,即问号(?)和星号(*)。问号匹配任意单个字符,星号匹配任意一系列字符。若要查找实际的问号或星号,请在该字符前键入波形符(~)。条件不区分大小写,例如,字符串"apples"和字符串"APPLES"将匹配相同的单元格。

在工作中,经常需要对数据进行分组,若在前几个单元格中分别输入 1、2、3 等阿拉伯数字,然后选择这些单元格,按住 Ctrl 键拖动填充柄,可以实现将数据平均分组编号。但有时,因为某些限制条件,分组时不能这样让分组编号循环出现,比如学生毕业论文答辩时要进行答辩分组,学生不能和自己的导师分配在同一组,甚至有时还要根据学生的论文课题方向将他们分配到特定的组。

问题:毕业论文答辩分组的过程中,如何动态监控当前每个答辩组分配了多少人?

第 1 步:在学生毕业论文答辩分组表的另一区域设置好动态监控当前分配人数的表格,假设有 10 个答辩组,如图 3-20(a)所示。

第 2 步:在"1组"下面的单元格中输入公式"＝COUNTIF(＄G＄2:＄G＄228,1)&"人""(对＄G＄2:＄G＄228 范围内的单元格中是 1 的单元格进行计数),按回车键。

第 3 步:将该公式复制粘贴到其他分组下的单元格中,依次修改 COUNTIF 函数中的第二个参数值为相应的分组号,即可在进行答辩分组的过程中自动显示当前各组已分配的学生人数,以便管理员平衡各组分配的学生人数,如图 3-20(b)所示。

提示:公式中的 &"人"是利用连字符,让最后的运算结果后面再显示出"人"字。

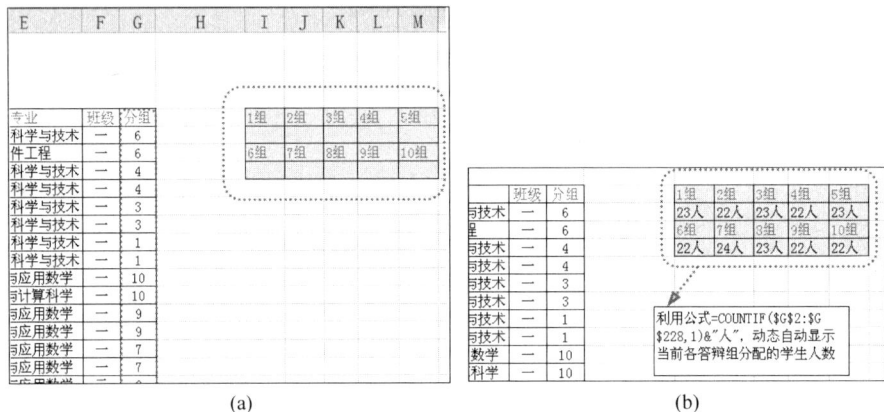

(a)   (b)

图 3-20   利用 COUNTIF 函数实现学生分组人数动态统计

问题:如何统计不同分数段(如"60～70","70～80"等)的学生人数?
假如 E 列的数据就是学生的最后总分,可以利用下述公式进行统计。

最后总分<60:=COUNTIF(E:E,"<60")
60<=最后总分<70:=COUNTIF(E:E,"<70")-COUNTIF(E:E,"<60")
70<=最后总分<80:=COUNTIF(E:E,"<80")-COUNTIF(E:E,"<70")
80<=最后总分<90:=COUNTIF(E:E,"<90")-COUNTIF(E:E,"<80")
最后总分>=90 :=COUNTIF(E:E,">=90")

5. SUMIF 函数

SUMIF(range,criteria,[sum_range]):使用 SUMIF 函数可以对区域(区域:工作表上的两个或多个单元格,区域中的单元格可以相邻或不相邻)中符合指定条件的值

——————— 高效办公自动化实用技术

求和。

range：为用于条件判断的单元格区域。

criteria：用于确定对哪些单元格求和的条件，其形式可以为数字、表达式、单元格引用、文本或函数。例如，条件可以表示为 32、">32"、B5、32、"苹果" 或 TODAY()。

假设在含有数字的某一列中，需要让大于 5 的数值相加，可使用以下公式：=SUMIF(B2:B25,">5")。在本例中，应用条件的值即要求和的值。如果需要，可以将条件应用于某个单元格区域，但却对另一个单元格区域中的对应值求和。例如，使用公式=SUMIF(B2:B5,"手机",C2:C5)时，该函数仅对单元格区域 C2:C5 中与单元格区域 B2:B5 中等于"手机"的单元格对应的单元格中的值求和。

问题：如图 3-21 所示，如何利用 SUMIF 函数统计各类商品的销售价总和？

第 1 步：在统计区域的"手机"下面的单元格中输入公式"=SUMIF($A:$A,"手机",$C:$C)&"元""（对 A 列中满足单元格的值是"手机"的相应记录中的 C 列中的数据进行相加）。

第 2 步：将该公式复制粘贴到其他商品名下面的单元格中，并修改 SUMIF 函数中的第二个参数为相应的商品名即可。

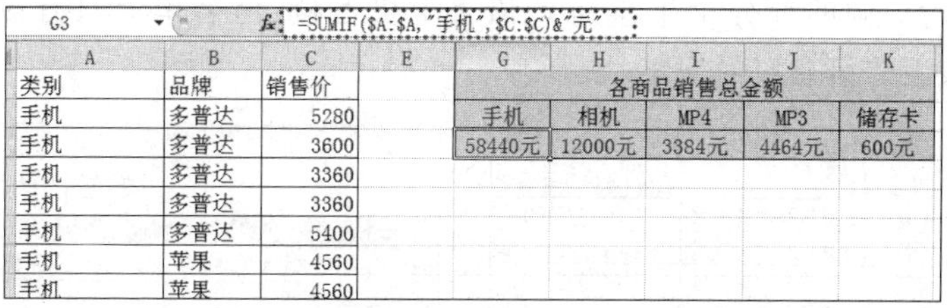

图 3-21　利用 SUMIF 函数统计各类商品的销售价总和

6. VLOOKUP 函数

VLOOKUP(lookup_value, table_array, col_index_num, [range_lookup])：是一个相当实用的函数，该函数是 Excel 中的一个纵向查找函数，它与 LOOKUP 函数和 HLOOKUP 函数属于一类。VLOOKUP 是按列查找，它可以从一个数组或表格范围的最左列中查找含有特定值的字段，最终返回该列所需查询列序所对应的值，与之对应的 HLOOKUP 是按行查找。

lookup_value：要在表格或区域范围的第一列中搜索的值。lookup_value 参数可以是值或引用。

table_array：包含数据的单元格区域范围。可以使用对区域（如 A2:D8）或区域名称的引用。table_array 第一列中的值是由 lookup_value 搜索的值。这些值可以是文本、数字或逻辑值。文本不区分大小写。

col_index_num：table_array 参数中必须返回的匹配值的列号。col_index_num 参数为 1 时，返回 table_array 第一列中的值；col_index_num 为 2 时，返回 table_array 第二列中的值，依此类推。

range_lookup：一个逻辑值，指定希望 VLOOKUP 查找精确匹配值还是近似匹配值。

如果 range_lookup 为 TRUE 或被省略，则返回精确匹配值或近似匹配值。如果找不到精确匹配值，则返回小于 lookup_value 的最大值。

如果 range_lookup 为 FALSE，则不需要对 table_array 第一列中的值进行排序，VLOOKUP 将只查找精确匹配值。如果 table_array 的第一列中有两个或更多值与 lookup_value 匹配，则使用第一个找到的值。如果找不到精确匹配值，则返回错误值♯N/A。

⚠ 提示：如果 range_lookup 为 TRUE 或被省略，则必须按升序排列 table_array 第一列中的值；否则，VLOOKUP 可能无法返回正确的值。在 table_array 的第一列中搜索文本值时，请确保 table_array 第一列中的数据不包含前导空格、尾部空格、非打印字符或未使用不一致的直引号(' 或 ")与弯引号(' 或 ")。否则，VLOOKUP 可能返回不正确或意外的值。在搜索数字或日期值时，请确保 table_array 第一列中的数据未存储为文本值。否则，VLOOKUP 可能返回不正确或意外的值。

在日常工作中，经常遇见以下问题：计算机本身有大量的信息，但某一张表上只需要填写部分信息。如图 3-22 所示，工作簿的 Sheet1 表中有所有学生的相关信息，Sheet2 表中是教学评估时抽调的部分学生参加 C 语言上机考核，但名单上只有被抽调学生的学号，要求将该表上的信息填写完整。

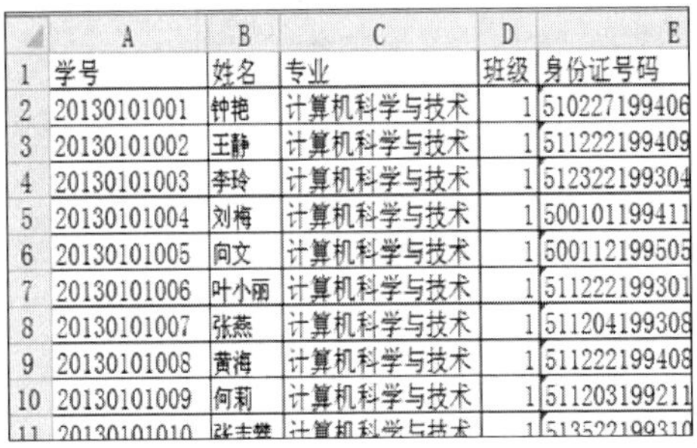

Sheet1(全体学生信息)

(a)

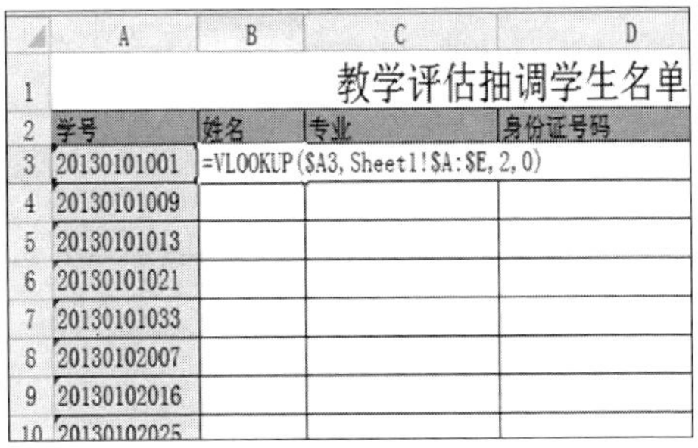

Sheet2(抽调学生信息)

(b)

图 3-22　从 Sheet1 表的全体学生信息中查找并引用所需信息

❓ 问题：在此例中，如何让 Excel 自动查找和引用相关的信息？

第 1 步：在 B3 单元格中输入公式"＝VLOOKUP($A3,Sheet1!$A:$E,2,0)"(找 $A3 中的学号，在 Sheet1 的 A 到 E 列范围中找，找到这个学生的信息后返回该记录第 2 列的信息，即姓名，要进行精确查找)，按回车键。

第 2 步：将该公式复制粘贴到 C3 和 D3 单元格中，在专业列修改 VLOOKUP 函数中的 col_index_num 参数为 3(因为此例中专业的信息是在 table_array 范围中的第 3 列)，同理，在身份证号码列修改 VLOOKUP 函数中的 col_index_num 参数为 5。

第 3 步：填充各列的公式。

7. TEXT 函数

TEXT(value，format_text)：函数可将数值转换为文本，并可使用户通过使用特殊格式字符串来指定显示格式。需要以可读性更高的格式显示数字或需要合并数字、文本或符号时，此函数很有用。

value：数值、计算结果为数值的公式，或对包含数值的单元格的引用。

format_text：使用双引号括起来作为文本字符串的数字格式，例如，"m/d/yyyy" 或 "♯，♯♯0.00"。

假设单元格 A1 含有数字 23.5。若要将数字格式设置为人民币金额，可以使用以下公式：＝TEXT(A1，"￥0.00")，会显示￥23.50。还可以向前一个公式中添加文本＝TEXT(A1，"￥0.00") & "每小时"，会显示 ￥23.50 每小时。

8. ROW、COLUMN 函数

(1) ROW([reference])：返回引用的行号。reference：需要得到其行号的单元格或单元格区域，如果省略 reference，则假定是对函数 ROW 所在单元格的引用。

例如，A2 单元格中有公式"＝ROW()"，将显示公式所在的行号 2。公式"＝ROW(C10)"将显示 C10 的行号 10。

(2) COLUMN([reference])：返回指定单元格引用的列号。reference：要返回其列号的单元格或单元格区域，如果省略参数 reference，则假定该参数为对 COLUMN 函数所在单元格的引用。

例如，A2 单元格中有公式"＝COLUMN()"，将显示公式所在的列号 1，公式"＝COLUMN(D10)"返回 4，因为列 D 为第 4 列。

问题：利用 Excel 能否编学号？

学号中包含的信息有年级、专业、班级、序号等，若利用输入数据，假设输入"2010010101"和"2010010102"(2010 表示 2010 级，0101 表示某个专业的 1 班，01、02 分别表示序号)，然后利用填充柄进行数据填充，开始看起来没有问题，但若该班学生超过100 人，就会出问题。因为到序号为 100 号的学生时，会进位，学号变成 2010010200，中间的0101 变成了 0102，含义就成了 2010 级某专业 2 班的 00 号学生，而不是 1 班的 100 号学生。

在 A2 单元格中输入公式"＝"20100101"&TEXT(ROW()－1，"00")"，如图 3-23(a)所示，将显示第一个学生的学号为 2010010101，然后填充公式即可，当到 100 号的学生时，也不会破坏前面的学号信息，而会在后面增加 1 位，显示为 20100101100，如图 3-23(b)所示。

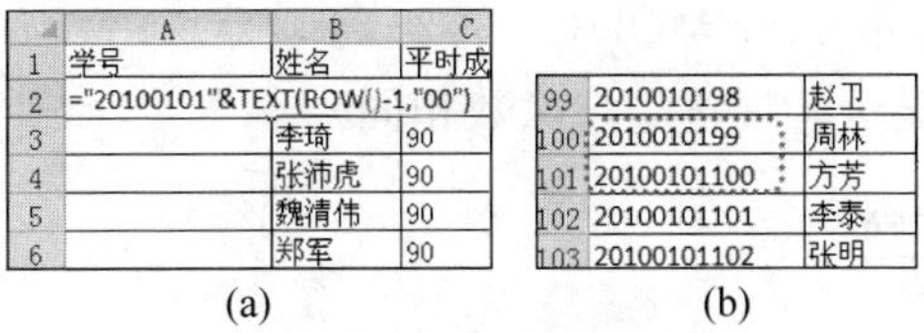

图 3-23　Excel 对学号的处理

9. LEFT、RIGHT、MID 函数

(1) LEFT(text，[num_chars])：返回文本字符串中第一个字符或前几个字符。

text：包含要提取的字符的文本字符串。

num_chars：指定要由 LEFT 提取的字符数量。

⚠ **提示**：如果 num_chars 大于文本长度，则 LEFT 返回所有文本。如果省略 num_chars，则假定其为 1。

例如，A2 单元格中的内容为"Sale Price"，那么公式"＝LEFT(A2,4)"将显示 Sale，公式"＝LEFT(A2)"将显示 S。

(2) RIGHT(text，[num_chars])：根据指定的字符数返回文本字符串中最后一个或多个字符，与 LEFT 函数类似。num_chars 必须大于或等于零。如果 num_chars 大于文本长度，则 RIGHT 返回所有文本。如果省略 num_chars，则假设其值为 1。

例如，A2 单元格中的内容为"Sale Price"，那么公式"＝RIGHT(A2,5)"将显示 Price，公式"＝RIGHT(A2)"将显示最后一个字符 e。

(3) MID(text，start_num，num_chars)：返回文本字符串中从指定位置开始的特定数目的字符，该数目由用户指定。

text：包含要提取字符的文本字符串。

start_num：文本中要提取的第一个字符的位置。文本中第一个字符的开始位置为 1，依此类推。

num_chars：指定希望 MID 从文本中返回字符的个数。

例如，A2 单元格中的内容为"Sale Price"，那么公式"＝MID(A2,1,2)"将显示 Sa，公式"＝MID(A2,6,3)"将显示 Pri。

10. LEN 函数

LEN(text)：返回文本字符串中的字符数。text：要查找其长度的文本，空格将作为字符进行计数。

例如，"＝LEN("hello world!")"将显示 12(中间有一个空格)。

11. MOD 函数

MOD(number，divisor)：返回两数相除的余数，结果的正负号与除数相同。参数 number 为被除数，divisor 为除数。如果 divisor 为零，函数 MOD 返回错误值 ♯DIV/0!。

＝MOD(3，2)将显示 1；＝MOD(－3,2)将显示 1；＝MOD(3，－2)将显示－1；＝MOD(－3，－2)也将显示－1(符号与除数相同)。

12. DATEDIF 函数

DATEDIF(start_date，end_date，unit)：该函数是一个 Excel 隐藏函数，在帮助和插入公式里面没有。用于返回两个日期之间的年\月\日间隔数。

Start_date 为一个日期，它代表时间段内的第一个日期或起始日期。

End_date 为一个日期，它代表时间段内的最后一个日期或结束日期。

提示：结束日期必须大于起始日期。

Unit 为所需信息的返回类型，有以下几种形式。

"Y"时间段中的整年数。

"M" 时间段中的整月数。

"D" 时间段中的天数。

"MD" start_date 与 end_date 日期中天数的差。忽略日期中的月份和年数之差。

"YM" start_date 与 end_date 日期中月数的差。忽略日期中的年数之差。

"YD" start_date 与 end_date 日期中天数的差。忽略日期中的年数之差。

例如，可以利用公式"＝DATEDIF("1981-10-5",TODAY(),"y")"算出出生日期为1981-10-5 的人的现在年龄。另外，TODAY()可以算出当前系统日期。

问题：如图 3-24(a)和(b)所示，如何提取身份证号码中的性别、出生日期、年龄相关信息？

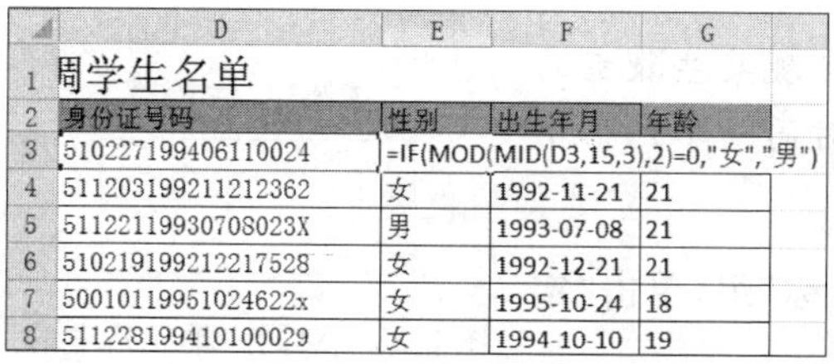

	D	E	F	G
1	周学生名单			
2	身份证号码	性别	出生年月	年龄
3	510227199406110024	=IF(MOD(MID(D3,15,3),2)=0,"女","男")		
4	511203199211212362	女	1992-11-21	21
5	51122119930708023X	男	1993-07-08	21
6	510219199212217528	女	1992-12-21	21
7	50010119951024622x	女	1995-10-24	18
8	511228199410100029	女	1994-10-10	19

(a)

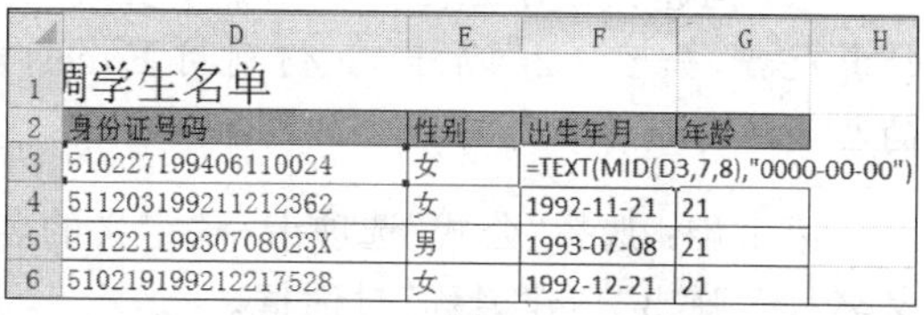

	D	E	F	G	H
1	周学生名单				
2	身份证号码	性别	出生年月	年龄	
3	510227199406110024	女	=TEXT(MID(D3,7,8),"0000-00-00")		
4	511203199211212362	女	1992-11-21	21	
5	51122119930708023X	男	1993-07-08	21	
6	510219199212217528	女	1992-12-21	21	

(b)

图 3-24　身份证信息的提取

公民身份证号码由 17 位数字本体码和 1 位校验码组成。排列顺序从左至右依次为：6 位数字地址码，8 位数字出生日期码，3 位数字顺序码和 1 位数字校验码。其中，前 6 位为地址码，表示编码对象常住户口所在县(市、旗、区)的行政区划代码。第 7 位至 14 位为出生日期码，表示编码对象出生的年、月、日。第 15 位至 17 位为顺序码，表示在同一地址码所标识的区域范围内对同年、同月、同日出生的人编定的顺序号，顺序码的奇数分配给男性，偶数分配给女性。最后一位是校验码。

第 1 步：在 E3 单元格中输入公式"＝IF(MOD(MID(D3,15,3),2)＝0,"女","男")"，该公式利用 MID 函数返回身份证号码中 15～17 位的顺序码，然后利用 MOD 函数让顺序码除以 2 取余数，利用 IF 函数判断余数的奇偶，显示相应的性别。然后在 E 列中填充公式，即可显示身份证号码中的性别信息。

第 2 步：在 F3 单元格中输入公式"＝TEXT(MID(D3,7,8),"0000-00-00")"，该公式利用 MID 函数返回身份证号码中的 7～14 位出生日期码，利用 TEXT 函数让日期码以"1994-06-11"的形式显示。然后在 F 列中填充公式，即可显示身份证号码中的出生日期信息。

第 3 步：在 G3 单元格中输入公式："＝DATEDIF(TEXT(MID(D3,7,8),"0000-00-00"),TODAY(),"y")"，该公式利用 DATEDIF 函数计算按既定格式返回的出生日期与

当前系统日期的整年数之差。然后在 G 列中填充公式,即可显示当前年龄。

3.3.5 创建名称及其使用

名称是在 Excel 中可以代表单元格、单元格区域、公式或常量值的单词或字符串,使用名称可使公式更加容易理解和维护,一个有意义的单元格区域名称(如:Total_Income)比一个单元格地址(如 AD21)要好记得多。通过选择"公式"→"定义名称",可为单元格区域、函数、常量或表格等定义名称。一旦采用了在工作簿中使用名称的做法,便可轻松地更新、审核和管理这些名称。

示例类型	没有名称的示例	有名称的示例
引用	=SUM(C20:C30)	=SUM(FirstQuarterSales)
常量	=PRODUCT(A5,8.3)	=PRODUCT(Price,WASalesTax)
公式	= SUM (VLOOKUP (A1,B1:F20,5,FALSE),−G5)	=SUM(Inventory_Level,−Order_Amt)
表	C4:G36	=TopSales06

问题:有时需要在单元格中直观地体现某些数据的计算过程,如图 3-25 所示,如何利用 Excel,对同一单元格中的公式进行运算?

第 1 步:选择"公式"选项卡→"定义的名称"组,单击"定义名称",弹出"新建名称"对话框。

第 2 步:在"新建名称"对话框的名称栏键入名称(如value),在引用位置栏输入公式"= evaluate(Sheet1!$A:$A)",单击"确定"按钮。

第 3 步:因为定义了相应的名称,所以在 B2 单元格中直接输入公式"= value",如图 3-26(a)所示,然后填充公式即可,如图 3-26(b)所示。

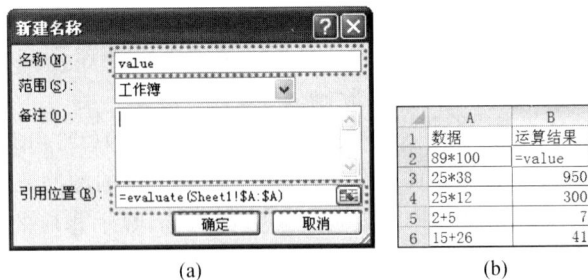

图 3-25 对同一单元格中的内容进行运算

图 3-26 利用名称对同一单元格中的内容进行运算

提示:evaluate 函数是宏表函数,不能像普通函数那样直接在工作表公式中使用,可先定义一个名称,使该名称的表达式中包含该函数,然后在公式中引用此名称,间接地使用该函数。

高效办公自动化实用技术

3.3.6 Excel 常见错误值

有时,在 Excel 中输入公式后,会显示一个以♯开头的值,这表示公式返回了错误的值。只有更正公式或更正公式引用的单元格,才能消除错误显示。

⚠️ **提示**:若整个单元格填满了♯,此错误通常表示列宽不足以显示所有内容。可以增加列宽,以使其适合文本或缩小列中内容的文本大小,以使其适合列。

在某些情况下,Excel 甚至不允许输入错误的公式。如公式＝A1 * (B2＋C3,缺少右括号,Excel 将会警告括号不匹配,并提供更正建议。需要仔细检查并修改公式。

表 3-3 列出了包含公式的单元格中可能出现的错误值类型。另外,如果公式引用的单元格包含错误的值,公式也有可能返回一个错误值。

表 3-3　Excel 错误值

错误值	说　　明
♯DIV/0!	当一个数除以零(0)或不包含任何值的单元格时,Excel 将显示此错误
♯N/A	公式(直接或间接)引用了使用 NA 函数表明数据不可用的单元格。一些函数,如 VLOOKUP 也可能返回♯NA
♯NAME?	当 Excel 无法识别公式中的文本时,将出现此错误。例如,区域名称或函数名称可能拼写错误
♯NULL!	如果在工作表上指定两个并不相交的区域的交集,则将出现此错误。例如,区域 A1:A2 和 C3:C5 不相交,因此,输入公式＝SUM(A1:A2 C3:C5)将返回♯NULL! 错误
♯NUM!	此错误表明公式或函数中含有无效的数值
♯REF!	当单元格引用无效时,Excel 将显示此错误。例如,可能删除了其他公式所引用的单元格,或者可能将已移动的单元格粘贴到其他公式所引用的单元格上
♯VALUE!	如果公式所包含的单元格具有不同的数据类型,则 Excel 将显示♯VALUE! 错误。如果启用了错误检查且将鼠标指针定位在错误指示器上,则屏幕提示会显示"公式中所用的某个值是错误的数据类型"。通常,通过对公式进行较少更改即可修复此问题

3.4　数据管理与分析

3.4.1　数据列表

数据列表是工作表中包含相关数据的一系列数据行。实际上,如果一个工作表只有1个连续数据区域,并且这个数据区域的每个列都有标题,系统会自动将这个连续数据区域识别为数据列表。

在数据列表包含的单元格中输入数据,要将类型相同的数据置于同一列中,使数据列表独立于其他数据(与其他数据用空行或空列隔开),在数据区域避免出现空行或空列。

一般使用单元格边框突出显示数据列表。

数据列表中的术语和数据库中术语的对应关系如下。

数据列表中的列 ⟺ 数据库中的字段

列标题 ⟺ 字段名称

每一行 ⟺ 一个记录

3.4.2　自定义排序

选择需要排序的数据列表区域,选择"开始"选项卡→"编辑"组→"排序和筛选",单击"自定义排序",弹出如图 3-27 所示的"排序"对话框。设置主要关键字,假设此处选择数据列表中的"性别",这样排序下来会将男生和女生分别排在一起。如果在性别相同的情况下,还要设置其他排序依据,可以在"排序"对话框中单击"添加条件",将出现次要关键字。假设此处选择次要关键字为"专业",那么排序的最终效果如下:首先按照性别将男、女分别排在一起,然后在性别相同的情况下按照专业排序,将专业相同的又排在一起。

图 3-27　"排序"对话框

排序默认按系统既定的顺序进行排列,如按数字从大到小或从小到大、按字母顺序等。

如根据自己的需要设定排序顺序,例如按照"优、良、中、合格、不合格"的顺序排列学生的成绩等级,而不是按照等级的字母顺序排序,可以选择需要排序的数据列表区域,然

图 3-28　"排序"对话框

高效办公自动化实用技术

后打开"排序"对话框,如图 3-28 所示,在主要关键字中选择数据列表的"等级",单击次序下面的下拉箭头,在下拉列表中选择"自定义序列"弹出"自定义序列"对话框,如图 3-29 所示,输入"优、良、中、合格、不合格"新序列单击"添加"、"确定"按钮即可,如图 3-30 所示,等级为"优"的学生信息将被排在最前面。

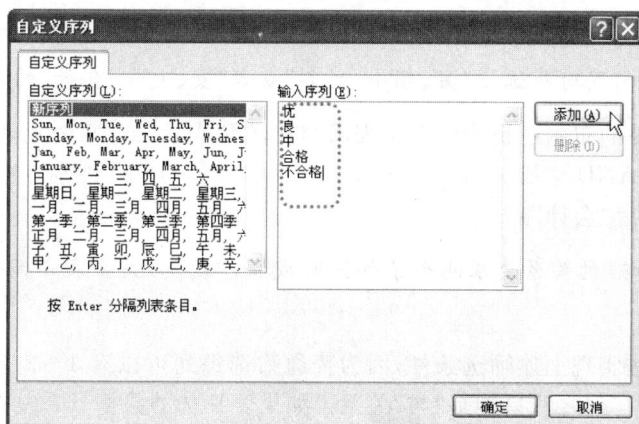

图 3-29 "自定义序列"对话框

图 3-30 自定义序列排序效果

3.4.3 高级筛选

筛选工作表中的信息,可以快速查找需要的数值部分。筛选一个或多个数据列,可利用筛选功能控制要显示的内容,而且还能控制要排除的内容。

进行数据筛选的工作表的每一列应有列标题。筛选示例数据如图 3-31 所示。

图 3-31 报名信息汇总表

问题:在图 3-31 中,如何利用普通筛选(自动筛选)找出同时满足"男、硕士、税务专业"条件的考生信息?

第 1 步:选择要筛选的数据范围,选择"数据"选项卡→"排序和筛选"组,单击"筛选"按钮。

第 2 步:单击数据列标题中的箭头 ▼,弹出筛选器选择列表对话框,分别设置筛选参数为"男、硕士、税务"。

❓ 问题:如何同时筛选出"男、硕士、税务"或者"女、大专、会计"的考生基本信息?

上述筛选条件的布尔逻辑为(AND 表示"与",OR 表示"或"),公式如下。

(性别="男"AND 学历="硕士"AND 专业="税务")OR(性别="女"AND 学历="大专"AND 专业="会计")

⚠ 提示:"与"的关系要求两个条件同时成立;"或"的关系表示两个条件中一个成立即可。

普通筛选无法实现上述筛选条件,因为普通筛选每列可以有 1~2 个筛选条件,可以是"与"或"或";列与列之间只能是"与"关系。如果要筛选的数据具有复杂的条件,应该用高级筛选来实现。高级筛选的要求如下。

(1) 高级筛选必须指定一个条件区域,它可以与数据列表在同一张工作表上,也可以与数据列表不在同一张工作表上。

(2) 条件区域中的字段名必须与数据列表中的完全一样,最好通过复制得到。

高级筛选的条件区域是如何来体现这种与、或关系的呢? 需要记住 4 个字"横'与'纵'或'",即横向看是"与"的关系,纵向看是"或"的关系,如图 3-32 所示。

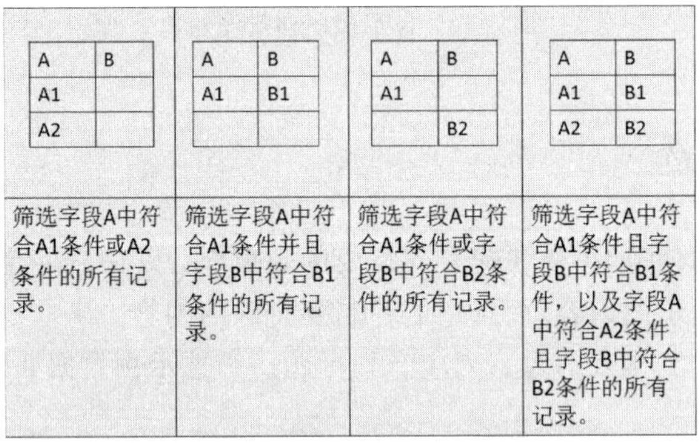

图 3-32　高级筛选条件区域的与、或关系

第 1 步:在工作表中按照"横'与'纵'或'"的原则设置"条件区域",如图 3-33 所示。

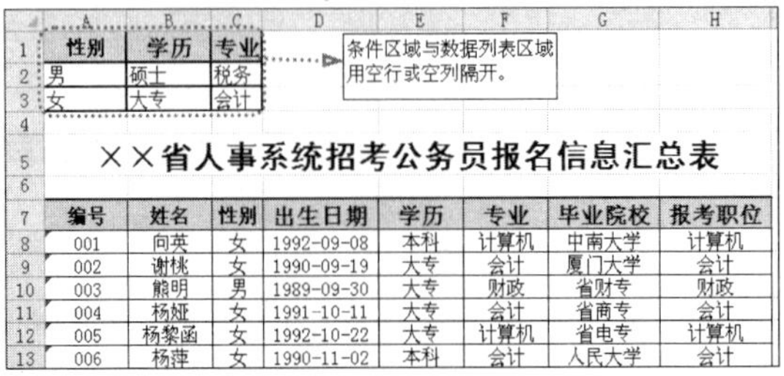

图 3-33　设置条件区域

第2步：将当前单元格定位在中间的数据列表区域，选择"数据"选项卡→"排序和筛选"组，单击"高级"按钮，弹出如图 3-34 所示"高级筛选"对话框。

第3步：在"高级筛选"对话框中分别输入"列表区域"、"条件区域"的地址范围，单击"确定"按钮即可，如图 3-35 所示。

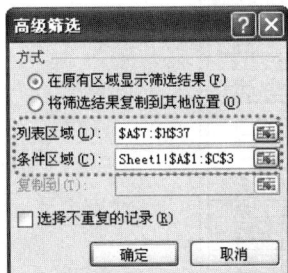

图 3-34　"高级筛选"对话框

图 3-35　高级筛选效果

3.4.4　分类汇总

通过使用"分类汇总"命令可以自动计算列表中的分类汇总和总计。进行分类汇总前，首先要进行排序才有意义。

问题：在图 3-31 所示的报名信息表中，若需要快速统计各个不同学历人员的具体人数，如何操作？

第1步：按照学历进行排序，将学历相同的人员信息排在一起。

第2步：单击要进行分类汇总的数据列表中任一单元格，选择"数据"选项卡→"分级显示"组，单击"分类汇总"按钮，弹出"分类汇总"对话框，如图 3-36 所示。在"分类字段"框中选择要分类汇总的列(此处选择"学历"列)，在"汇总方式"框中选择汇总方式(此处选择"计数")，在"选定汇总项"框中选择要进行分类汇总的列(例如"学历"列)，单击"确定"按钮。分类汇总效果如图 3-37 所示，快速统计了不同学历的人数以及总计人数情况。

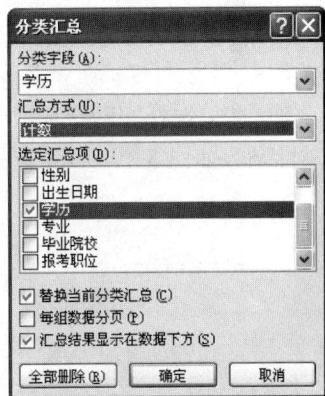

图 3-36　"分类汇总"对话框

提示：如图 3-36 所示，分类汇总时还可以勾选"每组数据分页"，让各个分类汇总数据分页。

提示：若需只显示分类汇总的总计情况，请单击行号旁边的分级显示符号 1 2 3 。使用 + 和 − 符号来显示或隐藏各个分类汇总的明细数据行。如图 3-38 所示。

问题：若另外一张表中只需要图 3-38 所示的汇总数据，而不需要具体的明细，应该如何操作？

图 3-37　分类汇总效果

图 3-38　单击分级显示符"2"的效果

第 1 步：单击分级显示符"2"，效果如图 3-38 所示，选择需要的数据区域，如图 3-39 所示。

第 2 步：选择"开始"选项卡→"编辑"组→"查找和选择"→"定位条件"，弹出"定位条件"对话框，如图 3-40 所示，选择"可见单元格"，单击"确定"按钮。

图 3-39　选择数据区域

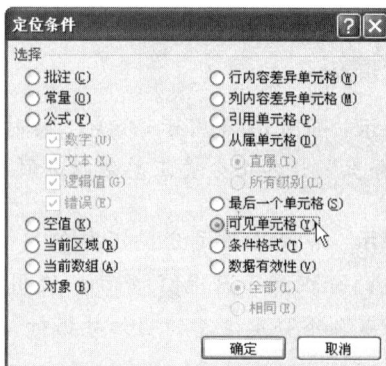

图 3-40　"定位条件"对话框

　高效办公自动化实用技术

第 3 步：执行复制命令，按 Ctrl＋C 组合键，再到新的表格中执行粘贴命令，按 Ctrl＋V 组合键。

3.4.5　数据透视表

数据透视表是一种交互式的表，使用数据透视表可以汇总、分析、浏览和提供工作表数据或外部数据源的汇总数据。之所以称为数据透视表，是因为它可以动态地改变版面布置，以便按照不同方式分析数据，也可以重新安排行标签、列标签、数值和报表筛选对应的字段。每一次改变版面布置时，数据透视表可以按照新的布置重新计算数据。另外，如果原始数据发生更改，也可以更新数据透视表。在需要对一长列数字求和时，数据透视表非常有用，同时聚合数据或分类汇总，可从不同的角度查看数据。

使用数据透视表要定义数据源，可将 Excel 表中的数据作为透视表的数据源。单击该 Excel 表中的某个单元格，该区域应具有标题，并且该区域或表中没有空行。如图 3-41 所示。

	A	B	C	D	E	F	G	H	I	J	K	L
1	售出日期	类别	品牌	客户ID	客户名	发货地址	固定电话	手机	邮编	进货价	销售价	数量
2	2013/7/3	手机	三星	user1	王昆	重庆市XXX街1号	63000001	13900000001	400001	4400	5280	1
3	2013/7/4	手机	三星	user2	李琦	重庆市XXX街2号	63000002	13900000002	400002	3000	3600	1
4	2013/7/5	手机	三星	user3	张沛虎	重庆市XXX街3号	63000003	13900000003	400003	2800	3360	1
5	2013/7/5	手机	三星	user4	魏清伟	重庆市XXX街4号	63000004	13900000004	400004	2800	3360	1
6	2013/7/6	手机	三星	user5	郑军	重庆市XXX街5号	63000005	13900000005	400005	4500	5400	1
7	2013/7/7	手机	苹果	user6	方海峰	重庆市XXX街6号	63000006	13900000006	400006	3800	4560	1
8	2013/7/7	手机	苹果	user7	俞飞飞	重庆市XXX街7号	63000007	13900000007	400007	3800	4560	1

图 3-41　数据区域

然后选择"插入"选项卡，单击"数据透视表"的下拉箭头，选择"数据透视表"/"数据透视图"（此处选择"数据透视表"），弹出"创建数据透视表"对话框，如图 3-42 所示。

检查"创建数据透视表"对话框中"选择一个表或区域"的内容是不是需要的数据区域，如果不是，可以单击 按钮，直接在相应数据所在工作表中选择对应的区域。在"选择放置数据透视表的位置"中选择"新工作表"，将在新建工作表中创建数据透视表，若选择"现有工作表"，在"位置"栏中可以设置数据透视表在现有工作表中的单元格位置，单击"确定"按钮。弹出如图 3-43 所示的"数据透视表字段列表"窗格，在"选择要添加到报表的字段"中，拖动相应的字段到对应的区域（行标签、列标签、数值和报表筛选）中，将生成对应的数据透视表。

此处，若将"类别"字段拖到"行标签"下，将"品牌"拖到"列标签"下，将"数量"、"进货价"和"销售价"拖到"数值"下，将"销售日期"拖动到"报表筛选"中，将生成如图 3-44 所示的商品销售情况数据透视表。在该数据透视表中，可以很直观地看出各商品的销售总数量、进货和销售金额情况。

⚠ 提示：相应区域中的字段同样也可以拖出去，以便重新安排需要的字段。对应区域中的字段发生变化，数据透视表也会随之改变。在数据透视表的数值区域中双击某个数据，可以查看具体的明细情况。

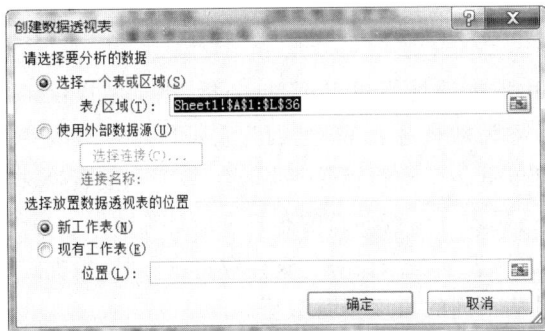

图 3-42 "创建数据透视表"对话框

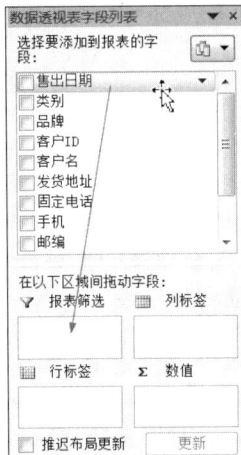

图 3-43 "数据透视表字段列表"窗格

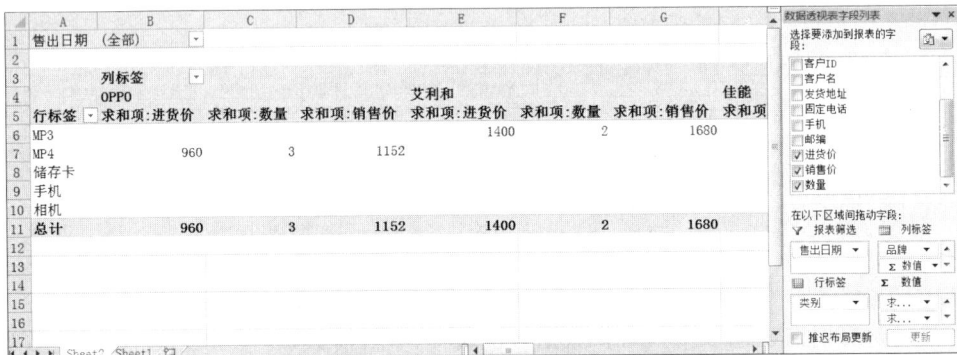

图 3-44 商品销售情况数据透视表

若数据源区域中的销售情况发生改变,可以在数据透视表区域中右击,在快捷菜单中选择"刷新",更新数据透视表。在数据透视表区域中间的数值区域中右击,在弹出的快捷菜单中选择"值汇总依据",可以设置依据"求和"、"计数"、"平均值"等方式对数值区域中的字段进行统计。在数据透视表区域的"报表筛选"字段处单击右侧的下拉按钮,在列表中选择相应的数据,可对需要的数据进行查看。如图 3-45 所示,设置报表筛选中的售出日期,可以查看某一天的商品销售情况。

⚠ 提示:生成数据透视表后,选择"数据透视表工具"→"设计"选项卡→"布局"组→"报表布局",选择"以大纲形式显示",然后在数据透视表中的列标签"品牌"处右击,在弹出的快捷菜单中选择"移动"→"将'品牌'移至行",将以图 3-46 所示的大纲形式显示数据。

生成数据透视表后,还可以选择"数据透视表工具"→"选项"→"排序和筛选"→"插入切片器",弹出如图 3-47(a)所示的"插入切片器"对话框,选择需要的字段,此处选择"类别"和"进货价",工作表中将出现如图 3-47(b)所示的"类别"和"进货价"切片器。单击切

高效办公自动化实用技术

片器上相应的栏目,就能很直观地将筛选数据展示给观众,让数据的分析呈现更加方便。在此例中,若先单击"类别"切片器中的"手机",透视表中将只显示手机的相关信息,若再单击"进货价"切片器中的"3000",将在透视表中显示手机中进货价格为 3000 的相关信息。若要清除筛选,可以单击切片器右上角的" "按钮。

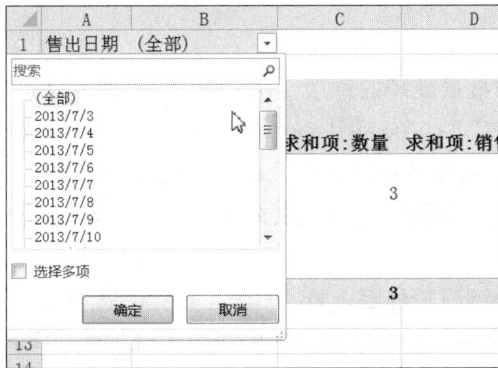

图 3-45　设置"报表筛选"字段

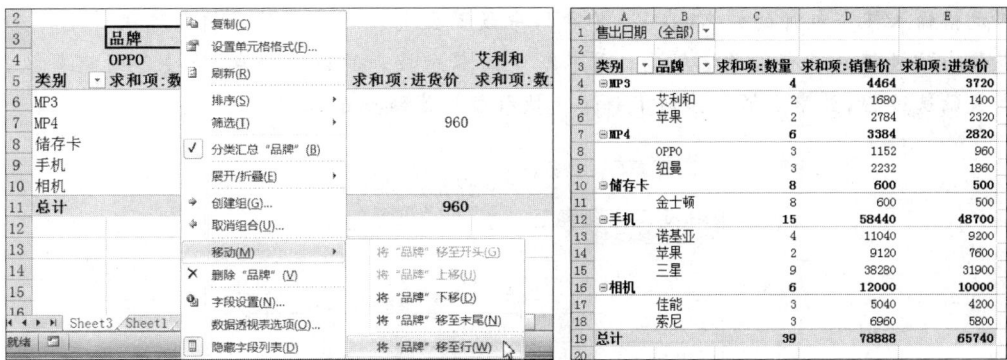

图 3-46　以大纲形式显示数据透视表中的数据

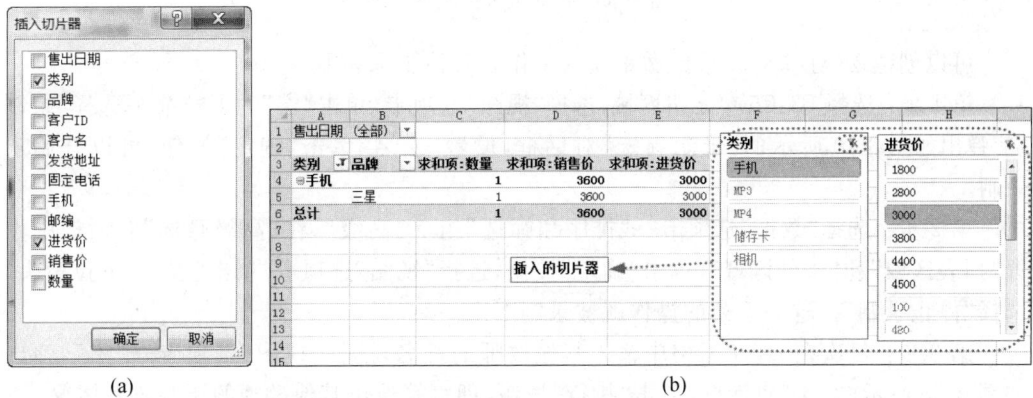

(a)　　　　　　　　　　　　　　　(b)

图 3-47　数据透视表与切片器

数据透视图的制作跟数据透视表的制作类似,在数据透视图下同样可以插入"切片器",对数据进行筛选展示。

3.5 "宏"的录制

宏(Macro),是一种批量处理的称谓。MS Office 中的宏是可用来自动执行任务的一个或一组操作,它是用 VBA(Visual Basic for Applications)编程语言录制的。宏可以自动执行经常使用的任务,从而节省键击和鼠标操作的时间。就像用摄像机录下来的视频,可以利用宏录制器录下一组操作。当后面需要重复执行这一组操作时,直接运行已录制的相应宏即可。

VBA 是 Visual Basic 的一种宏语言,主要能用来扩展 Windows 的应用程式功能,特别是 Microsoft Office 软件。也可说是一种应用程式视觉化的 Basic Script。1994 年发行的 Excel 5.0 版本即具备了 VBA 的宏功能。

问题:在图 3-48 所示的教师监考情况查询表中,"B3:C5"为条件区域,只需在 B4 单元格输入某个教师的姓名(在 C5 单元格中设置公式"＝B4"),然后执行高级筛选,即可查询出该教师的所有监考信息。若需不断查询不同教师的监考信息,将要不断重复执行高级筛选过程,效率太低。如何不断快速执行整个高级筛选过程?

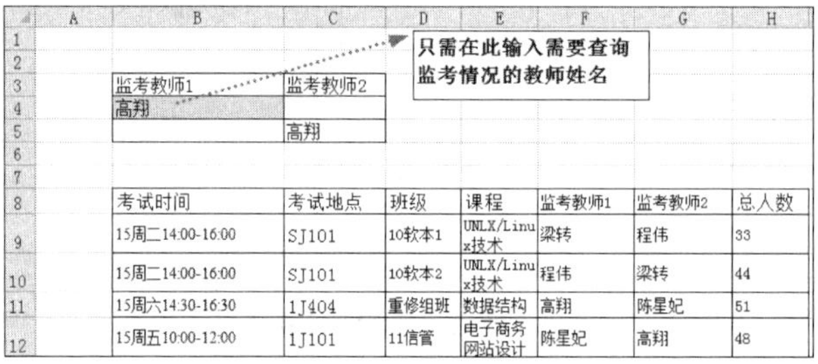

图 3-48　教师监考情况查询表

可以创建宏,让 Excel 帮忙做重复性工作。具体步骤如下。

第 1 步:选择 B3:C5 单元格区域,选择"视图"选项卡,单击"宏"的下拉箭头选择"录制宏"弹出如图 3-49 所示的"录制新宏"对话框,设置"宏名"单击"确定"按钮,可以开始宏录制。

第 2 步:选择"数据"选项卡→"排序和筛选"组→"高级",在"高级筛选"对话框中设置"列表区域"和"条件区域",单击"确定"按钮,选择"视图"选项卡,单击"宏"的下拉箭头,选择"停止录制"。这一系列的操作就被录制下来。

第 3 步:每次在 B4 单元格中输入其他教师的姓名,选择"视图"选项卡→"宏",弹出如图 3-50 所示的"宏"对话框,单击"执行"按钮,即可筛选出其他教师的所有监考情况。

第 4 步:将该工作簿另存为后缀名为.xlsm 的启用宏的工作簿。若此文件类型不是启用宏的文件类型,将不能保存 VB 项目,也就不能保存相应宏代码。

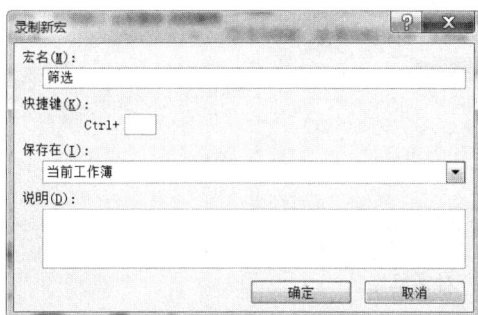

图 3-49 "录制新宏"对话框

图 3-50 "宏"对话框

若在 B4 单元格中输入 * 号,再执行刚才录制的宏,将显示所有教师的监考情况。在"录制新宏"对话框,或者在"宏"对话框中单击"选项",还可以为录制的宏指定快捷键,需要运行相应的宏时,只需使用快捷键即可。在 Word、PowerPoint 中同样可以录制宏。

⚠️ 提示:若在"宏"对话框中选择某个宏,然后单击"编辑"按钮,可以进入如图 3-51 所示环境。这里可以查看和修改宏代码。当然,要能够对代码进行熟练编辑和修改,还需要学习 VBA 编程语言,这样就能在 MS Office 中进行二次开发,比如开发一些实用小系统。

图 3-51 VBA 开发环境

❓ 问题:如何实现在上述工作簿中单击某个按钮就能运行刚才录制的宏,筛选出某个教师的所有监考情况?

第 1 步:调出"开发工具"选项卡(跟在 Word 中的操作类似)。

第 2 步:选择"开发工具"选项卡→"控件"组→"插入"→"表单控件"→"按钮",按住鼠标左键,在工作表需要的位置绘制按钮,弹出如图 3-52 所示"指定宏"对话框。选择需要的宏,单击"确定"按钮。

第 3 步:修改按钮上显示的文字为"查询",如图 3-53 所示。

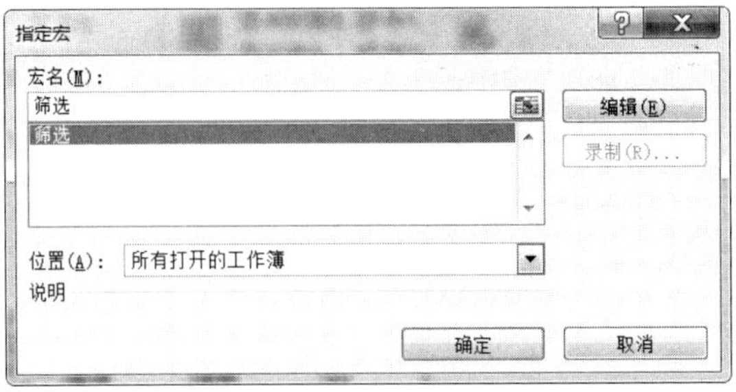

图 3-52 “指定宏”对话框

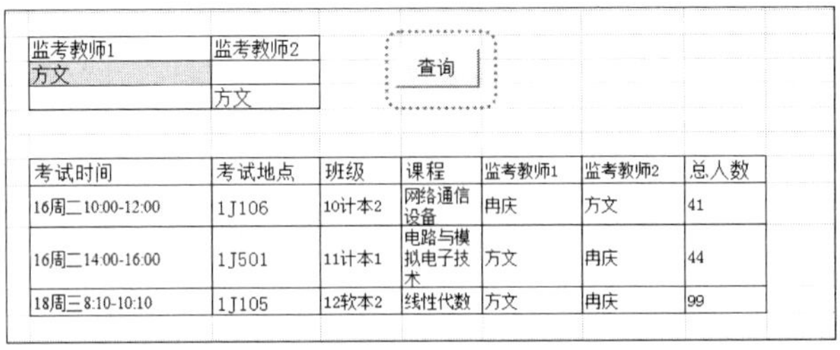

考试时间	考试地点	班级	课程	监考教师1	监考教师2	总人数
16周二10:00-12:00	1J106	10计本2	网络通信设备	冉庆	方文	41
16周二14:00-16:00	1J501	11计本1	电路与模拟电子技术	方文	冉庆	44
18周三8:10-10:10	1J105	12软本2	线性代数	方文	冉庆	99

图 3-53 为“按钮”指定宏

利用宏可以自动执行经常使用的任务，不幸的是，许多病毒也能利用 VBA 的功能对计算机系统和数据文件进行恶意操作。选择“文件”选项卡→“选项”→“信任中心”→“信任中心设置”，弹出如图 3-54 所示“信任中心”对话框，在“宏设置”中可以设置宏的启用/禁用。

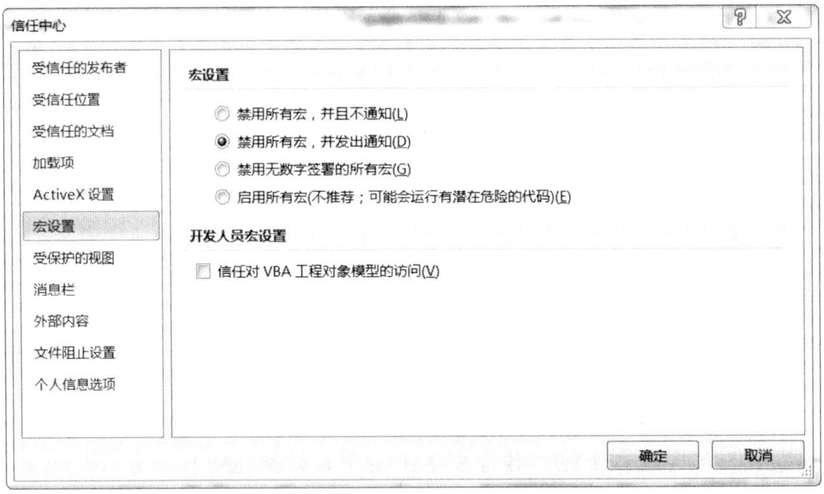

图 3-54 “信任中心”对话框

该对话框中的宏设置内容如下。

(1) 禁用所有宏，并且不通知：宏及相关安全警报将被禁用，不信任宏时选择此项。

(2) 禁用所有宏，并发出通知：宏将被禁用，但如果存在宏，则会显示安全警告。可根据情况启用单个宏。此选项是软件的默认设置，在希望禁用宏，又希望在有宏存在的情况下获得安全警告时，可以选择此项。

（3）禁用无数字签署的所有宏：宏将被禁用，但如果存在宏，则会显示安全警告。但是，如果受信任发布者对宏进行了数字签名，并且已经信任该发布者，则可运行该宏。如果尚未信任该发布者，则会通知启用签署的宏并信任该发布者。

（4）启用所有宏（不推荐，可能会运行有潜在危险的代码）：运行所有宏。此设置容易使计算机受到潜在恶意代码的攻击。

3.6 数据打印技巧

3.6.1 标题行重复

第 2 章中讲解了 Word 表格实现标题行重复的方法，以方便文档打印后每页表格数据的查看。在 Excel 中，可以利用冻结窗格，不论当前单元格处于数据区域中哪个位置，在其上面或左侧始终显示相应的表格标题以及具体是哪一条记录，但表格打印后并没有显示需要的标题。

? **问题**：在 Excel 中如何实现表格打印后每页纸上显示对应的标题？

第 1 步：选择"页面布局"选项卡→"页面设置"组→"打印标题"，弹出"页面设置"对话框。

第 2 步：选择"页面设置"对话框中的"工作表"选项卡，若在"打印标题"栏中设置"顶端标题行"为"＄1：＄1"，如图 3-55 所示，每页上将打印第一行中的内容，同理可设置左端标题列。

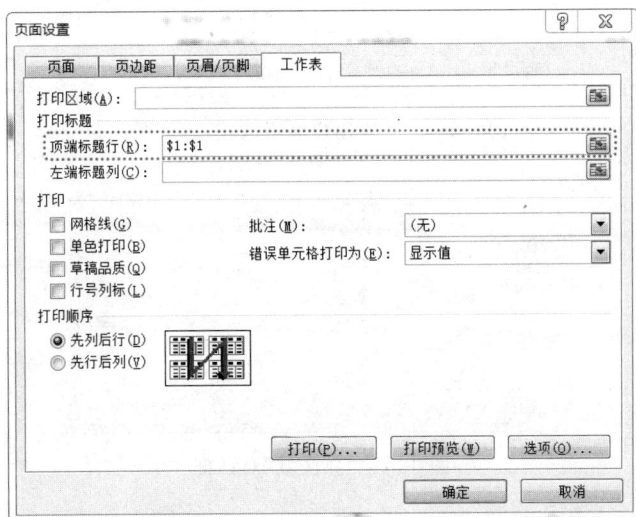

图 3-55　在 Excel 中打印标题

小窍门：进行数据分类汇总时，若对每组数据分页，默认不会让每组数据都有标题行，通过上述打印"顶端标题行"的设置，可以让每页的每组数据都打印标题行。

3.6.2 分页打印

在 Excel 中，同样可以设置分页打印，选择 A 列中的某一个单元格，选择"页面布局"选项卡→"页面设置"组→"分隔符"→"插入分页符"，就可以在该单元格以上插入一个分页符，对页面进行分页打印，同理可以删除分页符。

3.7 保护工作簿

在 Excel 中，同样可以设置对工作表、工作簿进行保护，选择"审阅"选项卡→"更改"组中的"保护工作表"/"保护工作簿"，可以设置相应的"密码"，对其进行保护。若选择工作表中的某一部分区域，然后选择"审阅"选项卡→"更改"组→"允许用户编辑区域"，将弹出"允许用户编辑区域"对话框，如图 3-56 所示。单击"新建"按钮，在"新区域"对话框中设置"区域密码"，如图 3-57 所示，单击"确定"按钮，再次确认密码，单击"确定"按钮。

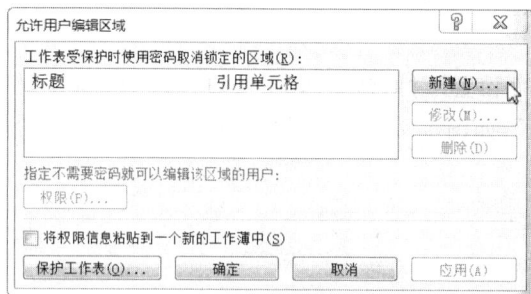

图 3-56 "允许用户编辑区域"对话框

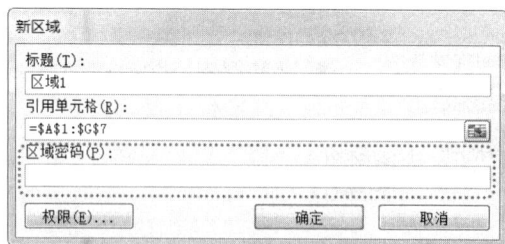

图 3-57 "新区域"对话框

最后，在"允许用户编辑区域"对话框中单击"保护工作表"，弹出"保护工作表"对话框，设置"取消工作表保护时使用的密码"即可。用户将只能通过区域密码对设定区域中的数据进行编辑，如图 3-58 所示。若对开始设定的允许用户编辑区域进行编辑，将出现

高效办公自动化实用技术

"取消锁定"区域对话框,要求输入"区域密码"才能编辑。对工作表中的其他区域则不能编辑。选择"审阅"选项卡→"更改"组→"撤销工作表保护",输入前面设置的"取消工作表保护时使用的密码",就可以取消工作表的保护。

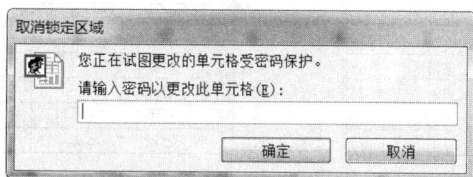

图 3-58 "取消锁定区域"对话框

3.8 本 章 小 结

本章内容从数据录入技术、条件格式、公式与函数、数据管理与分析、宏的录制、数据打印技巧、保护工作簿这几个方面讲解 Excel 2010 的高级应用功能。Excel 2010 并不只是做简单的求和、求平均数、求最大值等运算,很多烦琐的数据管理问题都能轻松完成,具有强大的数据运算、管理与分析功能。

进行数据录入时,可以利用填充柄、冻结窗格、下拉列表输入、添加提示信息等多种方式,让数据的采集效率以及准确度更高;利用条件格式可以让 Excel 自动根据设置的条件显示需要关注的信息;进行数据运算时,熟练掌握常见的重要函数(VLOOKUP、IF、SUMIF、COUNTIF、TEXT、LEFT、RIGHT 等)及其嵌套使用,能够大大提高数据的运算及处理效率。自定义排序、高级筛选、分类汇总、数据透视表都是对数据进行管理分析的重要实用技术。宏(Macro)是一种批量处理的称谓,MS Office 中的宏是可用来自动执行任务的一个或一组操作,它是用 VBA(Visual Basic for Applications)编程语言录制的。宏可以自动执行经常使用的任务,从而节省键击和鼠标操作的时间。

最后,本章还对 Excel 中的常见打印技巧(标题行重复和分页打印)、给工作簿加设密码和给工作表中的某些区域设置区域密码进行了介绍。

3.9 习 题

1. 什么是操作数?什么是运算符?
2. 单元格地址的引用方法有哪些?各自有什么特点?
3. 数据舍入函数 INT、TRUNC 和 ROUND 有什么区别?
4. 什么是"名称"?
5. 什么是数据透视表?它有什么特点?
6. 在"学生成绩表.xlsx"文件中,Sheet1 表为所有学生的汇总成绩,如图 3-59 所示,

Sheet2 表为抽调学生的姓名清单(该班学生无重名),如图 3-60 所示。

	A	B	C	D
1	学生成绩汇总表			
2	姓名	学号	英语	语文
3	马化	12006001	65	89
4	朱华	12006003	66	48
5	吕兰	12006004	67	51
6	李新	12006005	68	45
7	屈均	12006006	69	89
8	魏娜娜	12006007	70	86

图 3-59　Sheet1 中的学生成绩表

	A	B	C	D	E
1	抽调学生名单				
2	姓名	学号	英语	语文	平均成绩
3	朱华				
4	刘练				
5	代丹				
6	王臻				
7	张利				

图 3-60　Sheet2 中抽调学生的名单

(1) 请在 Sheet2 中使用"vlookup"查找与引用函数,从 Sheet1 中查找与引用被抽调学生的学号、英语成绩、语文成绩基本信息。

(2) 在 Sheet2 中计算每位学生的平均成绩,且在平均成绩一栏中运用 Excel 的"条件格式"功能,用红色底纹自动凸显平均成绩>70 分的学生。

7. 将图 3-61 所示"销售表.xlsx"中 Sheet1 内的数据(替换当前分类汇总的方式)进行分类汇总,快速统计出各类产品的销售数量以及利润总金额,并将汇总后的各类产品数量及利润总金额(只需要产品名、销售总数和利润总金额)移到 Sheet2 工作表中,效果如图 3-62 所示。最后利用"查找与替换"功能,在 Sheet2 表中快速删除所有类别名后的"汇总"两字。

	A	B	C	D	E
1	类别	销售数量	销售金额	成本金额	利润金额
2	相机	1	1440	1200	240
3	MP3	2	1680	1400	280
4	手机	0	0	0	0
5	手机	2	9120	7600	1520
6	MP3	1	1104	920	184
7	MP3	1	1680	1400	280
8	相机	2	3600	3000	600
9	MP4	0	0	0	0
10	MP4	0	0	0	0
11	MP4	3	2232	1860	372
12	MP3	0	0	0	0
13	储存卡	0	0	0	0
14	储存卡	0	0	0	0

图 3-61　销售表.xlsx 中 sheet1 中的数据

	A	B	C
1	类别	销售数量	利润金额
2	**MP3 汇总**	4	744
3	**MP4 汇总**	6	660
4	**储存卡 汇总**	8	160
5	**手机 汇总**	15	9740
6	**相机 汇总**	6	2000

图 3-62　移动到 Sheet2 中的分类汇总数据

8. 如图 3-63 所示,在学生考试成绩表中,要求对总成绩自动判断,有缺考理论或实验就显示"有缺考",否则就按照平时成绩占 20%、实验成绩占 20%、卷面成绩占 60%的比例计算总成绩。总成绩计算完成后,利用高级筛选功能筛选出理论或实验成绩中大于等于 90 分的学生名单。

2	学号	姓名	平时成绩	实验	理论	总成绩
3	2012150601	黄学圣	95.00	89.00	62.00	
4	2012150602	何东	85.00	95.00	85.00	
5	2012150603	周俊明	95.00	92.00	93.80	
6	2012150604	张光立	95.00	72.00	72.00	
7	2012150605	方海峰	95.00	80.00	56.00	
8	2012150606	李琦	90.00	60.00	44.00	
9	2012150607	张哈	95.00	75.00		

图 3-63　考试成绩表

9. 在如图 3-64 所示的员工工资表中,利用宏给每个员工工资信息加上标题,做成如图 3-65 所示的员工工资表效果。

	A	B	C	D	E	F	G	H
1	职工编号	姓名	性别	基本工资	奖金	出勤扣款	应扣保费	应发工资
2	001	张芳	女	2060	1200	10	53	3197
3	002	赵磊	男	1340	800	20	30	2090
4	003	曾明志	男	1400	0	0	30	1370
5	004	叶火勇	男	1080	580	0	30	1630
6	005	赵明	女	1680	800	10	30	2440
7	006	田成	女	1340	400	30	30	1680
8	007	吴军	男	1480	620	10	30	2060
9	008	张小玲	女	1400	0	10	30	1360

图 3-64   员工工资表

	A	B	C	D	E	F	G	H
1	职工编号	姓名	性别	基本工资	奖金	出勤扣款	应扣保费	应发工资
2	001	张芳	女	2060	1200	10	53	3197
3	职工编号	姓名	性别	基本工资	奖金	出勤扣款	应扣保费	应发工资
4	002	赵磊	男	1340	800	20	30	2090
5	职工编号	姓名	性别	基本工资	奖金	出勤扣款	应扣保费	应发工资
6	003	曾明志	男	1400	0	0	30	1370
7	职工编号	姓名	性别	基本工资	奖金	出勤扣款	应扣保费	应发工资
8	004	叶火勇	男	1080	580	0	30	1630
9	职工编号	姓名	性别	基本工资	奖金	出勤扣款	应扣保费	应发工资
10	005	赵明	女	1680	800	10	30	2440

图 3-65   员工工资表加标题后的效果

第 **4** 章 PowerPoint 2010 高级应用

本章要求

- 掌握演示文稿制作的设计原则。
- 熟练掌握进入、强调、退出、动作路径这几类动画的作用。
- 熟练掌握演示文稿中图片处理(相册、图片、图形和 SmartArt)的相关技术。
- 熟练掌握动态图表的制作、触发器的使用、动作路径的添加。
- 了解典型动画效果的制作方法。
- 理解母版、主题与模板的概念。
- 会修改、设计母版和使用特定主题与模板。
- 理解放映设置的原理。
- 会录制幻灯片演示和使用排练计时。
- 了解演示文稿的打包。
- 会将演示文稿打印成讲义。

4.1 设 计 原 则

PowerPoint 是形象、可视、生动的演示工具,主要用途是制作辅助演讲的演示文稿。虽然做出一个 PPT 很容易,但是做出一个成功的 PPT 不是件容易的事情。如果设计的 PPT 杂乱无章、文本过多、不美观,就不能组成一个吸引人的演示文稿来传递信息。

针对制作演讲用的 PPT(如培训教学、项目报告、方案报告等),要让观众很容易地理解需要表达的思路,就需要花费一些精力,设计时需要遵循以下原则。

1. 整体性原则

每个 PPT 都应有自己的风格,从第一页到最后一页应保持统一,就好像一本书,总体保持着统一的风格。整体性原则经常用重复来实现,设计中的某些方面在整个作品中重复,可以使作品具有整体性。

每张幻灯片背景的整体风格应保持统一。在某一页或某个 PPT 中,相同层次的内容使用相同的格式,会让观众很清楚各内容间的层次关系。与演讲内容相关的幻灯片动画不要太杂太多,但封面、封底这两张幻灯片的动画形式可以更加丰富。根据演示文稿的需要可以使用声音,若是举办娱乐聚会或制作视频文件,还可以根据需要使用声音充当背景音乐等,但在演讲用的 PPT 中,声音的添加一定要慎重,因为演讲用的 PPT 是辅助演讲,而不能喧宾夺主,使听众没有关注演讲,而关注声音动画等。

2. 结构化原则

PPT 的内容要怎么安排呢? 这就是结构问题。制作 PPT 时一定要有清晰的逻辑,然后按照这种逻辑生成 PPT 的框架和结构。PPT 的结构逻辑要清晰、简明,常用“并列”、“递进”两类逻辑关系;使用不同层次的标题标明 PPT 的逻辑关系,但最好不要超过3 层;对于顺序播放的 PPT,每部分内容幻灯片之间最好插入目录幻灯片,这样一个部分内容讲完后,听众能回顾讲解的整体框架结构以及下面需要讲解的内容,始终从整体掌握演讲者的讲解要点,不至于陷入结构不清的状态。

3. 主题突出原则

设计幻灯片时,每份 PPT 的主题都要突出,不能过于零散;每张幻灯片都要有鲜明的观点。PPT 演示的目的在于传达信息,一张幻灯片通常只讲一个重点,不要试图在某张幻灯片中面面俱到。模板的选择、色彩的运用、素材的组织等都应该围绕主题展开,不要插入与文稿无关联的插图。

4. KISS 设计原则

KISS (Keep It Simple and Stupid)设计原则,而简单就是美。PPT 设计保持简单版式布局,“简明”是风格的第一原则。

PPT 切忌文字过多,去繁取简,去粗取精,去乱取顺。对于原因性文字“因为”、“由于”等词语,一般都删除,只保留结果性文字。对于解释性、铺垫性文字,往往由演讲者口头表达即可,不必占用 PPT 篇幅。

另外,PPT 中的字体变化不要过多;色彩搭配不要过艳过杂;PPT 的主体颜色一般不超过 3 种;动画效果不要过乱。

5. 整齐美观原则

整齐是指任何元素都不能在页面上随意安放,每一项都应该与页面上某个内容存在某种视觉联系。而 PPT 作为一种演示文稿,除了基本的整体效果外,还要关注美观度,不应只是单纯的文字展示,尽量用图、表、图表来表达想要传达的信息。

6. 灵活创意原则

一份 PPT 的制作过程,其实更像一种艺术创作过程,是灵活多变的。在达到一定的熟练程度后,可以利用 PowerPoint 设计出很多创意效果。

4.2 图片处理

4.2.1 插入相册

在 PowerPoint 中，选择"插入"选项卡中的"图像"组，除了可以插入图片、剪贴画、屏幕截图，还可以插入"相册"。单击"相册"选项卡，弹出如图 4-1 所示的"相册"对话框。单击"文件/磁盘"按钮，选择需要的图片(此处选择了 4 张图片)，单击"相册中的图片"列表框中的图片文件名，可以预览各张图片。如果对图片显示效果不满意，可单击预览图下面的按钮，对图片的方向、对比度和亮度等作适当调整。

图 4-1 "相册"对话框

在"图片版式"栏可以选择一张幻灯片上显示几张图片；在"相框形状"栏可以选择图片相框的形状；在"图片选项"下勾选"标题在所有图片下面"，相册中每张图片下将出现如图 4-2 所示的可以输入图片描述性文字的文本框。

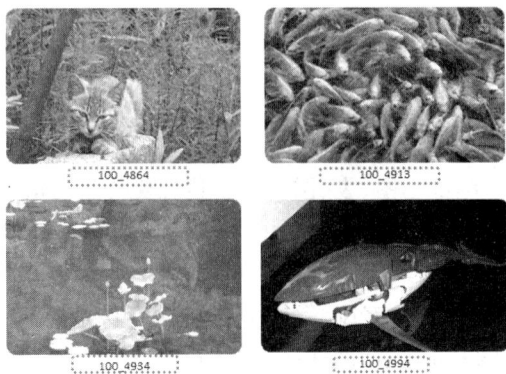

图 4-2 相册显示效果

高效办公自动化实用技术

4.2.2 图片编辑

1. 调整形状

选择"插入"选项卡→"插图"组→"形状",可选择需要绘制的形状。有的形状,如圆、矩形、五角星等,选择后再按住 Shift 键,拖动鼠标,可以画出正圆、正方形和正五角星。

有的形状被选中后,出现线形边框及 8 个控点,上方会出现一个绿色的圆点,将鼠标移至绿色的圆点,会变成" 🔁 "的形状,此时拖动鼠标,可以旋转图片。许多自选图形都带有黄色菱形控点,调整该控点可以改变图形形状,如图 4-3 所示,可以得到新的图形。

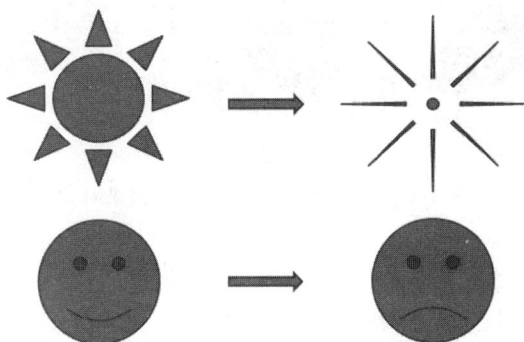

图 4-3　调整黄色菱形控点改变形状

绘制多个图形后,常需要按照某种方式对齐多个图形。采用拖动图形的方式往往难以精确对齐,可以选中需要对齐的多个图形,选择"绘图工具"→"格式"→"排列"组→"对齐"下的相关选项,快速准确地完成对齐要求。

⚠ **提示**:与在 Word 中插入形状类似,在 PowerPoint 中同样能对图形进行组合、移动图形的层次,比如"置于底层"。

2. 使用现有格式样式

选择"插入"选项卡→"图像"组,插入一张图片后,还可以利用 PowerPoint 中许多现有的格式处理图片,选择"图片工具"→"格式"→"调整"组→"更正",可以对"锐化和柔化"、"亮度和对比度"等属性进行设置;在"颜色"下对"饱和度"、"色调"等属性进行设置;在"艺术效果"下对"铅笔素描"、"线条图"、"纹理化"等属性进行设置。

选择"图片工具"→"格式"→"图片样式"组→"选择图片的总体外观样式",如图 4-4 所示,可以选择需要的样式。

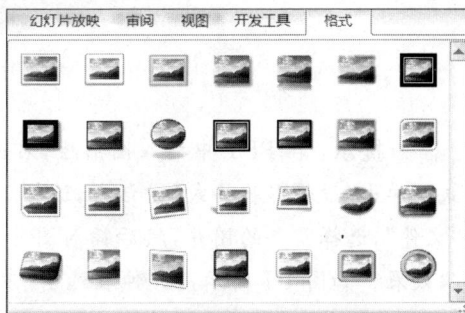

图 4-4　选择图片的总体外观样式

3. 删除背景

在 PowerPoint 中选择"插入"选项卡→"图像"组,可以选择需要的图片,将其插入幻灯片中。若有的图片带有某种颜色背景,如图 4-5(a)所示,该图片带有白色背景,选择该图片后,选择"图片工具"→"格式"→"调整"→"删除背景",拖动选中框,如图 4-5(b)所示,可以进行粗略背景消除。选择"背景消除"选项卡,还可以利用"标记要删除(保留)的区域"修改细小的地方,选择"保留更改"按钮,效果如图 4-5(c)所示,去除了图片背景。如果图片细节太多,PowerPoint 自带的图片处理工具处理效果不理想,就需要借助其他图片处理软件处理。

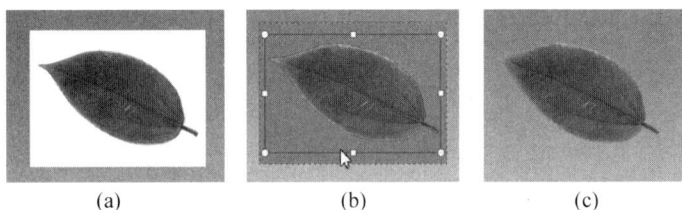

| (a) | (b) | (c) |

图 4-5　去除图片白色背景前后效果对比

⚠ **提示**：对于背景是纯色的图片,也可以尝试选择"图片工具"→"格式"→"调整"组→"颜色"→"设置透明色"来删除背景。

4. 裁剪为形状

在 PowerPoint 中插入一张图像,还可以将其裁剪为其他形状。选中该图片,选择"图片工具"选项卡→"格式"选项卡→"大小"组,单击"裁剪"下拉箭头,选择"裁剪为形状",选择需要的形状,如心形、椭圆形等,显示效果如图 4-6 所示。

图 4-6　将图片裁剪为需要的形状

⚠ **提示**：在 PPT 中插入图形后,右击该图形,在弹出的快捷菜单中选择"设置形状格式",弹出"设置形状格式"对话框,选择"填充"→"图片或纹理填充",在"插入自"栏中单击"文件",选择需要的图片,然后插入图片,关闭对话框。同样可以将图片裁剪成需要的形状效果。如图 4-7 所示,在"伸展选项"中还可以设置上下左右的偏移量。

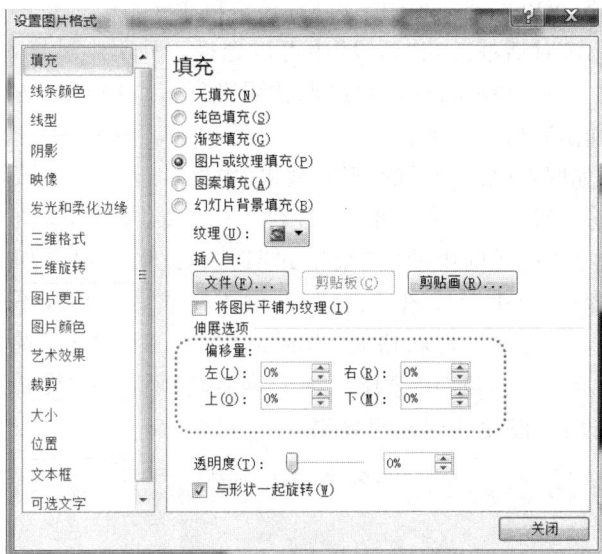

图 4-7　"设置图片格式"对话框

5. 形状效果设置

在 PowerPoint 中插入图片后,还可以对形状/图片效果进行设置。例如,选择"插入"选项卡→"插图"组→"形状",可以插入一个形状。此处选择如图 4-8 所示的"新月形",单击该形状,在"绘图工具"→"格式"→"形状样式"组→"形状效果"下可以设置如图 4-9(a)所示的"预设"、"阴影"、"映像"、"发光"等效果。

(a)　　　　　　　　　　　　(b)

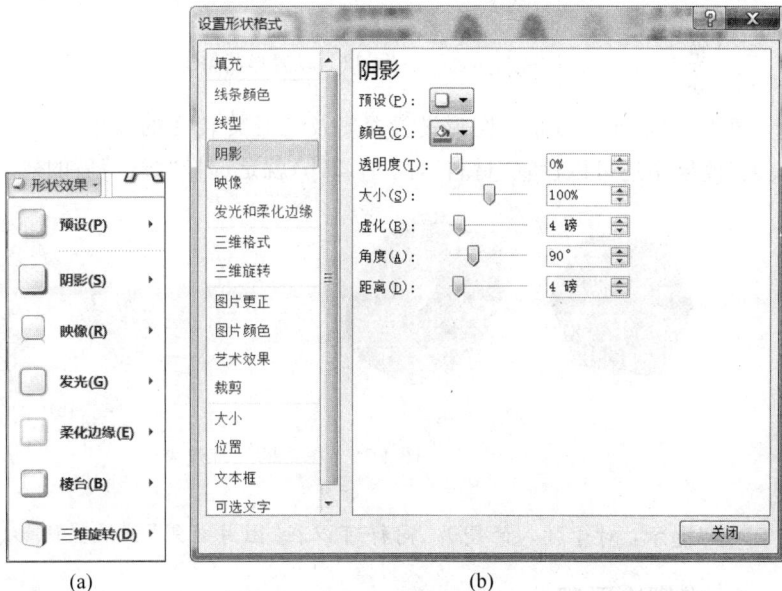

图 4-8　新月形　　　　　　　图 4-9　形状效果设置

单击"阴影"选项，可以选择一种阴影风格，还可以单击"阴影选择"，弹出如图 4-9(b) 所示的"设置形状格式"对话框。在"预设"中可以选择一种阴影风格，在"颜色"、"透明度""大小"等栏目中还可以调整阴影。图 4-10 所示为对"新月形"图形添加阴影后的效果。

插入形状后，在如图 4-9(a)所示的"形状效果"中可以选择一种"棱台"效果，直接将图形变得更加立体。单击"棱台"→"三维选项"，将直接显示"设置形状格式"对话框中的"三维格式"选项，此时可以在如图 4-11(a)所示的"深度"栏中设置图形的深度，设置完成后暂时看不见图形的深度，接着单击"设置形状格式"对话框中的"三维旋转"选项，如图 4-11(b)所示，在"预设"中选择一种三维旋转风格，在"旋转"栏中还可以对图形旋转的角度进行设置，以便达到理想效果。

图 4-10　阴影效果

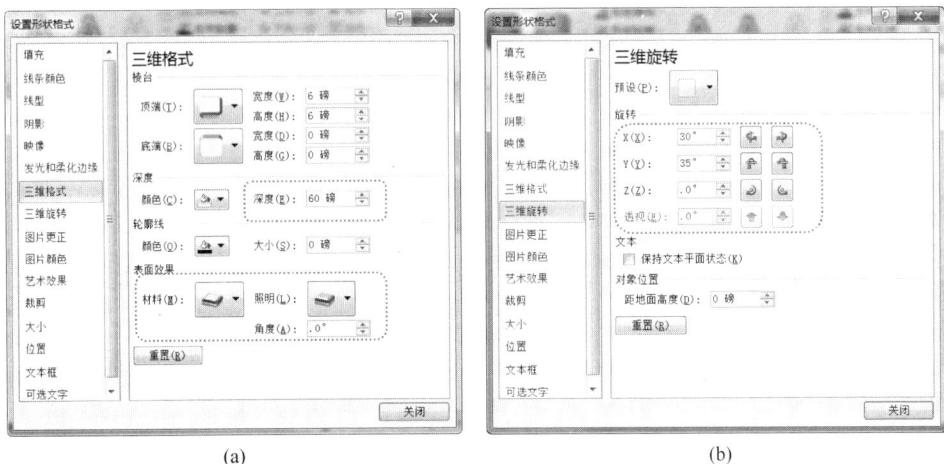

(a)

(b)

图 4-11　设置形状格式

图 4-12(a)所示就是为图形设置深度及三维旋转后的效果。在"三维格式"选项下的"表面"效果中还可以设置"材料"，图 4-12(b)就是选择"线框"后的效果。

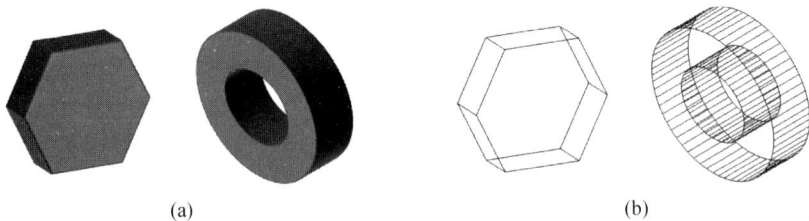

(a)

(b)

图 4-12　图形的三维效果

⚠ 提示：对于插入的图片，同样可以在"图片效果"下设置阴影、三维等效果。

6．模糊次要部分

如果不使用其他图片处理软件，PowerPoint 也可以借助半透明蒙版实现模糊次要部分的效果。如图 4-13(a)所示，在 4 个企鹅中，想要突出介绍左起第 3 只，则为其余部分增加矩形，右击矩形，在弹出的快捷菜单中选择"设置形状格式"，弹出"设置形状格式"对话框，在"填充"选项中设置填充颜色为白色（与背景颜色相同），并设置透明度为 30％。在"线条颜色"选项中设置无线条颜色，就实现了模糊其余部分的效果，如图 4-13(b)所示。

(a)   (b)

图 4-13   模糊图片次要部分的效果

提示：若待模糊区域不太规则，还可以尝试利用"删除背景"和"标记要保留的区域"配合，删除不需要的部分。如图 4-14(a)所示，只留下一只要强调的"小狗"。然后再插入第二张相同的图片，如图 4-14(b)所示，并将第二张图片"设置图片格式"进行"柔化"，再将其"置于底层"，把两张图片拼合重叠在一起，达到最终效果，如图 4-14(c)所示。

(a)

(b)   (c)

图 4-14   模糊不规则区域效果

4.2.3 SmartArt 图形

SmartArt 图形是信息和观点的视觉表示形式。根据需要,可以创建不同布局的 SmartArt 图形,从而快速、轻松、有效地传达信息。SmartArt 在 PPT 中的使用非常频繁。选择"插入"选项卡→"插图"组→SmartArt 命令,弹出如图 4-15 所示的"选择 SmartArt 图形"对话框,其中包括列表、流程、循环、层次结构等各种布局的 SmartArt 图形,根据需要选择即可。

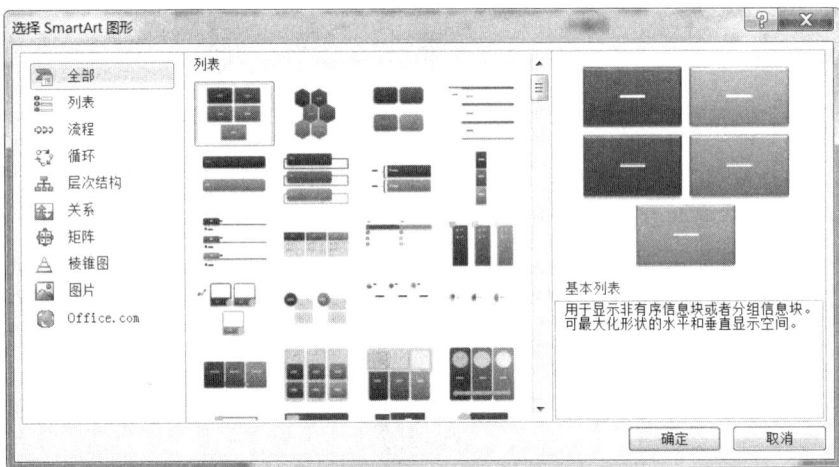

图 4-15 "选择 SmartArt 图形"对话框

创建 SmartArt 图形后,可以在现有的图形中添加或删除形状,还可以选择"SmartArt 工具"→"设计"/"格式",使用其中的布局样式来更改 SmartArt 图形的布局。此外,文本与 SmartArt 图形间还可以相互转换。图 4-16 就是利用 SmartArt 自动生成的相应图形,可以更加直观地展示信息。SmartArt 也能很轻松地生成类似"机构组成结构"的图,图形会根据需要机构的数量自动调整整个图形的内部图形比例和间距,增加或删除一个机构名称很方便。

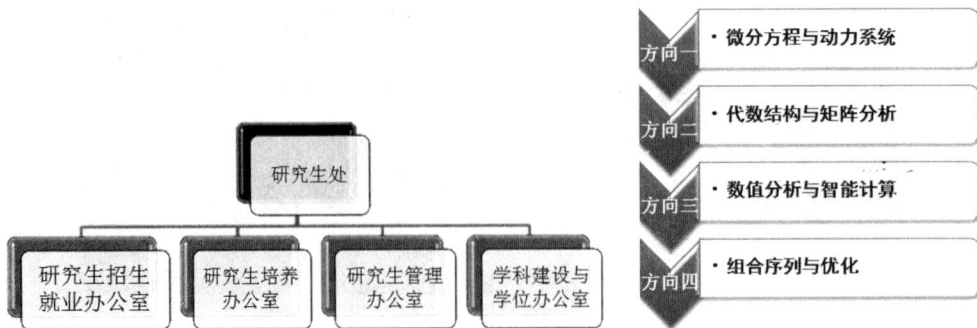

图 4-16 利用 SmartArt 直观展示信息效果

4.3 动 画 设 计

"动画"在幻灯片中起着至关重要的作用,它能清晰地表达事物关系,配合演讲,增强表现力。演示文稿中的动画包含进入、强调、退出和动作路径4种效果。其中"进入"是指对象的出现方式,表现的是从无到有的过程;"强调"就是播放状态下对象本来就存在,在放映过程中引起观众注意的一类动画;"退出"是指对象的消失方式,是实现从有到无的过程;"路径"指对象沿着指定路线发生位置移动。

动画的开始方式包括单击时、与上一动画同时和上一动画之后。其中"单击时"表示动画要等候单击;"与上一动画同时"表示可以和前一个动画同时放映;"上一动画之后"则是接着前一个动画结束后开始。

4.3.1 动态图表

如图 4-17 所示,在幻灯片中插入图表后,可以给图表添加相应的动画,但默认状态是将整张图表"作为一个对象"添加动画。

? 问题:在 PowerPoint 中,如何让"柱形"图表按照不同系列依次自动出现?

第 1 步:单击插入的"柱形图表",选择"动画"选项卡→"动画"组→"进入",选择一种动画形式,此处选择"擦除"。选择"动画"选项卡→"动画"组→"效果选项",在其中还可以选择动画出现的方向,此处选择"自左侧"。

第 2 步:选择"动画"选项卡→"高级动画"组→"动画窗格",调出"动画窗格"。

第 3 步:在"动画窗格"中右击刚才添加的动画,选择"效果选择",在弹出的对话框中单击"图表动画"选项卡,如图 4-18 所示,在"组合图表"栏中选择"按系列"(还可以根据需要选择"按分类"、"按系列中的元素"或"按分类中的元素"),单击"确定"按钮。

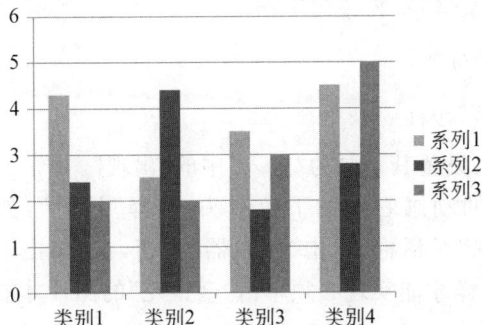

图 4-17　插入"柱形"图表

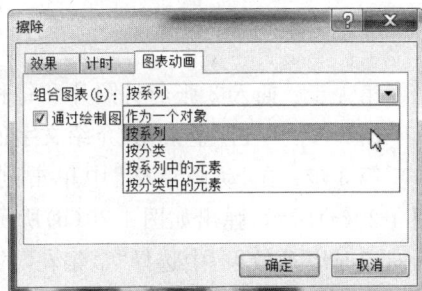

图 4-18　设置图表动画

第 4 步:在"动画窗格"中按 Ctrl＋A 组合键,选择所有动画,选择"动画"选项卡→"计时"组,在"开始"栏中选择"上一动画之后"。

提示：选择"动画"选项卡→"计时"组→"持续时间"，控制动画的快慢。同理，也可以对折线图或饼图设置此类动画效果，但饼图中只能实现"按分类"依次出现的效果。

4.3.2 触发器的使用

PowerPoint 的动画效果中自带的触发器功能能在 PPT 中实现交互，给演示文稿的制作带来了很多方便，也让 PPT 演示文稿增添了许多亮点。什么是触发器？PowerPoint 触发器仅仅是 PowerPoint 中的一项功能，它可以是一个图片、图形、按钮，甚至是一个段落或文本框，单击触发器时会触发一个操作，该操作可能是声音、电影或动画。

默认 PowerPoint 动画的开始方式为"单击时"、"与上一动画同时"和"上一动画之后"。这里的"单击时"是在页面空白处单击鼠标执行动画，当页面所有的动画执行完毕后，再次单击进入下一页，也就是要观看下一页的内容，一般应在当前页所有动画放映完之后。但是，在一些特殊情况下，比如培训或销售的 PPT 演示，需要根据时间和现场情况决定是否要演示一些动画，就可以使用 PowerPoint 触发器来实现。

问题：在如图 4-19 所示的幻灯片中，如何实现单击页面中的某个药材图片，就出现对应药材的介绍文字，再次单击药材图片，其介绍文字就消失的效果？

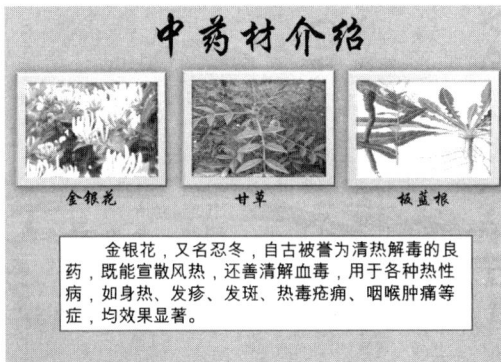

图 4-19 中药材介绍

第 1 步：插入 3 张药材图片和每种药材的介绍性文字。

第 2 步：单击"金银花"介绍文字的文本框，设置其动画为"进入"中的"出现"。

第 3 步：在"动画窗格"中单击刚才添加的动画右侧的下拉箭头，选择"计时"，如图 4-20(a)所示，弹出如图 4-20(b)所示的"出现"对话框，单击"触发器"按钮，在"单击下列对象时启动效果"中选择"金银花"的图片，这样才能实现必须单击"金银花"的图片才能触发"金银花介绍文字"的"出现"动画的播放。

第 4 步：在图 4-20 所示的"出现"对话框中单击"效果"选项卡，在"动画播放后"栏中选择"下次单击后隐藏"，单击"确定"按钮。

第 5 步：使用相同方法为另外两个药材介绍设置触发器效果。

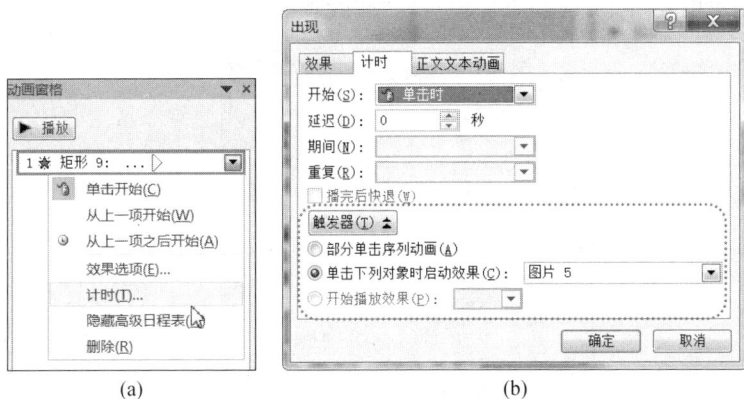

图 4-20　设置触发器

提示：若没有单击相应的图片，将不会出现"介绍文字"，若在空白处单击，是默认切换到下一张幻灯片。若在幻灯片中插入一个 MP3 音频文件和 3 个按钮的图形，如图 4-21 所示，同样可以给声音分别添加"播放"、"暂停"和"停止"3 个动画，然后利用"触发器"分别设置这 3 个动画，要单击相应的按钮才能开始。

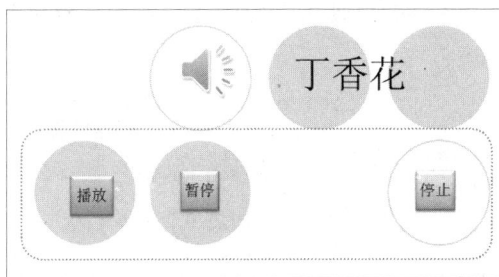

图 4-21　利用"触发器"控制声音播放

4.3.3　动作路径

路径动画就是指一个对象从一处移动至另外一处的动画。如图 4-22 所示，上方三角形为起始点，下方三角形为终点。选中某个对象，选择"动画"选项卡"动画"组，单击动画列表右侧的"其他"按钮，在"动作路径"栏中选择需要的路径。

提示：选择"动画"选项卡→"动画"组，单击动画列表右侧的"其他"按钮，在列表中还可以单击"其他动作路径"，弹出如图 4-23 所示的"更改动作路径"对话框，这里有丰富的动作路径可以选择。

右击动作路径，在弹出的快捷菜单中可以选择"反转路径方向"，改变路径的起始点；若在快捷菜单中选择"关闭路径"，路径将如图 4-24 所示闭合，若在快捷菜单中选择"编辑顶点"，将在路径上显示对应的顶点，效果如图 4-25 所示，然后右击该路径相应的区域，在弹出的快捷菜单中还可以进行"添加顶点"、"删除顶点"等操作。

图 4-22　动作路径　　　图 4-23　"更改动作路径"对话框　　　图 4-25　编辑路径顶点

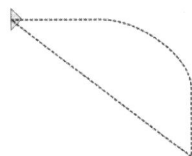

图 4-24　关闭路径

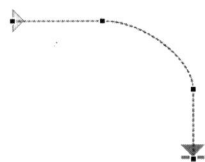

问题：如图 4-26 所示,如何设置平行四边形变矩形的动画效果?

图 4-26　平行四边形变矩形

　　第 1 步：选择"插入"选项卡→"插图"组→"形状",选择 1 个矩形和 2 个三角形,设置这 3 个图形为相同的颜色,并将"形状轮廓"设置为"无轮廓",组成一个平行四边形。

　　第 2 步：单击右侧的"三角形",为其添加一个与想要的效果最接近的路径,此处选择"正方形"。

　　第 3 步：右击路径,在弹出的快捷菜单中选择"编辑顶点",右击左侧线段,删除该线段,按住鼠标左键拖动,延长路径下面的横线,在路径下面的横线左侧添加另一个顶点,向上拖动左侧小段路径至合适的位置,过程如图 4-27(a)、(b)、(c)所示。

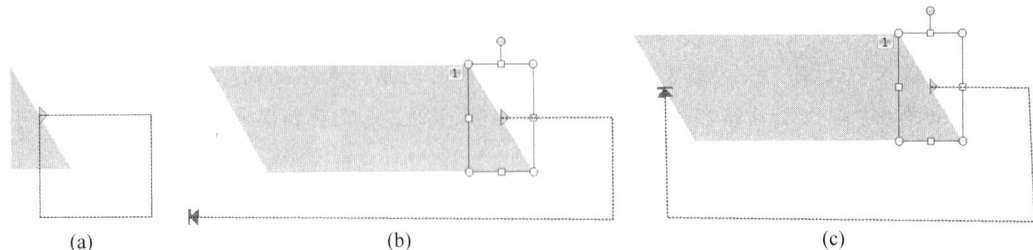

(a)　　　　　　　　　(b)　　　　　　　　　(c)

图 4-27　调整动作路径

　　　　　　　高效办公自动化实用技术

第 4 步：按 Shift＋F5 组合键，放映当前幻灯片，可以看到平行四边形变矩形的整个过程。

⚠️ **提示**：为对象设置动作路径时，尽量选择一个与想要的效果最接近的路径，然后可以进行"反转路径"、"添加/删除顶点"、"延长/缩短路径"等操作，对路径进行修改，直到获得最终效果。实在没有合适的路径，还可以选择"自定义路径"。

选择"动画"选项卡→"高级动画"组→"动画窗格"，弹出"动画窗格"对话框，如图 4-28(a)所示。右击已经添加的动作路径，选择"效果"选项，弹出如图 4-28(b)所示的对话框。在路径栏中可以设置"解除锁定"/"锁定"。当"锁定"时，移动对象时路径的终点是不变的，"解除锁定"是指路径的起终点与对象一起移动，相对位置不变。

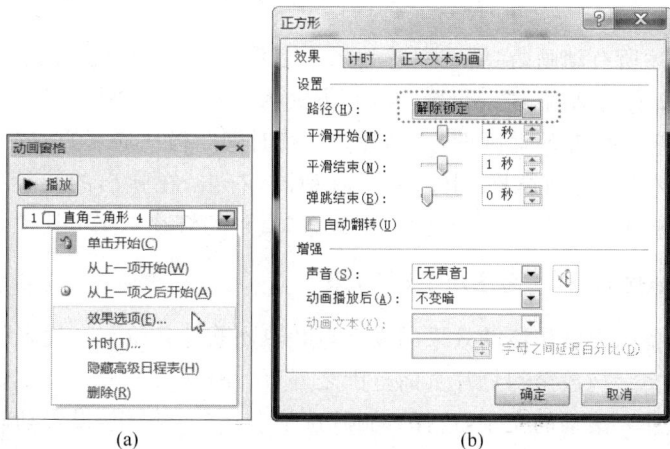

(a)　　　　　　　　　　(b)

图 4-28　"动画窗格"和"正方形"对话框

"平滑开始"表示运动速度从 0 逐渐加速的时间，如果设置为 0s，即对象一开始就有速度，没有加速时间；"平滑结束"与"平滑开始"类似，是运动结束的减速时间；关于"弹跳结束"栏，若要设置一个球垂直落地，然后弹跳几下才会停止的效果，就可以用这个选项。若勾选"自动翻转"，对象会按原动画的反方向又运动回去，时间与原来一样。

❓ **问题**：如何制作雪花飘落效果？

第 1 步：在演示文稿中设置好背景，并插入多张雪花图片（也可以通过复制粘贴的方式准备许多雪花图片，并调整雪花大小，以丰富雪花的大小形式），如图 4-29(a)所示。

第 2 步：按 Ctrl＋A 组合键，选择所有雪花图片，选择"动画"选项卡→"动画"组，选择"强调"中的"陀螺旋"效果，以便放映时产生雪花旋转的效果。

第 3 步：按 Ctrl 键，同时选择部分雪花图片，选择"动画"选项卡→"高级动画"组→"添加动画"，选择"进入"里面的"旋转"效果，以便让雪花的飘落动画更加丰富。

第 4 步：选择雪花图片，选择"动画"选项卡→"高级动画"组，单击"添加动画"，选择"动作路径"下的"自定义路径"，绘制出雪花的飘落路径。用同样的方法给所有的雪花添加丰富的动作路径，注意动作路径要画出幻灯片边界外，才有雪花飘落出去的效果，如图 4-29(b)所示。

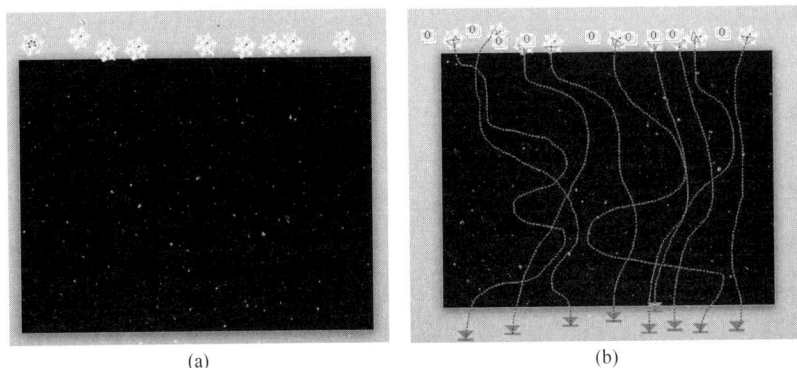

(a)　　　　　　　　　　　　　　(b)

图 4-29　给雪花添加动作路径

第 5 步：上述所有动画，在雪花飘落效果中是没有先后播放次序的，所以在右侧"动画窗格"中选中所有的动画，统一设置"开始"方式为"与上一动画同时"。

第 6 步：给各个雪花的动画设置不同的"持续时间"，模拟逼真的雪花飘落效果。

第 7 步：在右侧"动画窗格"中选中所有动画，右击，在弹出的快捷菜单中选择"计时"，弹出"效果选项"对话框，在"重复"栏中设置"直到幻灯片末尾"，让动画连续播放。

问题：如何制作"横向滚动字幕"效果？

第 1 步：准备好要制作滚动效果的文字，如"热烈欢迎各位与会代表"。

第 2 步：将文字拖放至幻灯片页面范围之外。

第 3 步：选择要滚动的文字，选择"动画"选项卡→"动画"组，设置动画为"动作路径"中的"向左"横线。

第 4 步：按住 Shift 键，绘制直线动作路径至幻灯片页面以外（文字能移动出去的位置），效果如图 4-30 所示。

图 4-30　制作横向滚动字幕效果

4.3.4　典型动画效果

虽然 PowerPoint 不是专业的动画制作软件，但依然可以做出许多精彩的动画。以下将就 PowerPoint 中的典型动画效果作一介绍。

1. 卷轴动画

制作思路：给中间的两个轴添加"路径"为"向左/右"的横线；给中间的画面添加"进入"中的"劈裂"动画，并在"效果选项"中设置方向为"中央向左右展开"，效果如图 4-31 所示；设置 3 个动画同时开始播放，并设置相同的"持续时间"即可。还可以继续优化这个动画，比如用多个光线不同的画轴图片，配合"擦除"、"路径"等动画，将画轴滚动的效果做得更美。

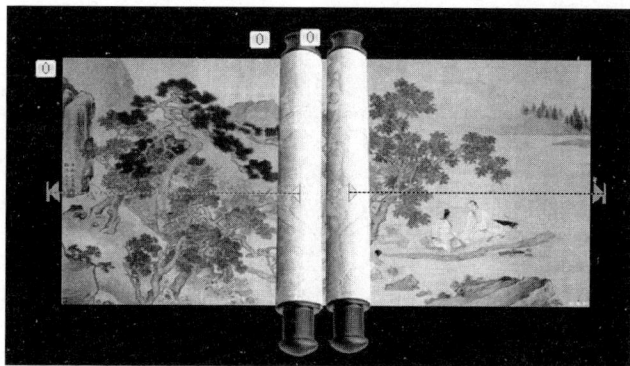

图 4-31 卷轴动画

2. 手机屏幕切换图片

制作思路：将手机图片和其他几张切换图片插入到幻灯片中，调整图片大小，使之刚好能覆盖手机的显示屏幕；设置第一张出现的图片的动画为"进入"中的"形状"，在"效果选项"中设置"形状"的方向为"缩小"，形状为"圆"；再给第一张出现的图片添加"退出"中的"切出"动画，方向为"到左侧"；给第二张切换的图片设置动画为"进入"中的"切入"，开始方式为"与上一动画同时"（第一张图片"切出"的同时，第二张图片"切入"），方向为"自右侧"；再给第二张切换的图片添加"退出"中的"切出"动画，方向为"到左侧"。同理，设置另外的图片动画，设置完成后，在"动画窗格"中选择所有的动画，统一设置它们的"持续时间"相同；最后，将这几张要切换的图片重叠起来，放置在手机图片的显示屏上，如图 4-32 所示。

图 4-32 触摸屏切换图片动画

3．旋转的秒针

制作思路：绘制代表秒针的箭头和圆形，让箭头末尾刚好在圆形的正中，取消圆形的边框，将其颜色设置为透明色。"组合"箭头和圆形，设置组合后的图形动画为"强调"中的"陀螺旋"，将"陀螺旋"动画的"持续时间"设置为 60s，并设置动画重复播放"直到幻灯片末尾"。如图 4-33 所示，插入一个钟面，将组合的图形和钟面进行重叠放置即可。

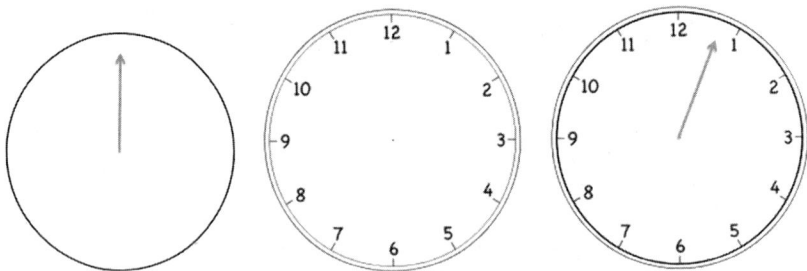

图 4-33　旋转的"秒针"

同理，可以添加时针和分针转动的效果。但时针和分针的"持续时间"较长，在 PowerPoint 2010 中，可以先添加"陀螺旋"动画，然后在如图 4-34 所示的"动画窗格"下面的"高级日程表"中"缩小"时间间隔的单位（方便后面拖动 1 小时及以上的时间）。在动画窗格中，将鼠标移至"动画"的黄色线段末端，如图 4-35 所示，确保鼠标变成中间有两竖的双箭头，按住左键拖动，后面再"放大"进行细调。

"陀螺旋"可以实现图形的旋转效果，但默认是围绕图形中心点旋转，所以此例利用了另外一个图形"圆"与箭头进行组合，使箭头的末端刚好是组合图形的中心点，使用"陀螺旋"动画，就会形成秒针走动的效果。如图 4-36 所示，打开"陀螺旋"动画的"效果"选项卡，在"数量"栏还可设置旋转的方向及度数等。

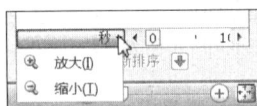

图 4-34　高级日程表

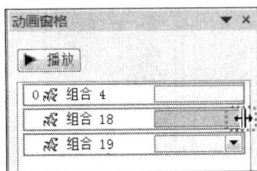

图 4-35　拖动设置动画"持续时间"

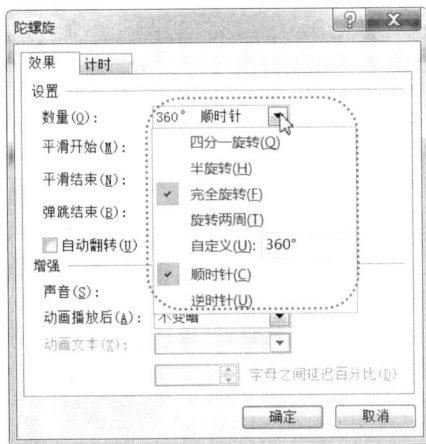

图 4-36　"陀螺旋"效果选项卡

4. 胶片滚动效果

制作思路：插入胶片框架图片，以及需要滚动出现的几张图片（此处准备了 3 张），设置图片大小刚好布满整个胶片，对图片进行组合，添加"向左"动作路径，延长动作路径超出幻灯片页面之外，超出页面之外的距离是整个路径长度的 1/2；对组合的图片进行直接复制与粘贴，移动副本至已有组合图片之后，调整好间距，如图 4-37 所示；最后设置 2 个路径的"持续时间"相同，并设置 2 个动作路径的动画"重复"为"直到幻灯片末尾"，设置路径"平滑开始"、"平滑结束"均为 0。

图 4-37　胶片滚动效果

5. 一笔一画书写汉字

制作思路：在 Word 2010 中新建一个文件，将文件另存为后缀名为 . doc（Word 97-2003 文档）的文件，打开该文件，输入需要在 PPT 中一笔一画显示的汉字，设置该汉字的字体为"楷体_GB2312"，字号设置大点，此处设为"60"，然后选择汉字，如图 4-38 所示，在"字体"对话框的"效果"中勾选"空心"。

提示：若系统中没有"楷体_GB2312"，可到网上下载该字体，如图 4-39 所示，并复制粘贴到操作系统的"Fonts"文件夹中。

图 4-38　"字体"对话框

楷体_GB2312.ttf

图 4-39　"楷体_GB2312"字体

在 Word 中复制该汉字,到 PPT 中选择"开始"选项卡→"剪贴板"组→"粘贴"下拉箭头→"选择性粘贴",弹出"选择性粘贴"对话框,选择"图片(Windows 元文件)",单击"确定"按钮。

调整图片到需要的大小,然后右击该图片,选择"取消组合",再次右击该图片,选择"取消组合",如图 4-40(a)所示,该汉字中的笔画就被拆分开来。选中所有的笔画,进行复制/粘贴,将出现这个汉字所有笔画的副本,将副本设置为其他颜色,此处设置为"红色",如图 4-40(b)所示,给副本的所有笔画添加动画为"擦除",并设置好每个笔画的动画方向,设置好笔画的动画播放顺序,最后将副本覆盖到原有笔画的框架上即可,如图 4-40(c)所示。

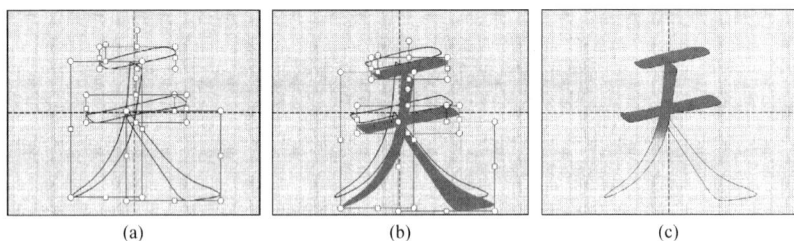

图 4-40　一笔一画书写汉字动画效果

6. 进度条

制作思路:绘制一个绿色的小矩形,去掉边框颜色;通过复制粘贴的方式生成 n 个小矩形;然后全选所有小矩形,选择"绘图工具"→"格式"→"排列"→"对齐",设置所有小矩形对齐并"横向分布",给所有小矩形统一添加"进入"中的"出现"动画,设置所有矩形的动画开始方式为"上一动画之后";然后绘制一个长矩形,将小矩形放置在其上面,并添加"loading……"文字,效果如图 4-41 所示。

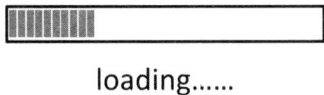

图 4-41　"进度条"动画

⚠ **提示**:为了创造出以往无法实现的动画效果,当前也有不少人安装了"PPT 动画大师"。其本质上是一个动画属性编辑工具,让不懂 VBA 的人能轻易跨越 PPT 动画的局限,极大丰富了 PPT 动画的呈现形式和效果。

4.4　主题、母版与模板

大多数演示文稿都是由多张幻灯片组成的,所以需要采用一种方法使幻灯片具有一致性。有时不仅需要每张幻灯片具有相同的背景、字体和文本位置,还需要用一种方法保证以后对这些设置所做的改动会自动应用于所有幻灯片。

为了实现这些目标,PowerPoint 提供了版式、主题和母版。选择"开始"选项卡→"幻灯片"组→"版式",可以选择需要的"版式",以确定占位符位置;选择"设计"选项卡→"主题"组,可以利用"主题"指定颜色、字体和背景选项;选择"视图"选项卡→"母版视图"组,可以利用"母版"将主题设置传递到幻灯片,并可以在每张幻灯片中重复使用某些内容(比如徽标)。

4.4.1　主题

主题是一组设计设置,若要使演示文稿具有设计器质量的外观(该外观包括一个或多个与颜色、匹配背景、字体和效果协调的幻灯片版式),将需要应用一个主题。主题还可以应用于幻灯片中的表格、SmartArt 图形、形状或图表。

PowerPoint 2010 有一些内置主题,如图 4-42 所示,可供直接使用。在"设计"→"主题"组中,除了可以选择需要的主题风格,还可以通过"颜色"、"字体"、"效果"修改主题的颜色、字体和效果。

图 4-42　PowerPoint 主题

PPT 中超链接文字的颜色不能直接修改,要选择"设计"选项卡→"主题"组→"颜色",打开相应的"下拉列表",单击列表下面的"新建主题颜色",弹出"新建主题颜色"对话框,在其中可以对"超链接"、"已访问的超链接"等对象的颜色进行自行设计、配色,最后单击"保存"按钮,在下拉列表的"自定义"组中将出现新建的主题颜色,可以对该主题颜色进行应用。

还可以在所有支持主题的 Office 程序(如 Word、Excel、Outlook 和 PowerPoint)中使用和共享主题。例如,可以将在 PowerPoint 中创建或自定义的主题保存为 .thmx 文件,然后将其应用于 Word 2010 文档或 Excel 2010 工作表。这样,所有相关的业务文档都具有相似的外观。

4.4.2　母版

母版是演示文稿中所有幻灯片或页面格式的幻灯片视图或页面。"视图"选项卡→"母版视图"组中包括"幻灯片母版"、"讲义母版"和"备注母版"。使用相应母版的主要优点是可以对与演示文稿关联的每个幻灯片、备注页或讲义的样式进行全局更改。

幻灯片母版包含可出现在每一张幻灯片上的显示元素,如文本占位符、图片、动作按钮等。幻灯片母版上的对象将出现在每张幻灯片的相同位置上，因此使用母版可以方便地统一幻灯片风格。设计幻灯片母版最好在开始构建各张幻灯片之前，这样可以使添加到演示文稿中的所有幻灯片都基于创建的幻灯片母版和相关联的版式，避免幻灯片上的某些项目不符合幻灯片母版设计风格。

选择"视图"选项卡→"母版视图"组→"幻灯片母版"，出现如图 4-43 所示的"幻灯片母版"，该母版默认应用了 Office 主题。幻灯片母版是样本幻灯片，并不是常规演示文稿的一部分，它仅存在于幕后，来为实际的幻灯片提供设置。幻灯片母版保存在演示文稿的所有幻灯片中保持一致的格式（或者至少是一组幻灯片，因为演示文稿可以有多个幻灯片母版）。从技术层面上讲，不是将主题应用到幻灯片，而是应用到幻灯片母版，然后将幻灯片母版应用到幻灯片。因为，除主题格式外，幻灯片母版实际还包含额外的图形、日期、页脚文本等其他元素。

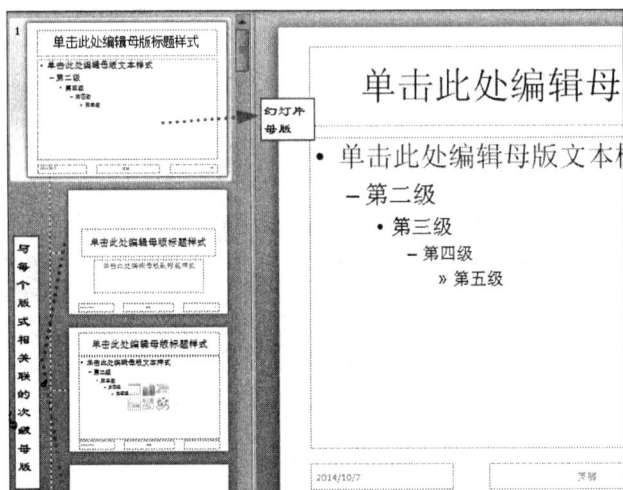

图 4-43　幻灯片母版

"幻灯片母版"中可以设置占位符、标题及文本样式、背景和幻灯片方向等。设置完毕，单击"关闭母版视图"按钮，即可退出母版视图。如果要修改所有幻灯片样式，只需在幻灯片母版中修改即可。"讲义母版"和"备注母版"的设置操作类似。

提示：假如需要在每一页幻灯片上显示某个"徽标"，只需在母版对应的幻灯片中插入需要的徽标图片即可。

4.4.3　模板

PowerPoint 模板是另存为 .potx 文件的一个或一组幻灯片的模式或设计图。模板可以包含版式、主题颜色、主题字体、主题效果、背景样式，甚至可以包含内容。创建自己的自定义模板，可以存储并与他人共享。Office.com 以及其他合作伙伴网站上还有可应用于演示文稿的数百种不同类型的 PowerPoint 和其他程序的免费模板。

将某一个 PowerPoint 文件另存为后缀名为 .potx 的模板文件，如果在其他演示文稿

高效办公自动化实用技术

中想使用该模板文件的风格，可以选择"设计"选项卡→"主题"组，单击列表框中的下拉按钮，在列表中选择"浏览主题"命令，打开"选择主题或主题文档"对话框，选择一个"Office主题和主题文档"，选择需要的后缀名为.potx 的文件，单击"打开"按钮。

4.5　放映及打包

4.5.1　放映类型

演示文稿的放映类型包括"演讲者放映"、"观众自行浏览"和"在展台浏览"。选择"幻灯片放映"选项卡→"设置"组→"设置幻灯片放映"命令，弹出如图 4-44 所示"设置放映方式"对话框，在"放映类型"中可以设置这几种放映类型。

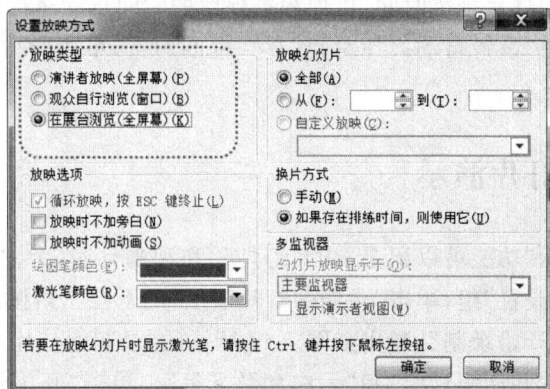

图 4-44　"设置放映方式"对话框

（1）演讲者放映：是指演讲者一边讲解一边放映幻灯片，此演示方式一般用于比较正式的场合，如专题讲座、学术报告等，是默认的放映方式。

（2）观众自行浏览：由观众自己动手使用计算机观看幻灯片。

（3）在展台浏览：可以让多媒体报告自动放映，而不需要演讲者操作。一般需要将切片方式设置为"自动换片"（设置"自动换片时间"），放映后需要按"Esc"键才能退出，比如用于展览会的产品展示等。如图 4-30 所示的横向滚动字幕效果，若选择"切换"选项卡→"计时"组中设置"换片方式"为自动切换（设置自动换片时间），如图 4-45 所示，然后利用"在展台浏览"的方式放映，就可以在宣传展示屏幕上不停

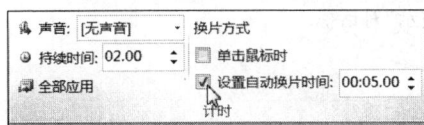

图 4-45　设置自动换片时间

滚动放映"热烈欢迎各位与会代表"，需要按"ESC"键才能退出放映。

⚠ 提示：在 PowerPoint 中，按 F5 键是从头开始放映，按 Shift＋F5 组合键是从当前幻灯片开始放映。在放映过程中，按 Ctrl＋P 组合键可以快速调出"笔"，在幻灯片上进行勾画，按 Ctrl＋E 组合键能快速调出橡皮擦，对勾画内容进行擦除。

4.5.2　排练计时

在公共场合演示时,如果需要幻灯片按照演讲内容及时间自动配合播放,就需要测定每张幻灯片放映时的停留时间。选择"幻灯片放映"选项卡→"设置"组→"排练计时",会自动切换到放映模式,并弹出如图 4-46 所示的"录制"对话框。"录制"对话框会根据演讲者排练的情况自动计算出每张幻灯片的排练时间,单位为秒。

图 4-46　"录制"对话框

排练完成后,系统会显示一个警告的消息框,显示当前幻灯片放映的总时间。单击"是"按钮,可以保留幻灯片排练时间,以便根据保留的时间自动运行放映。选择"切换"选项卡→"计时"组,取消"设置自动换片时间"复选框的勾选,单击"全部应用"按钮,可以取消排练计时。

4.5.3　录制幻灯片演示

"录制幻灯片演示"功能可以记录 PPT 幻灯片和动画计时、旁白和激光笔。选择"幻灯片放映"选项卡→"设置"组,单击"录制幻灯片演示"的下拉三角按钮,选择"从头开始录制"或"从当前幻灯片开始录制",弹出如图 4-47 所示的"录制幻灯片演示"对话框,该对话框中默认选中"幻灯片和动画计时"和"旁白和激光笔"。单击"开始录制"按钮,幻灯片开始放映,并自动开始计时,也可以通过麦克风录制旁白等。幻灯片放映结束时,录制幻灯片演示也随之结束。排练计时和录制幻灯片演示都能实现 PPT 的自动演示。

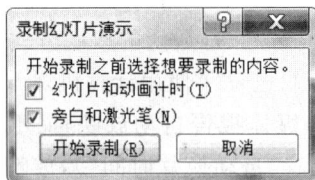

图 4-47　"录制幻灯片演示"对话框

4.5.4　演示文稿打包

制作演示文稿的计算机通常不是放映该演示文稿时使用的计算机。将演示文稿传输到另一台计算机,可以使用移动存储器复制 PowerPoint 文件,然而这是假设另一台计算机具有放映所需的字体、声音和其他元素。假设一个演示文稿中包含指向一些 Excel 数据的链接,而复制时没有同时复制该 Excel 文件,就无法在演示期间更新这些数据。另外,如果最终放映的计算机上没有安装 PowerPoint 软件,或者安装的是低版本的

PowerPoint 软件,就不能正常播放高版本 PowerPoint 中制作的演示文稿。通过使用 PowerPoint 2010 提供的"打包成 CD"功能,可以实现在其他电脑上播放幻灯片的目的。

先打开演示文稿,选择"文件"→"保存并发送"→"将演示文稿打包成 CD"→"打包成 CD"命令,弹出如图 4-48(a)所示的"打包成 CD"对话框,在"要复制的文件"下有当前打开的演示文稿,根据需要还可以单击"添加"按钮,添加其他需要打包的文件。单击"选项"按钮,在弹出的图 4-48(b)所示的"选项"对话框中可以设置包含"链接的文件"、"嵌入的 TrueType 字体"和要打包文件的打开、修改密码等选项。单击"复制到文件夹"按钮,在弹出的"复制到文件夹"对话框的"文件夹名称"和"位置"文本框中分别设置文件夹名称和保存位置。单击"确定"按钮,弹出"Microsoft PowerPoint"提示对话框,单击"是"按钮,系统开始自动复制文件到文件夹。

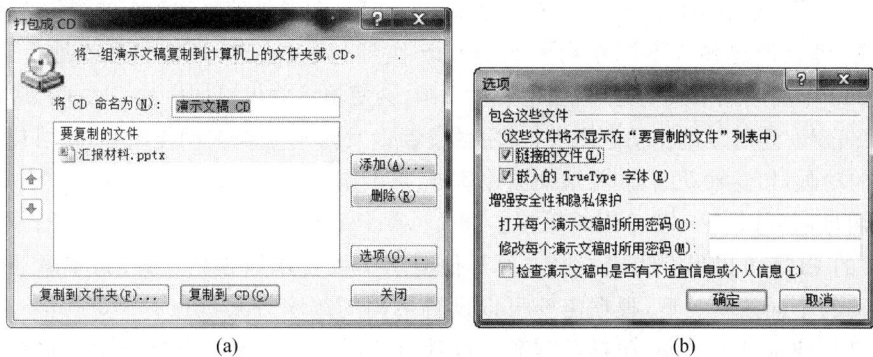

(a)   (b)

图 4-48   演示文稿打包

复制完成后,图 4-49 所示系统将自动打开生成的 CD 文件夹。可以看到 AUTORUN.INF 自动运行文件,如果打包到 CD 光盘上,是具备自动播放功能的。最后打包的文件夹的子文件夹 PresentationPackage 中还有一个.html 格式的网页,从该网页中可以选择运行哪个演示文稿文件。该网页还包含一个超链接,如果有必要,就可以使用该超链接下载 PowerPoint Viewer 应用程序(如果想要查看演示文稿的计算机上没有安装 PowerPoint,就需要这个应用程序)。

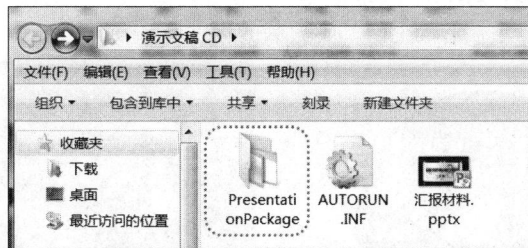

图 4-49   打包后的内容

⚠ 提示:选择"文件"→"打印"命令,在打印窗格中单击"整页幻灯片",在列表中选择"讲义"组中相应的选项,还可以以讲义的形式打印演示文稿,选择"文件"→"保存并发送"→"创建讲义"命令,还可以创建可在 Word 中编辑和设置格式的讲义。

4.6 本章小结

本章内容从演示文稿的设计原则、PowerPoint 中图片处理的相关技术、动画设计、母版、主题与模板、放映及打包这几个方面讲解 PowerPoint 2010 的高级应用功能，展示了 PowerPoint 2010 强大的演示文稿制作能力。

在 PowerPoint 中，可以利用"插入相册"对多张图片进行统一插入、添加相框和预留添加图片说明的位置；插入图形后，可以使用相关控点改变图形形状，直接使用 PowerPoint 中的内置格式风格，对插入的图片背景进行处理，把图片裁剪成某个形状；对于图形图片，还可以很方便地为其添加阴影、三维、发光等效果；SmartArt 图形是信息和观点的视觉表示形式，根据需要，可以创建各种不同布局的 SmartArt 图形，从而快速、轻松和有效地传达信息。PowerPoint 中的动画形式丰富，恰当地使用动画，会使演示效果更加生动。除了最基本的动画，PowerPoint 还可以制作动态图表，使用触发器以及为对象添加动作路径，还可以做出许多精彩的动画，如卷轴动画、胶片滚动图片动画、进度条等。

利用母版可以统一幻灯片的风格。在 PowerPoint 中，还可以对主题颜色等进行修改，制作的 PPT 可以另存为模板以方便其他演示文稿使用该模板。最后，本章还介绍了演示文稿的不同放映类型，根据需要可以设置不同的放映方式。在 PowerPoint 中，还可以对幻灯片演示进行录制（包括录制旁白），对幻灯片进行打包以及将演示文稿打印成讲义，以方便演讲者准备演讲。

4.7 习 题

1. 演示文稿的设计原则有哪些？
2. 什么是动画的进入、强调、退出和动作路径？
3. 演示文稿的放映类型有哪些？
4. 在 PowerPoint 中制作如图 4-50 所示的两张幻灯片。

(a) (b)

图 4-50 图片裁剪效果

5. 将如图 4-51 所示的"计算机病毒的分类"幻灯片中的正文内容做成如下效果：在任意处单击，出现"'良性'病毒"这几个字；再次单击，出现"良性"病毒的介绍；再次单击，"良性"病毒介绍文字消失；再次单击，出现"'恶性'病毒"这几个字；再次单击，出现"恶性"病毒的介绍；最后单击，"恶性"病毒介绍文字消失，只剩下计算机病毒的分类要点，而没有每一种类型的具体阐述（所有动画的"进入"方式均为自顶向下"擦除"）。

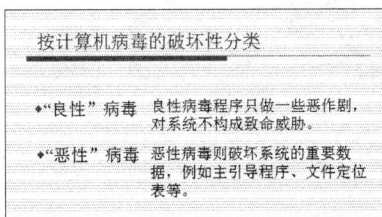

图 4-51 "计算机病毒的分类"幻灯片

6. 在 Powerpoint 中，将如图 4-52(a)所示的数据生成如图 4-52(b)所示的柱状图表。演示时，让图表中的数据按照序列，以擦除的方式自左方自动依次出现。

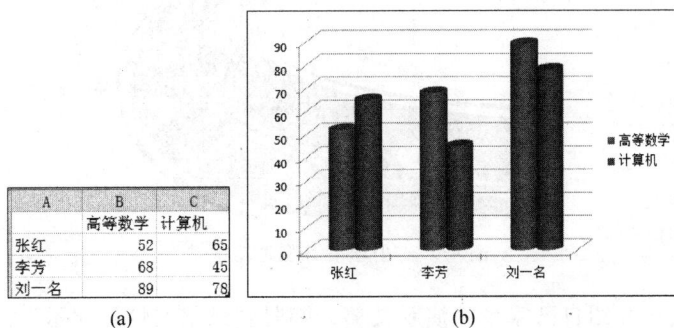

(a)   (b)

图 4-52 动态图表

7. 在 Powerpoint 中，利用"触发器"制作如图 4-53 所示的交互式课件，随机单击某张图片，出现其对应的单词。

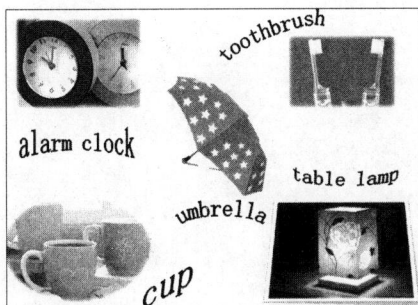

图 4-53 交互式课件

8. 利用"切入"和"切出"动画，将如图 4-54 所示幻灯片中的 3 张风景图片做成在相框中连续切换的效果。

图 4-54　图片在相框中切换

9. 制作如图 4-55 所示小球沿着 S 型道路由近至远滚动的效果。

图 4-55　小球沿 S 型道路滚动

10. 制作关于介绍自己家乡的演示文稿,并利用"录制幻灯片演示"功能,录制自己对演示文稿进行讲解的过程。

第 5 章 Access 2010 实用小系统开发

本章要求

- 掌握数据库的基本知识,包括数据库模式、数据模型、关系数据库。
- 能设计出较规范的数据库结构。
- 能熟练创建数据库及表。
- 理解数据的完整性维护。
- 熟练掌握查询的创建。
- 会创建窗体和报表。
- 知道宏及 VBA 编程在数据库中的应用。

5.1 数据库概述

现代社会已经进入信息时代,人们每天的工作和生活都离不开各种数据信息。而对数据信息的采集、储存、分析加工、检索使用和维护,更是一项烦琐的工作。面对海量的数据,如何进行有效的管理? 数据库的诞生使这些问题迎刃而解。有了数据库,就可以对各种数据进行采集、归类、整理和加工分析,使之变为高效的有用数据。

5.1.1 数据库基本知识

1. 数据库

数据库有多种解释,简单地说,数据库(DataBase)是以一定的组织方式存储在计算机外储存器中的、相互关联的数据集合。数据库不是根据某个用户的需要,而是按照数据间的自然联系构造数据;它能以最佳的方式、最少的冗余,为多个用户或多个应用程序共享。具体来说,数据库是一组经过计算机整理后的数据,在关系数据库中,它由许多数据表组成。

1) 数据库的特点

(1) 数据结构化。

描述数据库的数据结构时,不仅描述一个数据元素(记录、片段)本身各数据项之间的联系,还要描述各数据元素之间的联系。

（2）数据库的建立独立于程序。

数据库中的数据通过模式来描述，一般的数据库模式分为三级，如图 5-1 所示。

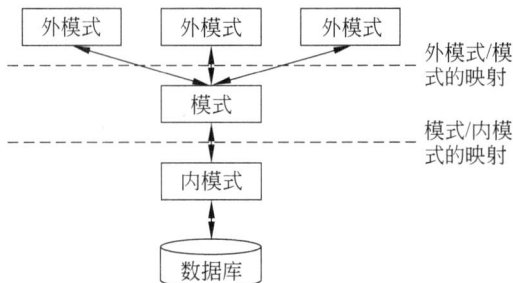

图 5-1　数据库三级模式两级映射图

在数据库模式中，数据结构具有物理结构和逻辑结构两方面。描述物理结构的称为物理数据库描述（存储模式、内部模式），它直接与操作系统或硬件联系。描述逻辑结构的称为模式（概念模式），它是数据库数据的完整表示。针对每一个用户或应用，又由模式导出若干个子模式（外部模式）。子模式是直接面向用户的，每一个子模式都是模式的一个子集，也可以把它看成是模式的一个窗口。

三级模式之间提供了两个映像，一个是存储结构与逻辑结构间的映像，它反映了从逻辑记录到存储结构的对应转换规则；另一个是子模式与模式间的映像，它反映了总体逻辑结构与局部逻辑结构间的对应关系和转换规则。由于这两个映像的存在，使得数据的物理存储结构改变时，数据的逻辑结构不必改变，当然，子模式和用户程序也不必改变。也就是说，数据对于程序具有物理独立性。同时，当总体逻辑结构改变时，局部逻辑结构（子模式）仍然不变，当然，用户的程序也不会改变。数据对于程序又具有逻辑独立性。

（3）数据冗余小、易扩充。

由于数据库是面向整个系统集中建立的，因此减少了各应用程序间相同数据的重复存储，节省了存储空间，避免了冗余数据引起的数据不相容和不一致性。

（4）统一的管理和控制。

数据库通过数据库管理系统统一管理数据。由于多用户共享数据，数据库还具有安全性、完整性和并发性控制等特点。

2）数据库系统的发展

数据库系统的发展经历了以下几个阶段。

（1）非关系型数据库系统。

是对第一阶段数据库系统的总称，包括层次型数据库系统和网状型数据库系统。其主要特点是：采用"记录"作为基本数据结构，不同"记录型"之间允许存在相互联系，一次查询只能访问数据库中的一个记录。

（2）关系型数据库系统（Relational Database System，RDBS）。

1970 年，E. F. Codd 在一篇名为（*A Relational Model of Data For Large Shared Databanks*)（《大型共享数据库数据的关系模型》）的文章中提出了"关系模型"的概念。20 世纪 70 年代中期，商业化的 RDBS 问世，数据库系统进入第二阶段，目前，PC 上使用的数据库系统主要是第二代数据库系统。其主要特点是：采用"表格"作为基本数据结构，不同的表之间允许存在相互联系，一次查询可以访问整个表格中的数据。

（3）对象-关系模型数据系统（Object-Relational Database System，ORDBS）。

将数据库技术与面向对象技术相结合，以实现对多媒体数据和其他复杂对象数据的处理，就产生了第三阶段数据库系统。其主要特点是：包含第二阶段数据库系统的功能，支持正文、图形图像、声音等新的数据类型，支持类、继承、方法等对象机制，提供高度集成的、可支持客户/服务器应用的用户接口。

2. 数据库管理系统

数据库管理系统（Database Management System，DBMS）是一个管理数据库的软件系统。数据库是一个很复杂的数据集合，大量数据为多个用户所共享、并发地使用。为了能够有效及时地处理数据，并提供数据的安全性、完整性保护等，必须有一个功能强大的系统管理软件。这个管理软件就叫数据库管理系统。数据库管理系统提供了大量描述（建立）数据库、操纵（检索、排序、索引、显示、统计计算等）数据库和维护（修改、追加、删除等）数据库的方法和命令，而且它还能自动控制数据库的安全及数据库的数据完整。如Access 2010系统就是数据库管理系统。

数据库管理系统一般由以下3部分组成。

1）数据定义语言

数据定义语言（Data Description Language，DDL）及其翻译程序包括模式数据库定义语言、子模式数据库定义语言和物理数据库定义语言。

2）数据库操纵语言

数据库操纵语言（Data Manipulation Language，DML）是存储、检索、修改、删除和处理数据库数据的工具，一般有两种类型，即宿主型和自主型。

宿主型：必须依附在其他高级语言上使用，如多数大型数据库语言。

自主型：提供了程序结构控制语句，可以在数据库管理系统内部编制数据库系统的管理程序，如Access等。

3）数据库控制和管理

除了DDL和DML两类语句外，DBMS还具有必要的控制和管理功能。讨论可视化数据库管理系统（如Access）时，从组成结构上看，DBMS的特点和功能可以分为3个子系统：设计工具子系统、运行子系统和DBMS引擎。设计工具子系统提供设计工具，包括表生成、窗体生成、查询生成、报表生成和过程语言编译器等工具，设计工具子系统与开发人员相关联。运行子系统提供对设计时产生的程序的执行，它与用户接口。DBMS引擎介于设计工具及运行子系统与数据本身之间。实际上，它将根据以上组件的请求，将其翻译成对操作系统的命令，以实现对物理介质上的数据的读写。除此之外，DBMS引擎还涉及事务管理、锁定、备份和恢复等工作。

3. 数据库系统

数据库系统（Database System，DBS）的目标在于存储和提取所需要的信息。它主要由数据、硬件、软件和用户四部分构成。数据是数据库系统中存储的信息,它是数据库系统的操作对象。

(1) 数据:存储在数据库中的数据具有共享性、独立性、完整性和集中性4个特点。

(2) 硬件:是数据库系统的物理支撑,包括CPU、内存、磁盘及I/O设备等。

(3) 软件:系统软件和应用软件,其中系统软件包括操作系统和负责对数据库的运行进行控制和管理的核心软件——数据库管理系统,而应用软件是在DBMS的基础上根据实际需要自行开发的应用程序。

(4) 用户:指使用数据库的人员。在数据库系统中,主要有终端用户、应用程序员和数据库管理员3类用户。终端用户是指无太多计算机知识的工程技术和管理人员,他们通常只需要从数据库中获取综合性的信息,如统计、查询等,一般使用命令语言,操作比较简单。应用程序员是为终端用户编写应用程序的软件人员,他们设计的应用程序主要用于使用和维护数据库。数据库管理员是指全面负责数据库系统正常运转的高级人员,他们对数据库系统本身具有较为精深的研究。数据库技术是研究在计算机环境下如何合理地组织存放数据、有效地管理数据和高效地处理数据。因此,通常把采用了数据库技术的完整计算机系统叫做数据库系统。

5.1.2　数据模型

数据库管理系统使用不同的数据结构,因此数据库管理系统可分为层次模型、网状模型和关系模型3种比较流行的结构形式。

1. 层次模型(hierarchical model)

图5-2给出了层次模型的树状结构。

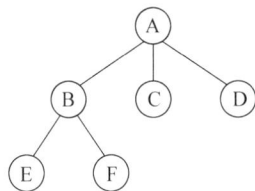

图5-2　层次模型

在层次模型中,数据元素的组织方式与DOS文件系统中的目录结构相似,也是树状层次结构。最高一层的数据元素称为根结点元素,根结点元素是唯一的,而且只有下属元素,每个数据元素可以与下面任何一层的多个数据元素相联系。

以学校系统来说,最上层为校长,下面是分管不同部门的副校长,再下面是各院(系)、部、处等学校的中层部门,最后是各位老师,而老师下面是各自管理的学生——如此形成一个庞大的层次型结构数据库。层次结构是最常用的数据库结构,并且呈现出角锥形的样式,最上层仅有一个节点,而最下面一层则有非常多的节点。

层次模型结构是一种最早提出来的数据结构,它结构简单、层次清楚。在实际生活中,许多数据结构形式,如学校、行政组织结构等,都具有这种层次式数据结构的自然特点。

因此,层次模型结构的优点如下。

结构简易,易于操作;自上而下寻找数据容易;与日常生活的数据类型相似。

层次模型结构的缺点如下。

寻找非直系的节点非常麻烦,必须通过多个父节点由下而上,再往下寻找,搜寻的效率很低。

2. 网状模型（network model）

有时数据之间的关系需要用更为复杂的"网状结构"才能描述。广义来讲，网状模型是指一个任意连通的基本层次联系的集合。网状模型如图 5-3 所示。

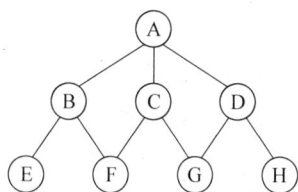

图 5-3　网状模型结构

网状模型通常应满足以下两个条件。

（1）可以有一个以上的数据元素与上一层没有联系（如图 5-3 中的 A）。

（2）至少有一个数据元素与上层有多于一个元素相联系（如图 5-3 中的 F、G）。

网状型结构比层次型数据库更有弹性，允许子结点（F）有多个父结点（B、C），并且子结点之间的关系（F、G）较接近，联系很容易。但缺点是路径太多，当加入或删除数据时，牵动的相关数据很多，不易维护与重建。

此结构适用于稳定的数据库，当数据的变动较小时，该结构可以容易地与旁边的数据联系，但不适合于动态性数据库，因为数据常常变更，造成重建的困难。

3. 关系模型（relation model）

关系模型的实质是把数据归结为满足一定条件的二维表格的形式。通俗地讲，一个"关系"就是指一张二维表。例如，表 5-1 就是一个"关系"，"关系"的名称是"学生信息表"。这个 10 行 7 列的二维表描述了 10 位学生的基本情况。

表 5-1　学生信息表

学　号	姓名	性别	民族	出生年月	政治面貌	家庭住址
20120142	邓召明	男	汉	1991-2-1	党员	四川隆昌
20120401	何宗维	女	汉	1990-6-1	党员	重庆主城
20120402	谢兴春	男	汉	1988-11-26	团员	重庆大足
20121062	向家翠	女	汉	1992-12-1	团员	重庆万州
20122029	阮小平	男	汉	1993-9-12	团员	重庆万州
20122030	闫正明	男	汉	1991-11-13	预备党员	河北石家庄
20122031	谭群	女	汉	1992-9-5	团员	山东
20122032	谭艳霞	女	汉	1992-7-10	团员	四川内江
20122033	谭值琼	女	汉	1991-7-4	党员	四川自贡
20122034	王　晓	女	汉	1995-7-4	党员	北京

层次和网状模型的数据库系统在 20 世纪 70 年代比较流行。关系数据库有严格的数学理论作为基础，又具有模型简单、容易理解、数据独立性强、使用方便等优点，因此是目前应用最广泛的一种数据库管理系统。目前广泛使用的 Access 等数据库管理系统就是关系数据库系统。

5.1.3 关系数据库

1. 关系数据库的基本概念

数据模型为关系模型的数据库管理系统称为关系数据库。

一般地,关系数据库中 m 行 n 列的二维表称为具有 m 个 n 元组的关系。如表 5-1 所示,表中每一列对应一个域,称为字段,它表示一种属性。表中共有 n 种属性,这里是学号、姓名、性别、出生年月、简历等。表中的一行是一个 n 元组,称为一个记录,记录中存放的是相关的字段信息的集合,这里是一位学生的基本情况。表中第一行称为表头,它由字段名组成,也称为关系框架。行与列的交点决定了数据库中的一个数据项。

从表中可以看出,作为一个"关系"的二维表应满足如下条件。

(1) 表格中的每一个数据项都是不可再分的基本数据单位。

(2) 表格中的每一列都标有一个字段名,同一表格中的字段名不允许重复,一个字段对应一个属性,且每一列必须具有相同的数据类型。

(3) 表格中不允许出现相同的行(即相同的记录),一个 n 元组对应一个记录,共有 m 个记录。

(4) 行与列的顺序均不影响表格中的数据信息。

在关系中的各个字段中,有这样一个或若干个字段,它(们)的值可以唯一识别一条记录,称为关键字(keyword)。

2. 关系型数据库的优点

关系型数据库结构优于层次型与网状型结构的理由如下。

(1) 表格式的关系易于建立数据库。

(2) 使用者易于理解表格式的关系。

(3) 层次型与网状型结构可容易地转换成表格式结构,因此可视为万用形式的结构。

(4) 投影与连接表格的字段很容易,因此新关系的建立也易于实现。

(5) 搜寻速度较快,表格式的搜寻比线性结构更容易。

(6) 关系型结构较易于修改。

层次型与网状型结构适合于数据庞大的数据库。层次型与网状型结构必须依照数据间的关系来建立数据库,建立数据较不易。因此,在一般的计算机上,尤其是 PC,都是利用关系型结构建立数据库系统,因此数据库的建立与维护较方便,操作也容易。

3. 3 种基本关系运算

关系数据库系统支持选择、投影、连接 3 种基本关系运算。

(1) 选择或称为筛选(Selection)。

在一个关系中选出满足指定条件的那些记录,它是从行的角度对关系进行的运算。例如,在学生信息表中找出性别是女的所有记录,就可以使用这种运算。

(2）投影（Projection）。

在一个关系中选出若干指定的列，它是从列的角度对关系进行运算。例如，学生信息表中有 7 列，如果只需要姓名、性别和家庭地址 3 列，就可以使用投影运算。

（3）连接（Join）。

按一定条件，把两个关系的记录连接成一个新关系的记录。其中，利用两个关系中的相同字段，就可以把该字段值相等的记录连接起来。选择运算和投影运算是对一个关系进行的运算，而连接运算涉及两个关系。

5.1.4 认识 Access 2010

Access 2010 是 Microsoft 公司最新推出的 Access 版本，是微软办公软件包 Office 2010 的一部分。Access 2010 是一个面向对象的、采用事件驱动的新型关系型数据库管理系统，并提供了表生成器、查询生成器、宏生成器、报表设计器等许多可视化的操作工具，以及数据库向导、表向导、查询向导、窗体向导、报表向导等多种向导。Access 还为开发者提供了 Visual Basic for Application（VBA）编程功能，使高级用户可以开发功能更加完善的数据库应用系统。Access 2010 把所有的对象均存放在同一个数据库文件（.accdb）中。

1. Access 2010 的启动

启动 Access 2010 的方法和启动其他软件的方法一样。

在桌面上选择"开始"→"所有程序"→Microsoft Office→Microsoft Access 2010'命令，启动 Access 2010 程序。这时即可看到 Access 2010 的启动界面，如图 5-4 所示，选择 Access 模板，创建数据库文件。

图 5-4　Access 2010 的启动界面

⚠ **提示**：新版本的 Access 2010 采用了和 Access 2007 扩展名相同的数据库格式，扩展名为 .accdb。而原来的各个 Access 版本都是采用扩展名为 .mdb 的数据库格式。

2．Access 2010 的界面

Access 2010 采用了一种全新的用户界面，它是 Microsoft 公司重新设计的，可以提高工作效率。一个全新的 Access 2010 界面如图 5-5 所示。

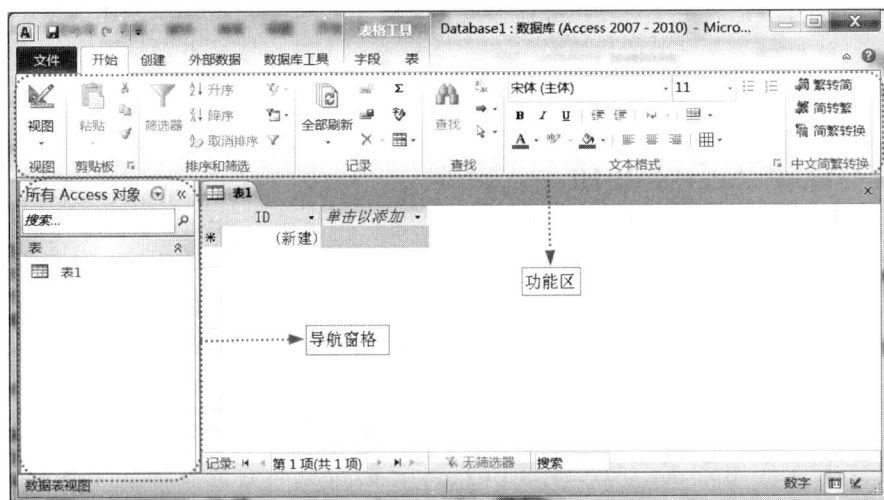

图 5-5　Access 2010 界面

Access 2010 用户界面的 3 个主要组件如下。

（1）功能区：是一个包含多组命令且横跨程序窗口顶部的带状选项卡区域。

（2）Backstage 视图：是"文件"选项卡上显示的命令集合，单击"文件"选项卡，即进入 Backstage 视图。

（3）导航窗格：是 Access 程序窗口左侧的窗格，可以在其中使用数据库对象，导航窗格取代了以前的数据库窗口。

"功能区"采用选项卡的形式，将各种相关的功能组合在一起。在功能区选项卡上，某些按钮提供选项样式库，而其他按钮将启动命令。使用这种选项卡式的"功能区"，可以使各种命令的位置与用户界面更为接近，使各种功能按钮不再深深嵌入菜单中，方便了使用。

3．Access 2010 的功能区

功能区可以分为多个部分，下面将详细介绍。

1）命令选项卡

Access 2010 的"功能区"中默认有 4 个命令选项卡，分别为"开始"、"创建"、"外部数据"和"数据库工具"，称为 Access 2010 的命令选项卡。

每个选项卡下都有不同的操作工具。例如，"开始"选项卡下有"视图"组、"文本格式"组等，使用这些组中的工具，可以对数据库中的数据库对象进行设置。下面分别进行介绍。

（1）"开始"选项卡。

图 5-6 是"开始"选项卡下的一些工具组。

高效办公自动化实用技术

图 5-6 "开始"选项卡

"开始"选项卡下的工具可以实现的功能如下。

① 选择不同的视图。

② 从剪贴板复制和粘贴。

③ 设置当前的字体格式。

④ 设置当前的字体对齐方式。

⑤ 对备注字段应用 RTF 格式。

⑥ 操作数据记录(刷新、新建、保存、删除、汇总、拼写检查等)。

⑦ 对记录进行排序和筛选。

⑧ 查找记录。

(2)"创建"选项卡。

图 5-7 是"创建"选项卡下的工具组。使用该选项卡下的工具,可以创建数据表、窗体和查询等各种数据库对象。

图 5-7 "创建"选项卡

"创建"选项卡下的工具可以实现的功能如下。

① 插入新的空白表。

② 使用表模板创建新表。

③ 在 SharePoint 网站上创建列表,在链接至新创建的列表的当前数据库中创建表。

④ 在设计视图中创建新的空白表。

⑤ 基于活动表或查询创建新窗体。

⑥ 创建新的数据透视表或图表。

⑦ 基于活动表或查询创建新报表。

⑧ 创建新的查询、宏、模块或类模块。

(3)"外部数据"选项卡。

"外部数据"选项卡下有如图 5-8 所示的工具组。利用该工具组中的数据库工具,可以导入和导出各种数据。

"外部数据"选项卡下的工具可以实现的功能如下。

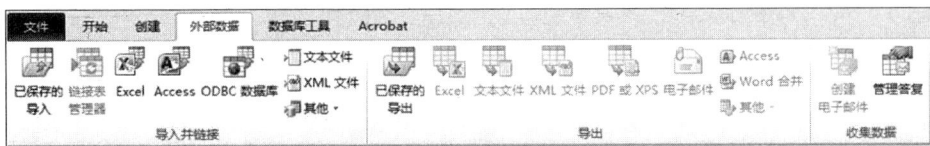

图 5-8 "外部数据"选项卡

① 导入或链接到外部数据。

② 导出数据。

③ 通过电子邮件收集和更新数据。

④ 使用联机 SharePoint 列表。

⑤ 将部分或全部数据库移至新的或现有的 SharePoint 网站。

（4）"数据库工具"选项卡。

"数据库工具"选项卡下有如图 5-9 所示的各种工具组。利用该选项卡下的各种工具，可以进行数据库 VBA、表关系的设置等。

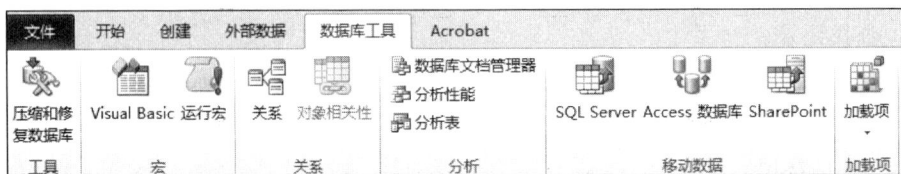

图 5-9 "数据库工具"选项卡

"数据库工具"选项卡下的工具可以实现的功能如下。

① 启动 Visual Basic 编辑器或运行宏。

② 创建和查看表关系。

③ 显示/隐藏对象相关性或属性工作表。

④ 运行数据库文档或分析性能。

⑤ 将数据移至 Microsoft SQL Server 或 Access（仅限于表）数据库。

⑥ 运行链接表管理器。

⑦ 管理 Access 加载项。

⑧ 创建或编辑 VBA 模块。

⚠ **提示**：Access 2010 提供了名为"功能区"的区域来代替原来 Access 版本中的菜单和工具栏。功能区中最主要的工具就是以上 4 个命令选项卡。

2）上下文命令选项卡

上下文命令选项卡就是根据正在使用的对象或正在执行的任务而显示的命令选项卡。例如，当在设计视图中设计一个数据表时，会出现"表格工具"下的相关选项卡，如图 5-10 所示。

而在报表的设计视图中创建一个报表时，则会出现"报表布局工具"下的 4 个选项卡，如图 5-11 所示。

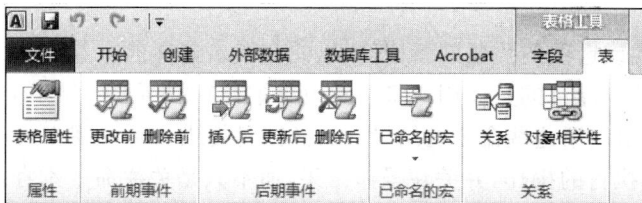

图 5-10　表格工具

图 5-11　报表设计工具

3）快速访问工具栏

"快速访问工具栏"就是在界面左上角显示的一个标准工具栏。它提供了对最常用命令（如"保存"和"撤销"）的即时、单击访问，如图 5-12 所示。

图 5-12　快速访问工具栏

单击快速访问工具栏右边的下拉三角箭头，弹出"自定义快速访问工具栏"菜单，可以在该菜单中设置要在该工具栏中显示的工具，如图 5-13 所示。

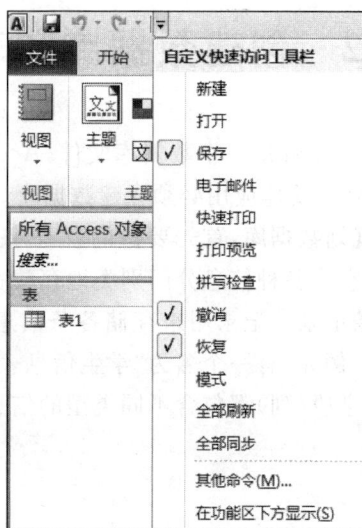

图 5-13　自定义快速访问工具栏

4）库

库是显示样式或选项的预览的新控件，以便在做出选择前查看效果。

样式库控件的设计目的是让用户将注意力集中在获取所要的结果上。样式库控件不仅显示命令，还显示使用这些命令的结果。其意图是提供一种可视方式，便于浏览和查看Access 2010 可以执行的操作，并关注操作结果，而不只是关注命令本身，如图 5-14 所示。

样式库有各种不同的形状和大小。它包括一个网格布局、一个类似菜单的下拉列表形式，甚至还有一个功能区布局，该布局将样式库自身的内容放在功能区中。

图 5-14　样式库

5.2　创建数据库和表

Access 2010 的一个应用程序就是一个数据库文件，Access 2010 把所有对象均存放在同一个数据库文件（.accdb）中，要建应用必须先建数据库。表是 Access 2010 数据库中最基本的组成单位。建立和规划数据库，首先要做的就是建立各种数据表。数据表是数据库中存储数据的唯一单位，它将各种信息分门别类地存放在各种数据表中。

表中每一行数据称为一条记录。记录用来存储各条信息，每一条记录包含一个或多个字段。字段对应表中的列。例如，有一个名为"学生信息表"的表，其中每一条记录（行）都包含一个学生的信息，每一字段（列）都包含不同类型的信息（如名字、姓氏和地址等）。

5.2.1　创建数据库

第 1 步：启动 Access 2010 程序，单击"文件"选项卡，进入 Backstage 视图，然后在左侧导航窗格中单击"新建"命令，单击"空数据库"选项，如图 5-15 所示。右侧窗格的文件名文本框中将给出默认文件名"Database1.accdb",把它修改为"教学管理系统.accdb"。

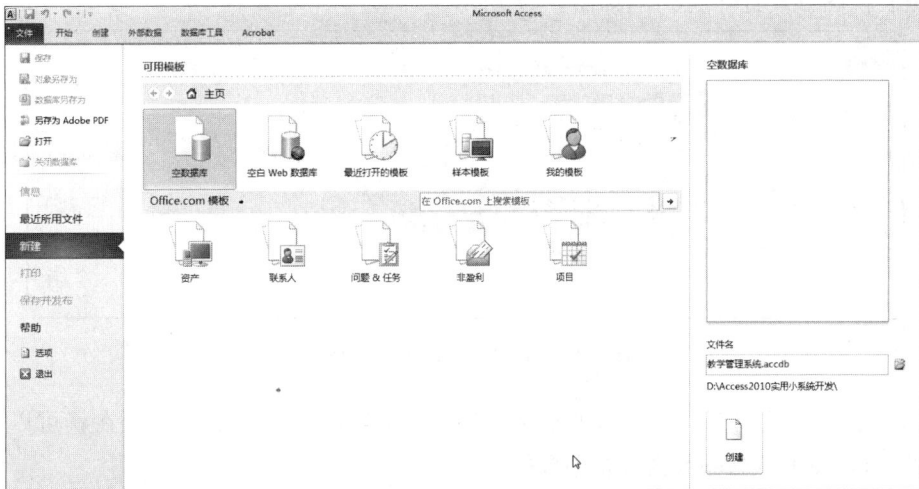

图 5-15　创建教学管理系统数据库

第 2 步：单击文件打开按钮 ，在打开的"新建数据库"对话框中选择数据库的保存位置，如"D:\Access2010 实用小系统开发"（该文件夹已经存在）文件夹，单击"确定"按钮，如图 5-16 所示。

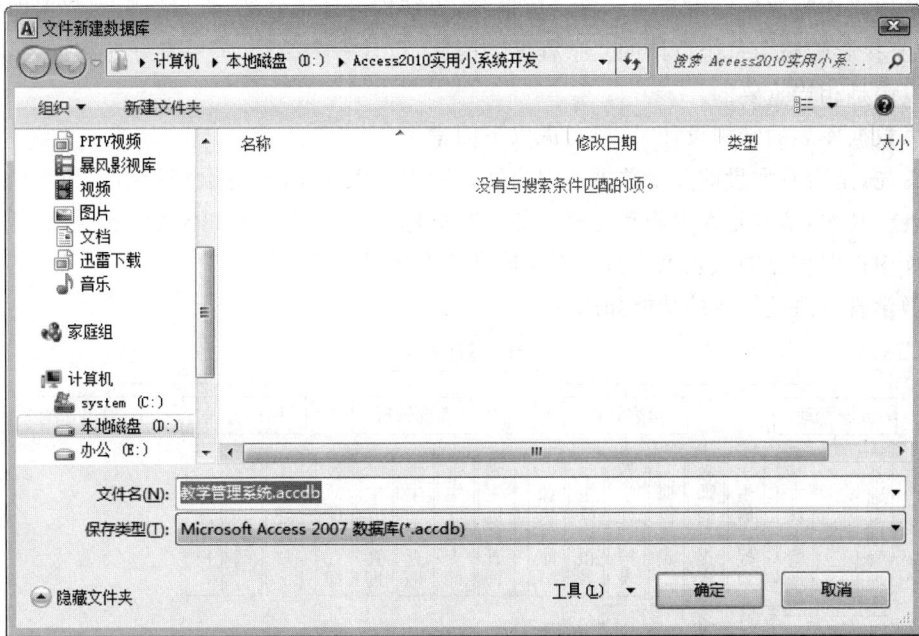

图 5-16　"文件新建数据库"对话框

第 3 步：返回 Access 2010 启动界面，显示要创建的数据库的名称和保存位置，如果用户未提供文件扩展名，Access 2010 将自动添加。单击"创建"命令按钮。

第 4 步：这时开始创建空白数据库，而且自动创建了一个名称为"表1"的数据表，并以数据表视图方式打开"表1"，如图 5-17 所示。

图 5-17　创建表 1 的数据表视图

第 5 步：这时光标将位于"添加新字段"列中的第一个空单元格中，现在就可以输入添加的数据，或者从另一数据源粘贴数据。

5.2.2　创建表

表是整个数据库的基本单位，也是所有查询、窗体和报表的基础。简单来说，表就是特定主题的数据集合，它将具有相同性质或相关联的数据存储在一起，以行和列的形式来记录数据。作为数据库中其他对象的数据源，表结构设计得好坏，直接影响到数据库的性能，也直接影响整个系统设计的复杂程度。因此，设计一个结构、关系良好的数据表，在系统开发中是相当重要的。

做数据库表的结构设计时，要考虑以下因素。

首先，是否有大量的冗余数据。因为冗余数据会浪费空间，并会增加出错和不一致的可能性。其次，信息是否正确和完整。如果数据库中包含不正确和不完整的信息，任何从数据库中提取信息的报表也将包含不正确和不完整的信息。

教学管理系统需要的功能如图 5-18 所示。

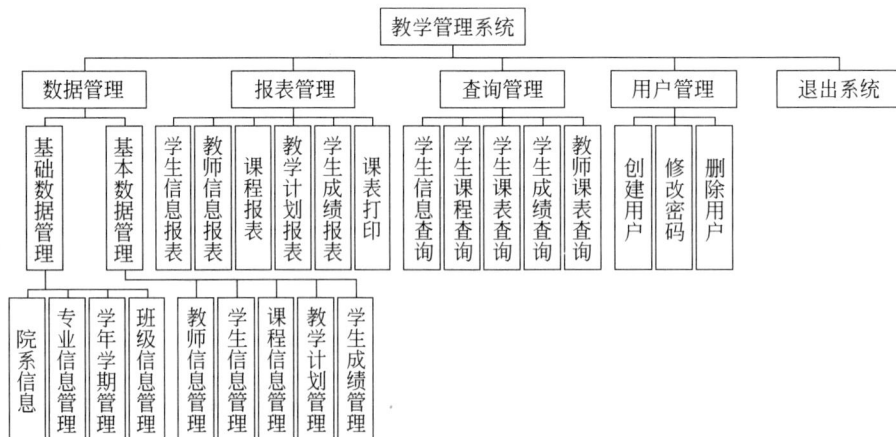

图 5-18　教学管理系统功能图

高效办公自动化实用技术

根据功能图分析,教学管理系统需要建立表 5-2 至表 5-11 所示的数据表。

表 5-2 教师信息表

字段名称	字段数据类型	字段大小	备　注
教师工号	文本	8	关键字
教师姓名	文本	10	
性别	文本	2	取"男"或"女"
出生年月	日期/时间		短日期
工作时间	日期/时间		短日期
政治面貌	文本	6	
学历	文本	4	
职称	文本	6	
联系电话	文本	30	
在职否	是/否		是/否
教师简介	文本	100	
院系编号	文本	4	引用院系信息表外键

表 5-3 学生信息表

字段名称	字段数据类型	字段大小	备　注
学号	文本	12	关键字
姓名	文本	10	
性别	文本	2	取"男"或"女"
出生年月	日期/时间		
入学时间	日期/时间		短日期
政治面貌	文本	6	
电话号码	文本	30	
电子邮件	文本	50	
家庭住址	备注		
照片	OLE 对象		
班级编号	文本	8	引用班级表外键

表 5-4 管理员信息表

字段名称	字段数据类型	字段大小	备　注
用户名	文本	10	关键字
口令	文本	20	输入掩码为密码
权限	文本	12	一般用户和管理员

表 5-5 专业信息表

字段名称	字段数据类型	字段大小	备　注
专业编号	文本	8	关键字
专业名称	文本	50	
院系编号	文本	4	引用院系信息表外键

表 5-6　院系信息表

字段名称	字段数据类型	字段大小	备　　注
院系编号	文本	4	关键字
院系名称	文本	30	
院系主任	文本	4	
联系方式	文本	30	
院系简介	文本	100	

表 5-7　课程信息表

字段名称	字段数据类型	字段大小	备　　注
课程编号	文本	10	关键字
课程名称	文本	50	
学分	数字	小数	
学时	数字	整型	
课程介绍	文本	100	

表 5-8　学生成绩表

字段名称	字段数据类型	字段大小	备　　注
编号	自动编号		关键字,自动递增
学号	文本	12	引用学生信息表的外键
课程编号	文本	10	引用课程信息表的外键
教师工号	文本	8	引用教师信息表的外键
成绩	数字	整型	
补考成绩	数字	整型	

表 5-9　教学计划表

字段名称	字段数据类型	字段大小	备　　注
计划编号	自动编号		关键字,自动递增
课程编号	文本	10	引用课程表外键
周学时	数字	整型	
学年学期编号	文本	10	引用学年学期外键
班级编号	文本	10	引用班级外键
教师工号	文本	8	

表 5-10　学年学期表

字段名称	字段数据类型	字段大小	备　　注
学年学期编号	文本	10	关键字
学年学期名称	文本	30	

表 5-11　班级信息表

字段名称	字段数据类型	字段大小	备　注
班级编号	文本	10	关键字
班级名称	文本	30	
专业编号	文本	8	引用专业信息表外键

下面以教师信息表为例，讲述 Access 2010 中建表的过程。

第 1 步：选择"文件"→"打开"，弹出"打开"对话框，选择"D：\Access2010 实用小系统开发"文件夹，在文件列表中选择"教学管理系统.accdb"，然后单击"打开"按钮右边的箭头，选择"以独占方式打开"，如图 5-19 所示。

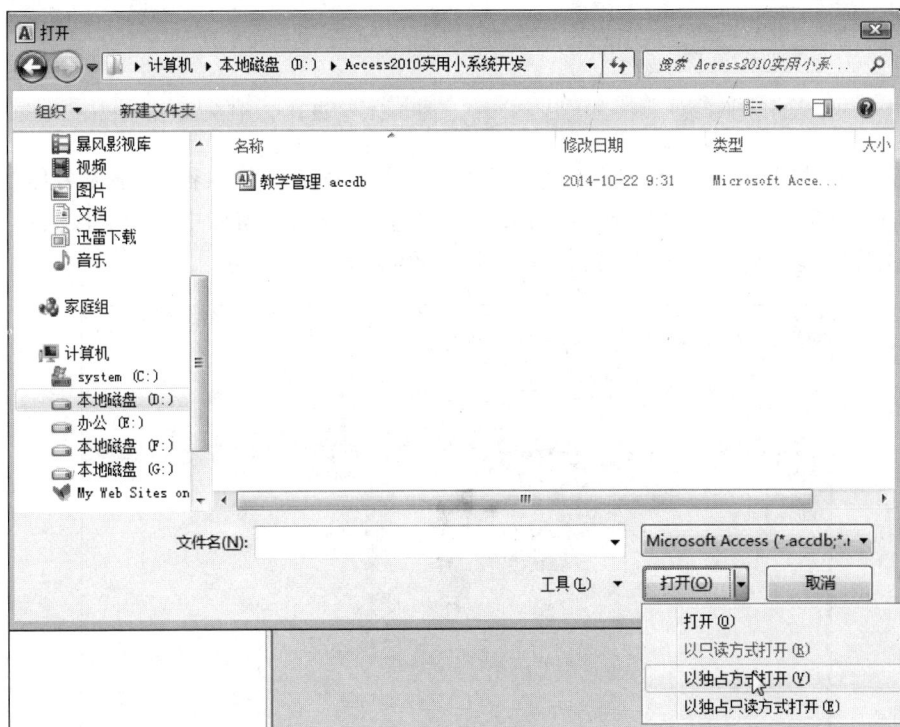

图 5-19　以独占方式打开数据库

⚠ **提示**：在默认情况下，Access 2010 数据库是以"共享"方式打开的，这样可以保证多人能够同时使用同一个数据库。不过，在以共享方式打开数据库的情况下，有些功能，比如压缩和修复数据库是不可用的。此外，如果系统管理员要对数据库进行维护，不希望他人打开数据库，就需要以独占方式打开数据库。

👆 **小窍门**：还可以使用快捷键新建和打开数据库，方法如下。

按 Ctrl＋N 组合键，新建一个空数据库。按 Ctrl＋O 组合键，打开一个数据库。

第 2 步：在打开的"教学管理系统.accdb"数据库的功能区上选择"创建"选项卡→

"表格"组→"表设计",如图 5-20 所示。

第 3 步：选择"表格工具/视图"选项卡→"设计视图",如图 5-21 所示。在弹出的"另存为"对话框的表名称文本框中输入"教师",单击"确定"按钮。

图 5-20　创建表

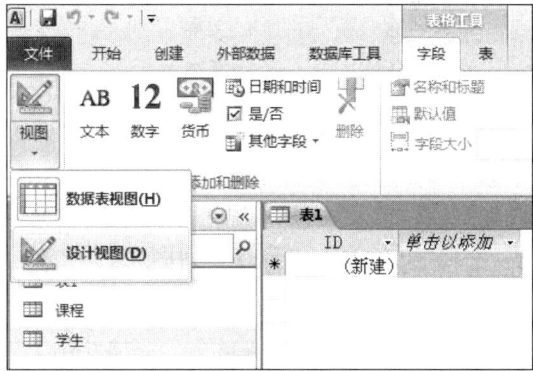

图 5-21　"设计视图"和"数据表视图"切换

第 4 步：打开表的设计视图,按照表 5-2 所示的教师表结构内容,在字段名称列输入字段名称,在数据类型列中选择相应的数据类型,在常规属性窗格中设置字段大小,选择"教师工号"字段,单击"主键"按钮,完成主键设置,如图 5-22 所示。

图 5-22　"设计视图"窗口

小窍门：如果要将多个字段作为主键，可按 Ctrl 键，再分别选中要设置主键的字段，单击"主键"按钮完成。

第 5 步：单击"保存"按钮，以"教师信息表"为名称保存表。

按相同的方式建立剩下的表（表 5-3 学生信息表到表 5-11 班级信息表），建好后的表格如图 5-23 所示。

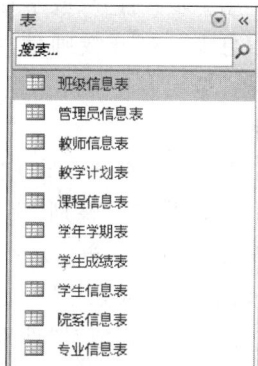

图 5-23　建立完成后的数据库表

5.2.3　数据完整性维护

1. 数据有效性维护

输入数据时，难免会出现错误，比如在学生成绩表的成绩字段中录入了一个负数，或者在"数字"型的字段中输入了字符串值等。为了避免这样的错误，保证数据的正确性，可以利用 Access 2010 提供的有效性验证来保证输入记录的数据类型符合要求。

Access 提供了 3 层有效性验证方法。

数据类型验证。数据类型提供了第 1 层验证。设计数据表时，表中的每个字段都定义了一个数据类型，该数据类型限制了输入哪些内容。例如，"日期/时间"数据类型的字段只接受日期和时间，"数字"型字段只接受数字数据等。

字段大小提供了第 2 层验证。例如，姓名字段最多接受 10 个字符，这样可以防止向字段中粘贴大量的无用文本。

表属性提供了第 3 层验证方法。表属性提供以下几类非常具体的验证。

（1）可以将"必需"字段属性设置为"是"，强制用户在字段中输入值。

（2）使用"有效性规则"属性要求输入特定的值，并使用"有效性文本"属性提醒存在错误。

（3）使用"输入掩码"强制用户以特定格式输入记录。例如，一个输入掩码强制以欧洲格式输入日期，形式如 2014.10.22。

教学管理系统中需要大量有效性验证，其中前两层有效性验证在建表时已经完成。下面以"教师信息表"为例说明表属性验证方法的使用。

1）设置数据的有效性规则

系统数据的"有效性规则"对输入的数据进行检查，如果录入了无效数据，系统将立即给予提示，提醒用户更正，以减少系统的错误。"有效性规则"往往与"有效性文本"配合使用，当输入的数据违反了"有效性规则"时，则给出"有效性文本"规定的提示文字。"有效性规则"是一个逻辑表达式，用该逻辑表达式对记录数据进行检查；"有效性文本"往往是一句有完整语句的提示句子，当数据记录不符合"有效性规则"时，便弹出提示窗口。

问题：如何给"教师信息表"中的"性别"字段设置有效性规则，使系统只能接受"男"或"女"？

第 1 步：打开"教学管理系统.accdb"，双击"教师信息表"，打开教师信息表"数据表视图"，选择"开始"选项卡→"视图"组→"设计视图"，如图 5-24 所示。

第 2 步：在图 5-24 中选择"性别"字段。

第 3 步：在"性别"字段的字段属性中设置"有效性规则"为"＝'男' Or＝'女'"，"有效性文本"设置为"请输入'男'或'女'！"。

第 4 步：完成对"性别"字段的有效性设置，当用户输入的数据不是"男"或"女"时，系统会弹出提示对话框，如图 5-25 所示。

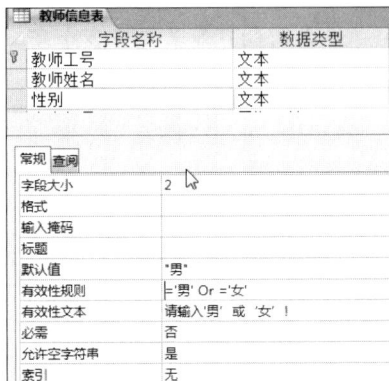

图 5-24　教师信息表有效性规则设置

图 5-25　有效性规则验证

可见，设置有效性规则的方法是很简单的，关键是要熟悉规则的各种表达式，常用的规则表达式如下。

(1) ＜＞0：要求输入值非零。

(2) ＞＝0：输入值不得小于零。

(3) 50 Or 100：输入值为 50 或者 100 中的一个。

(4) Between 50 And 100：输入值必须介于 50～100 之间，它等于"＞50 And＜100"。

(5) ＜♯01/01/2010♯：输入 2010 年之前的日期。

(6) ＞＝♯01/01/2010♯ And ＜♯01/01/2011♯：必须输入 2010 年的日期。

(7) Like "[A－Z]＊@[A－Z].com"Or"[A－Z]＊@[A－Z].net" Or"[A－Z]＊@[A－Z].edu.cn"：输入的电子邮箱必须为有效的.com、net 或.edu.cn 地址。

虽然有效性规则中的表达式不使用任何特殊语法，但是创建表达式时，还是得牢记下列规则。

(1) 将表字段的名称用方括号括起来，如[成绩]＜＝100 And [成绩]＞＝0。

(2) 将日期用"♯"号括起来，如＜♯01/01/2014♯。

(3) 将字符串值用双引号括起来，如"张三"或"李四"。

(4) 用逗号分隔项目，并将列表放在圆括号内，如 IN("东京","巴黎","莫斯科")。

2) 设置输入掩码

输入掩码可以以特定的方式向数据库中输入记录。例如，输入掩码可以要求输入遵

高效办公自动化实用技术

循特定国家/地区惯例的日期。如"YYYY/MM/DD",当在含有输入掩码的字段中输入数据时,就会发现可以用输入的值替换占位符,但无法更改或删除输入掩码中的分隔符。即可以填写日期,修改"YYYY"、"MM"和"DD",但无法更改分隔日期各部分的连字符。

问题:如何在"教师信息表"中的"工作时间"字段添加输入掩码?

第 1 步:在图 5-24 中选择"工作时间"字段,在"工作时间"字段的属性中单击"输入掩码"行右方的省略号按钮,弹出"输入掩码向导"对话框,如图 5-26 所示。

第 2 步:选择"短日期"选项,单击"下一步"按钮,弹出如图 5-27 所示的对话框。

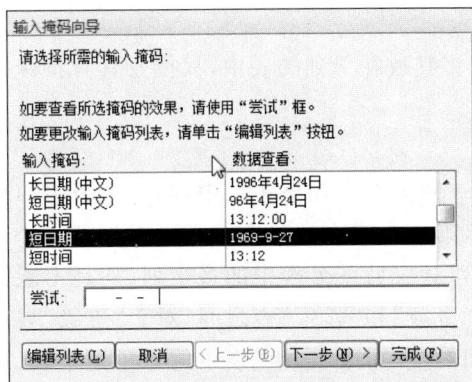

图 5-26 "输入掩码向导"对话框　　　　图 5-27 选择"短日期"后弹出的对话框

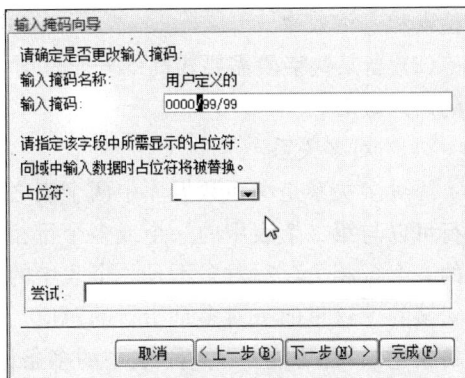

第 3 步:单击"下一步"按钮,即可创建输入掩码,保存表,切换到"数据表视图",输入数据时,效果如图 5-28 所示。

图 5-28 "工作时间"掩码测试

2. 数据表关系维护

数据的完整性依赖于数据表关系,表关系是数据库中非常重要的一部分,甚至可以说,表关系就是 Access 作为关系型数据库的根本。

表是数据库中其他对象的数据源,它的主要功能就是存储数据,因此表结构设计得好坏直接影响到数据库的性能。一个良好的数据库,设计的目标之一就是消除数据冗余(重复数据)。在 Access 等关系型数据库中,可将数据拆分为多个主题的表,尽量使每种记录只出现一次,然后再将各个表中按主题分类的信息组合到一起,成为用户所关注的数据,这其实就是关系型数据库的运行原理。"关系型"数据库的核心就在于此。

这也是关系型数据库的最大优势所在,它将各种记录信息按照不同的主题安排在不同的数据表中,通过在建立了关系的表中设置公共字段实现各个数据表中数据的引用。

要正确执行上述过程,必须首先了解表关系的概念,并在 Access 2010 数据库中建立表关系。

Access 中有 3 种类型的表关系。具体如下。

1）一对一关系

在一对一关系中，第一个表中的每条记录在第二个表中只有一个匹配记录，而第二个表中的每条记录在第一个表中也只有一个匹配记录。这种关系并不常见，因为多数与此方式相关的信息都可以存储在一个表中。

但是在某些特定场合，还是需要用到一对一关系。具体如下。

（1）把不太常用的字段放置于单独的表中，以减小数据表占用的空间，提高常用字段的检索和查询效率。

（2）当某些字段需要较高的安全性时，可以将其放在单独的表中，只授权具有特殊权限的用户查看。

2）一对多关系

一对多关系是关系数据库中两个表之间的一种关系。在该关系中，第一个表中的单个行可以与第二个表中的一个或多个行相关，但第二个表中的一个行只可以与第一个表中的一个行相关。一对多不是一个表中的一个列对应另一个表中的多个列，列是不能够一对多的。这里的一对多是指行的对应。例如"班级"和"学生"表之间，对于"班级"表中的每条记录，都可能与"学生"表中的多条记录相对应；对于"学生"表中的每条记录，只可能与"班级"表中的一条记录相对应，它们之间的关系就是"一对多关系"。

表关系的建立是通过两个表中的公共字段建立的。因此，要在数据库设计中建立一对多的关系，应设置表关系中"一"端表的主键，并将其作为公共字段添加到表关系为"多"端的表中。

另外，如果 CLASS 表中的班级列 CLASSID 对应 STUDENT 表中的班级列 CLASSID，若对这两个表实施"参照完整性"，那么当 CLASS 表中 2 班的 CLASSID 改成 4，STUDENT 表中所有原来 CLASSID 为 2 的学生的 CLASSID 都改成了 4。但反过来，要想把 STUDENT 表中 CLASSID 为 2 的其中一个学生的 CLASSID 改为 4，在不改动主键表的情况下是不行的，说明外键是受主键约束的。

3）多对多关系

这是关系数据库中两个表之间的一种关系。在该关系中，第一个表中的一个行可以与第二个表中的一个或多个行相关，第二个表中的一个行也可以与第一个表中的一个或多个行相关。

例如，常见的订单管理数据库中"产品"表和"订单"表之间就是多对多的关系。单个订单中可以包含多个产品；一个产品可能出现在多个订单中。因此，"订单"表中的每条记录都可能与"产品"表中的多条记录对应；"产品"表中的每条记录也都可以与"订单"表中的多条记录对应。这种关系称为多对多关系。因为对于任何产品，都可以有多个订单，而对于任何订单，都可以包含许多产品。

要表示多对多关系，必须创建第三个表，该表通常称为联接表，它将多对多关系划分为两个一对多关系。两个表的主键都将插入到第三个表中。因此，第三个表记录关系的每个匹配项或实例。例如，"订单"表和"产品"表有一种多对多的关系，这种关系是通过与

高效办公自动化实用技术

"订单明细"表建立两个一对多关系定义的。

在"教学管理系统.accdb"中建立各表之间的关系,操作步骤如下。

第1步:打开"教学管理系统.accdb",在"数据库工具/关系"组中单击"关系"按钮，打开"关系"窗口,同时打开"显示表"对话框。

第2步:如图5-29所示,在"显示表"对话框中双击添加所有表到"关系"窗口中,并关闭"显示表"窗口。

第3步:选定"课程信息"表中的"课程编号"字段,将其拖动到"教学计划表"表中的"课程编号"字段上。此时屏幕显示如图5-30所示的"编辑关系"对话框。

图5-29　"显示表"对话框

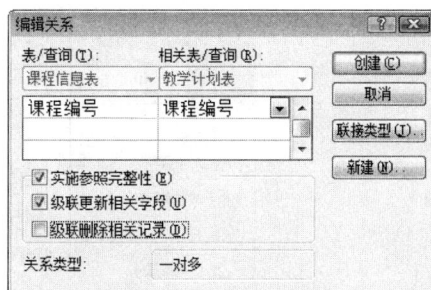

图5-30　"编辑关系"对话框

第4步:选中"实施参照完整性"复选框,单击"创建"按钮。

第5步:用同样的方法创建其他表之间的关系,结果如图5-31所示。

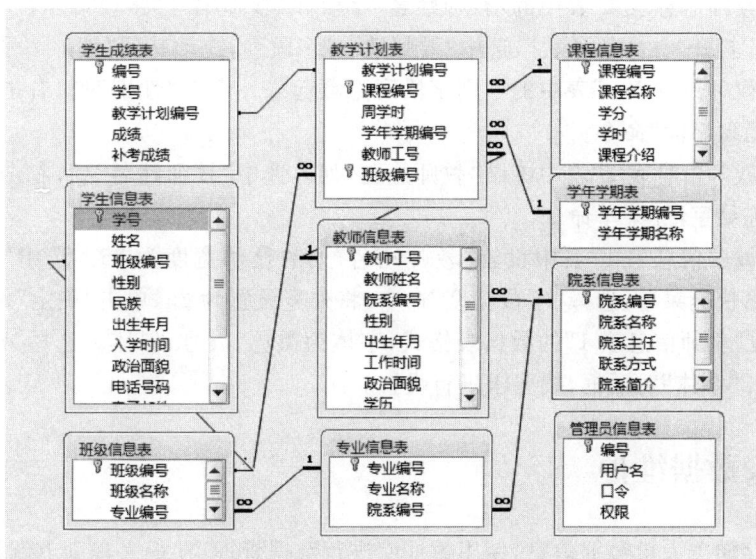

图5-31　"教学管理系统"表之间的关系

第 6 步：单击"保存"按钮，保存表之间的关系，单击"关闭"按钮，关闭"关系"窗口。

⚠️ **提示**：创建查阅列表字段（使用查阅列表查阅表或查询中的值）会自动建立关系。

3. 表备份与维护

在实际应用过程中，可能会对某些表进行备份，或者对表的字段进行交换、隐藏等。这就需要对表进行维护。举例如下。

（1）将"教师信息表"表备份，备份表名称为"教师信息表 1"。打开"教学管理系统.accdb"数据库，在导航窗格中选择"教师信息表"，选择"文件"选项卡，单击"对象另存为"命令，如图 5-32（a）所示，打开"另存为"对话框，将表"教师信息表"另存为"教师信息表1"，如图 5-32（b）所示。

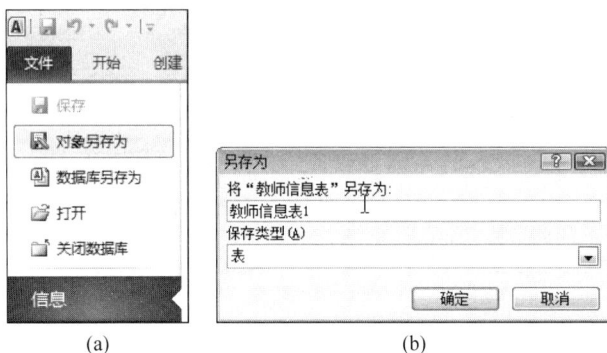

图 5-32　教师信息表备份

（2）将"教师信息表 1"表中的"教师姓名"字段和"教师编号"字段显示位置互换。用"数据表视图"打开"教师信息表"，选中"教师姓名"字段列，拖动其到"教师编号"字段前。

（3）将"教师信息表 1"表中的性别字段列隐藏起来。选中"性别"列，右击，弹出快捷菜单，选择"隐藏字段"命令。

（4）在"教师信息表 1"表中冻结"教师姓名"列。选中"教师姓名"列，右击，弹出快捷菜单，选择"冻结字段"菜单命令。

（5）在"教师信息表 1"表中设置"教师姓名"列的显示宽度为 25。选中"教师姓名"列，右击，弹出快捷菜单，选择"字段宽度"命令，将列宽设置为 25，单击"确定"按钮。

（6）设置"教师信息表 1"的数据表格式，字体为黑色、五号、斜体。选择"格式"→"字体"命令，打开"字体"对话框，按要求进行设置。

5.2.4　表数据维护

数据表存储着大量数据信息，使用数据库进行数据管理，在很大程度上就是对数据表中的数据进行管理。因此，数据表的重要性是不言而喻的。表是数据库中存储数据的唯一对象，对数据库添加数据，就是要向表中添加记录。使用数据库时，在数据库中输入数据和修改数据,是操作数据库必不可少的操作。输入数据时,为了避免数据的不完整性,通常应该先输入独立表(即没有外键的表)的数据。同时,为了快速输入数据,通常会对相应字段创建"查阅列表字段"。创建查阅列表字段有以下 2 种方法。

1."使用自行键入所需的值"创建查阅列表字段

例如,为"教师"表中的"职称"字段创建查阅列表,列表中显示"教授"、"副教授"、"讲师"、"助教"和"其他"等值。

第 1 步:打开"教师"表的"设计视图",选择"职称"字段。

第 2 步:在"数据类型"列中选择"查阅向导",打开"查阅向导"的第一个对话框。

第 3 步:在该对话框中选中"自行键入所需的值"选项,然后单击"下一步"按钮,打开"查阅向导"的第二个对话框。

第 4 步:在"第一列"的每行中依次输入"助教"、"讲师"、"副教授"和"教授"4 个值。

第 5 步:单击"下一步"按钮,弹出"查阅向导"的最后一个对话框。在该对话框的"请为查阅列表指定标签"文本框中输入名称,本例使用默认值。单击"完成"按钮。

2."使用查阅列表查阅表或查询中的值"创建查阅列表字段

为"教学计划表"中的"课程编号"字段创建查阅列表,即该字段组合框的下拉列表中仅出现"课程信息表"中已有的课程信息。

第 1 步:用表设计视图打开"教学计划表",选择"课程编号"字段,在"数据类型"列的下拉列表中选择"查阅字段向导",打开"查阅向导"对话框,选中"使用查阅列表查阅表或查询中的值"单选按钮,如图 5-33 所示。

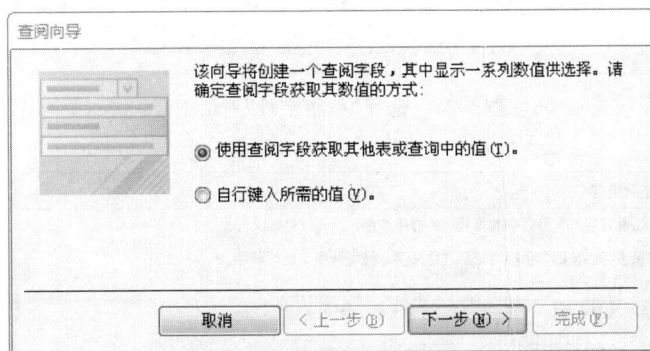

图 5-33　选择"使用查阅列表查阅表或查询中的值"

第 2 步:单击"下一步"按钮,在"请选择为查阅字段提供数值的表或查询"对话框中选择"表:课程信息表",在视图框架中选择"表"单选项,如图 5-34 所示。

第 3 步:单击"下一步"按钮,双击可用字段列表中的"课程编号"、"课程名称",将其添加到选定字段列表框中,如图 5-35 所示。

第 4 步:单击"下一步"按钮,在"排序次序"对话框中确定列表使用的排序次序,如图 5-36 所示。

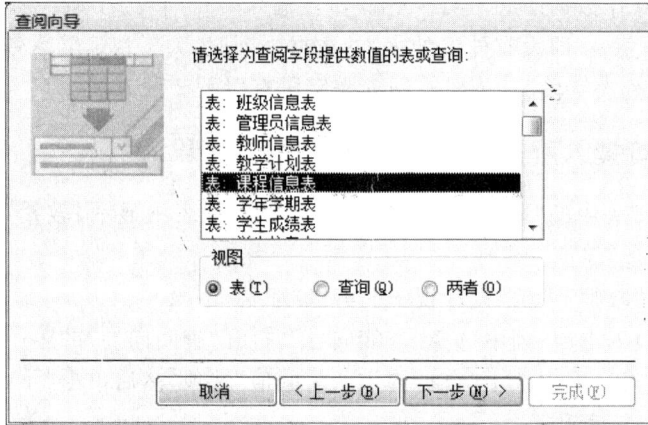

图 5-34 选择"请选择为查阅字段提供数值的表或查询"

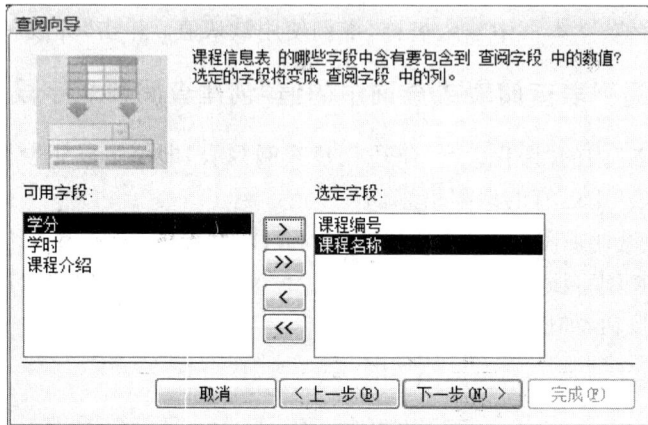

图 5-35 选择"可用字段"对话框

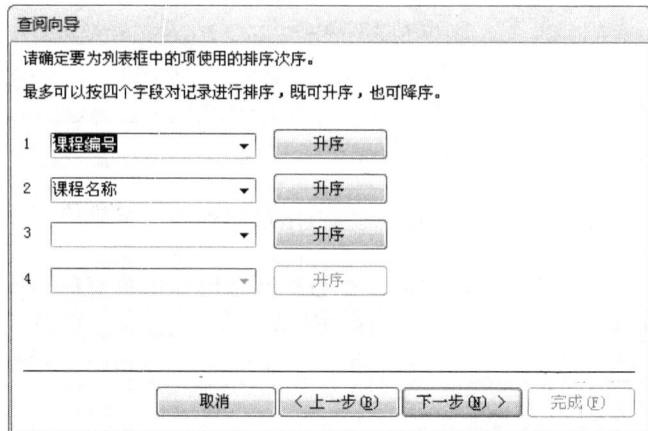

图 5-36 "排序次序"对话框

高效办公自动化实用技术

第5步：单击"下一步"按钮，在"请指定查阅字段中列的宽度"对话框中取消"隐藏键列"，如图5-37所示。

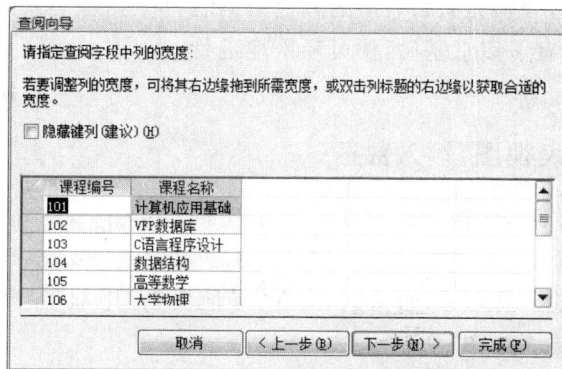

图5-37　"请指定查阅字段中列的宽度"对话框

第6步：单击"下一步"按钮，在"可用字段"中选择"课程编号"作为唯一标识行的字段，如图5-38所示。

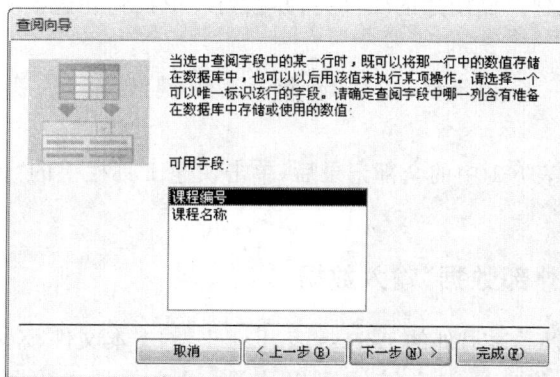

图5-38　选择"可用字段作为唯一标识行的字段"对话框

第7步：单击"下一步"按钮，为查阅字段指定标签。单击"完成"按钮，如图5-39所示。

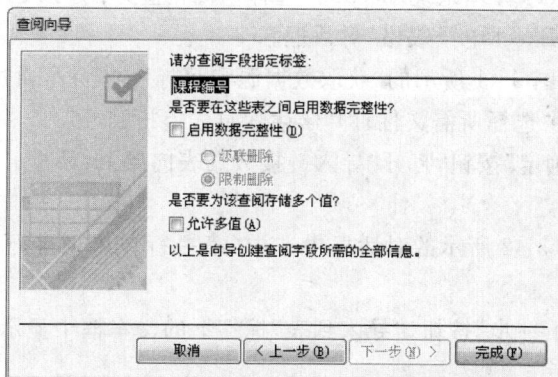

图5-39　"请为查阅字段指定标签"对话框

第 8 步：切换到"数据表视图"，结果如图 5-40 所示。

采用同样的方法，分别为关系表中的其他数据表建立查阅列表字段。有了以上基础，便可轻松地进行数据录入。

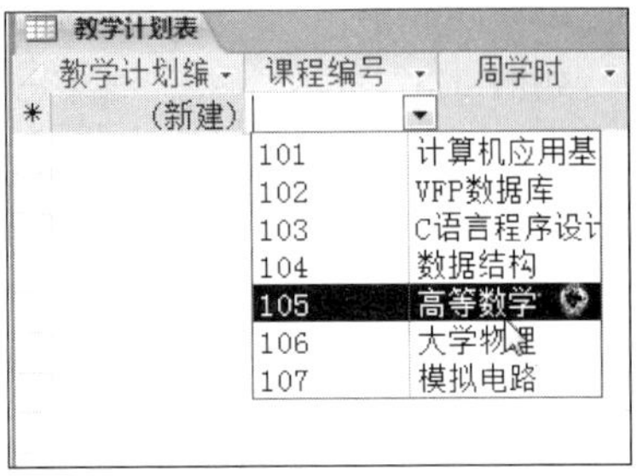

图 5-40　切换到"数据表视图"

1. 使用"数据表视图"输入数据

在数据库中录入表 5-1 所示的学生信息表中的数据，具体操作如下。

第 1 步：打开"教学管理系统.accdb"，在"导航窗格"中双击"学生信息表"表，打开"学生信息表"的"数据表视图"。

第 2 步：从第一个空记录的第一个字段开始，分别输入"学号"、"姓名"和"性别"等字段的值，每输入完一个字段值，按 Enter 键或 Tab 键，转至下一个字段。

第 3 步：输入"照片"时，将鼠标指针指向该记录的"照片"字段列，右击，弹出快捷菜单，选择"插入对象"命令，选择"由文件创建"选项，单击"浏览"按钮，打开"浏览"对话框，在"查找范围"栏中找到存储图片的文件夹，并在列表中找到并选中所需的图片文件，单击"确定"按钮。

第 4 步：输入完一条记录后，按 Enter 键或 Tab 键，转至下一条记录，继续输入下一条记录。

第 5 步：输入完表 5-1 中的全部记录后，单击快速工具栏上的"保存"按钮，保存表中的数据。

2. 使用"获取外部数据"输入数据

Access 2010 可以通过另外的 Access 表、Excel 表、文本文件、XML 文件等获取数据。教务管理系统的学生信息量比较大，也可以从 Excel 文件导入数据。现在有"学生信息表.xls"，要把数据导入到"教学管理系统.accdb"数据库的"学生信息表"中，具体操作如下。

第 1 步：打开"教学管理系统.accdb"，选择"外部选项卡/导入并链接"，单击 Excel，打开"获取外部数据-Excel 电子表格"对话框。

第 2 步：打开如图 5-41 所示的"获取数据源和目标"对话框，通过浏览按钮找到导入文件的位置，在列表中选择所需文件，即"学生信息表.xls"。

第 3 步：单击"确定"按钮，打开"导入链接数据表向导"对话框。选择"学生信息表"，单击"下一步"按钮。

第 4 步：在如图 5-42 所示的对话框中选中"第一行包含列标题"复选框，单击"下一步"按钮。

第 5 步：单击"下一步"按钮，"导入到表"标签下的文本框中显示"学生信息表"，单击"完成"按钮。

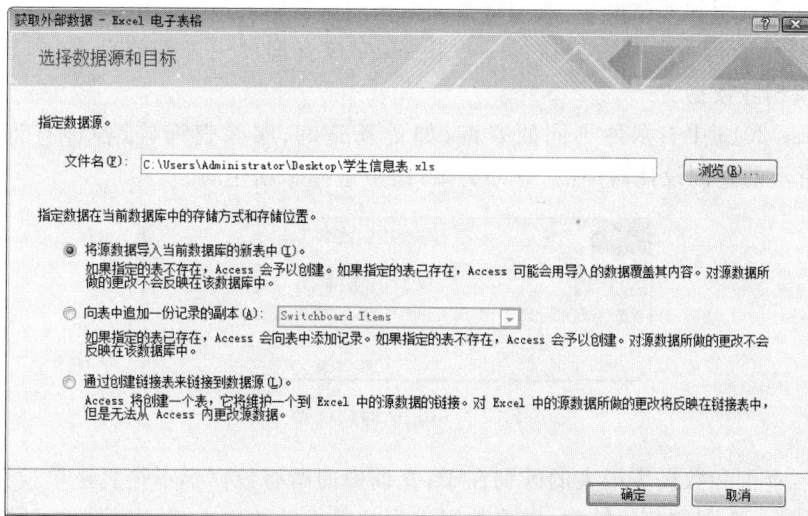

图 5-41　"获取外部数据-Excel 电子表格"对话框

图 5-42　"链接数据表向导"对话框

5.3　创 建 查 询

查询是数据库中应用最多的对象之一,可执行很多不同的功能。最常用的功能是从表中检索特定的数据。要查看的数据通常分布在多个表中,查询可以将多个不同表中的数据检索出来,并在一个数据表中显示这些数据。通常由于不需要一次看到所有记录,而只是查看某些符合条件的特定记录,因此可以在查询中添加查询条件,以筛选出有用的数据。

查询有两种基本类型:选择查询和操作查询。

(1) 选择查询仅仅检索数据,以供查看之用。可以在屏幕中查看查询结果,将结果打印出来,将其复制到剪贴板中,或是将查询结果用做窗体或报表的记录源。

（2）操作查询可以对数据执行一项任务,如该查询可用来创建新表,向现有表中添加、更新或删除数据。

Access 2010 中有多种不同的查询,如更新查询、删除查询等,各种查询都是在如图 5-43 所示的查询设计器中的"查询类型"组中选择和创建的。

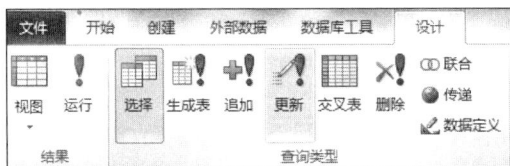

图 5-43　查询设计器

其实,查询和数据表最大的区别在于,查询中的所有数据都不是真正单独存在的。查询实际上是一个固定化的筛选,它将数据表中的数据筛选出来,并以数据表的形式返回筛选结果。

5.3.1　创建选择查询

1. 查询教师简单信息(单表选择查询)

以"教师信息表"为数据源,查询教师的姓名、学历和职称信息,所建查询命名为"教师情况"。具体操作如下。

第 1 步:打开"教学管理系统.accdb"数据库,选择"创建"选项卡→"查询"组,单击"查询向导",弹出"新建查询"对话框,如图 5-44 所示。

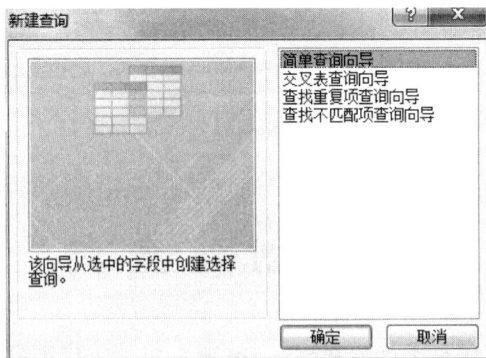

图 5-44　"新建查询"对话框

第 2 步:在"新建查询"对话框中选择"简单查询向导",单击"确定"按钮,在弹出对话框的"表与查询"下拉列表框中选择数据源为"表:教师信息表",再分别双击"可用字段"列表中的"姓名"、"学历"和"职称"字段,将它们添加到"选定字段"列表框中,如图 5-45 所示。然后单击"下一步"按钮,为查询指定标题为"教师情况",最后单击"完成"按钮。

高效办公自动化实用技术

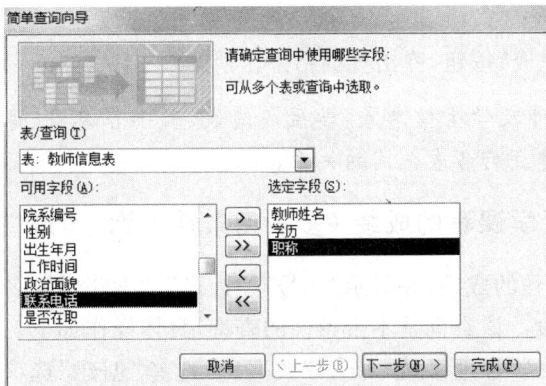

图 5-45　简单查询向导

2. 查询学生所学课程的成绩（多表选择查询，通过向导创建）

要查询学生课程的成绩，并显示"学号"、"姓名"、"课程名称"、"学年学期名称"、"教师姓名"和"成绩"字段。要实现以上功能，必须联合多个表进行查询，其中包括学生信息表、学生成绩表、教师信息表、课程信息表、学年学期表等。具体操作如下。

第 1 步：打开"教学管理系统. accdb"数据库，选择"创建"选项卡→"查询"组，单击"查询向导"，弹出"新建查询"对话框。

第 2 步：在"新建查询"对话框中选择"简单查询向导"，单击"确定"按钮，在弹出的"简单查询向导"对话框的"表与查询"栏中选择查询的数据源为"学生信息表"，并将"姓名"字段添加到"选定字段"列表框中，再分别选择数据源为"学生成绩表"、"课程信息表"、"教学计划表"、"教师信息表"和"学年学期表"，并将"学生成绩表"中的"学号"、"成绩"和"补考成绩"字段，"课程信息表"中的"课程名称"字段，"教师信息表"中的"教师姓名"字段，"学年学期表"中的"学年学期名称"字段添加到"选定字段"列表框中。选择结果如图 5-46 所示。

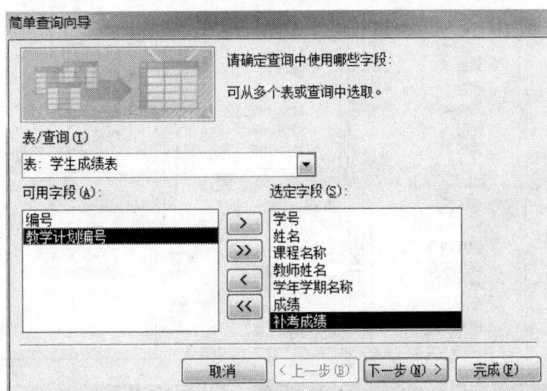

图 5-46　多表查询

第 3 步：单击"下一步"按钮，选择"明细"选项。

第 4 步：单击"下一步"按钮，为查询指定标题"学生课程成绩"，选择"打开查询查看信息"选项。

第 5 步：单击"完成"按钮，弹出查询结果。

⚠️ **提示**：查询涉及学生信息表、学生成绩表、教师信息表、课程信息表、学年学期表，创建查询前要先建立好各表之间的关系。

3. 查询学生所学课程的成绩（多表无条件查询，通过"查询设计"创建）

查询学生所学课程的成绩，并显示"学号"、"姓名"、"学年学期名称"、"课程名称"、"教师姓名"和"成绩"字段。该查询是不带条件的查询，具体操作如下。

第 1 步：打开"教学管理系统.accdb"数据库，选择"创建"选项卡→"查询"组，单击"查询设计"，出现"查询工具/设计"选项卡，如图 5-47 所示。

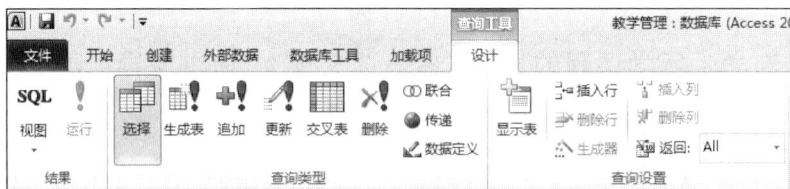

图 5-47　查询工具

第 2 步：在"显示表"对话框中选择"学生信息表"，单击"添加"按钮，添加学生信息表，用同样的方法再依次添加"教师信息表"、"课程信息表"、"教学计划表"和"学年学期表"。

第 3 步：双击"学生信息表"中的"学号"、"姓名"、"学年学期表"中的"学年学期名称"、"课程信息表"中的"课程名称"、"教师信息表"中的"教师姓名"和"学生成绩表"中的"成绩"字段，将它们依次添加到"字段"行的第 1～6 列上，如图 5-48 所示。

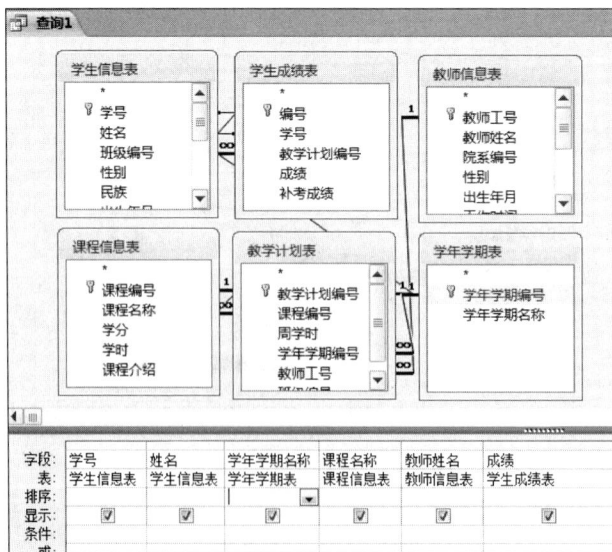

图 5-48　查询设计器

高效办公自动化实用技术

第 4 步：单击快速访问工具栏中 的"保存"按钮 ，在"查询名称"文本框中输入"学生课程成绩查询"，单击"确定"按钮。

第 5 步：选择"开始/视图"→"数据表视图"命令，或选择"查询工具/设计"→"结果"，单击"运行"按钮，即可查看查询结果。

4. 查找 2013 年 9 月 1 日入学的学生信息（条件查询）

带条件查询在实际使用过程中比较实用，可以根据提供的条件进行数据筛选查询。例如，可以通过创建带条件的选择查询来查找 2013 年 9 月 1 日入学的学生信息，要求显示"学号"、"姓名"、"性别"等字段内容。具体操作如下。

第 1 步：在设计视图中创建查询，添加"学生"表到查询设计视图中。

第 2 步：依次双击"学号"、"姓名"、"性别"和"入学时间"字段，将它们添加到"字段"行的第 1～4 列中。

第 3 步：单击"入学时间"字段"显示"行上的复选框，使其空白，使查询结果中不显示入校日期字段值。

第 4 步：在"入学时间"字段列的"条件"行中输入条件♯2013-9-1♯，设置结果如图 5-49 所示。

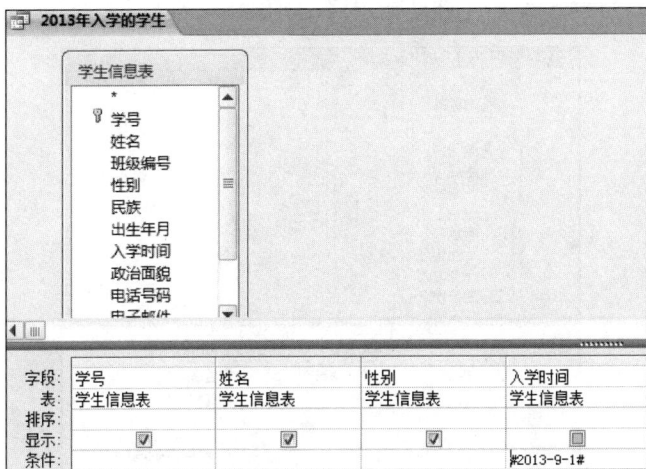

图 5-49　带条件的查询

第 5 步：单击"保存"按钮，在"查询名称"文本框中输入"2013 年入学的学生"，单击"确定"按钮。

第 6 步：选择"查询工具/设计"→"结果"，单击"运行"按钮，即可查看查询结果。

5. 统计学生人数（创建计算查询）

第 1 步：在设计视图中创建查询，添加"学生信息表"到查询设计视图中。

第 2 步：双击"学号"字段，添加到"字段"行的第 1 列中。

第 3 步：选择"查询工具/设计"→"显示/隐藏"组，单击"汇总"按钮，插入一个"总计"

行，单击"学号"字段"总计"行右侧的向下箭头，选择"计数"函数，如图 5-50 所示。

第 4 步：单击"保存"按钮，在"查询名称"文本框中输入"统计学生人数"。

第 5 步：运行查询，查看结果。

6. 统计 2012 年入学的女生人数（创建计算查询）

第 1 步：在设计视图中创建查询，添加"学生信息表"到查询设计视图中。

图 5-50　统计学生人数

第 2 步：双击"学号"、"性别"和"入学时间"字段，将它们添加到"字段"行的第 1～3 列中。

第 3 步：单击"性别"、"入学时间"字段"显示"行上的复选框，使其空白。

第 4 步：选择"查询工具/设计"→"显示/隐藏"组，单击"汇总"按钮，插入一个"总计"行，单击"学号"字段"总计"行右侧的向下箭头，选择"计数"函数，在"性别"和"入学时间"字段的"总计"行选择"Where"选项。

第 5 步：在"性别"字段列的"条件"行中输入条件"女"；在"入学时间"字段列的"条件"行中输入条件 Year([入学时间])＝2012，如图 5-51 所示。

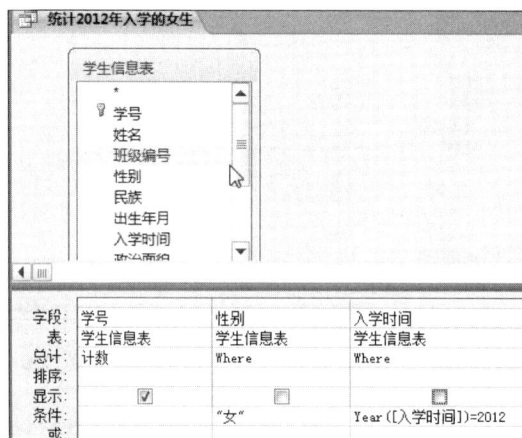

图 5-51　统计 2012 年入学的女生人数

第 6 步：单击"保存"按钮，在"查询名称"文本框中输入"统计 2012 年入学的女生"。

第 7 步：运行查询，查看结果。

7. 查询每个学生所修课程情况和平均成绩（"交叉表查询向导"创建查询）

交叉表查询主要用于将来源于某个表中的字段进行分组，一组列在交叉表左侧，一组列在交叉表上部，并在交叉表行与列交叉处显示表中某个字段的各种计算值。

查询每个学生的所修课程情况和平均成绩，行标题为"学号"，列标题为"课程名称"，计算字段为"成绩"。注意：交叉表查询不做各行小计。具体操作如下。

高效办公自动化实用技术

第1步：在数据库窗口中选择"创建"选项卡→"查询"组，单击"查询向导"，弹出"新建查询"对话框，选择"交叉表查询向导"，单击"确定"按钮。

第2步：选择"视图"选项中的"查询"选项，选择"学生课程成绩查询"，如图5-52所示。单击"下一步"按钮。

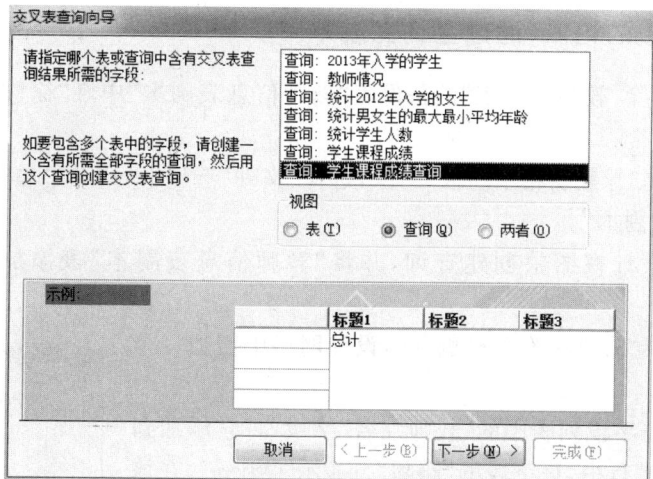

图5-52 "交叉表查询向导"创建查询

第3步：将"可用字段"列表中的"学号"添加到右侧的"选定字段"列表中，即将"学号"作为行标题，单击"下一步"按钮。

第4步：将"课程名称"作为列标题，单击"下一步"按钮。

第5步：在"字段"列表中选择"成绩"作为统计字段，在"函数"列表中选"平均"选项，取消"是，包含各行小计"的选择，单击"下一步"按钮。

第6步：在"指定查询的名称"文本框中输入"学生课程成绩查询_交叉表"，选择"查看查询"选项，最后单击"完成"按钮。

5.3.2 创建操作查询

1. 生成学生课程表（通过查询完成）

教学管理系统没有专门的学生课程表，要查询学生的课程情况，可以通过教学计划来生成。学生课程表包括学号、姓名、学年学期名称、课程名称、任课教师和成绩。具体操作如下。

第1步：按照5.3.1小节中的"3.查询学生所学课程的成绩"完成前面4步。

第2步：选择"查询类型"组→"生成表"命令，打开"生成表"对话框。

第3步：在"表名称"文本框中输入要创建的表名称"学生课程表"，并选中"当前数据库"选项，单击"确定"按钮。

第4步：选择"结果"组，单击"视图"按钮，预览记录。

第5步：保存查询，查询名称为"生成表查询"。

第 6 步：选择"结果"组，单击"运行"按钮，屏幕上出现一个提示框，单击"是"按钮，开始建立"学生课程表"。

第 7 步：在"导航窗格"中选择"表"对象，可以看到生成的"学生课程表"表，选中它，在数据表视图中查看其内容。

2. 删除表中的记录（通过查询完成）

创建查询，删除"教师信息表"的备份表"教师信息表副本"中姓"徐"的教师记录。具体操作如下：

第 1 步：选择"导航窗格"→"表"对象，选择"文件"选项卡→"对象另存为"，输入新的表名"教师信息表副本"。

第 2 步：在设计视图中创建查询，并将"教师信息表副本"表添加到查询设计视图中。

第 3 步：选择"查询类型"→"删除"，设计网格中增加一个"删除"行。

第 4 步：双击字段列表中的"教师姓名"字段，将它添加到设计网格的"字段"行中，该字段的"删除"行显示"Where"，在该字段的"条件"行中输入条件"Left（［教师姓名］，1）= "徐""，如图 5-53 所示。

第 5 步：单击工具栏上的"视图"按钮，预览要删除的一组记录。

第 6 步：保存查询为"删除查询"。

第 7 步：单击工具栏上的"运行"按钮，单击"是"按钮，完成删除查询的运行。

图 5-53 创建删除查询

第 8 步：打开"教师信息表副本"表，查看姓"徐"的教师记录是否被删除。

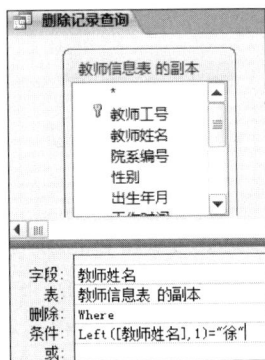

3. 更新表中数据（通过查询完成）

创建更新查询，将"课程编号"为"102"的"成绩"减 5 分。具体操作如下。

第 1 步：在设计视图中创建查询，并将"选课成绩"表添加到查询设计视图中。

第 2 步：双击"选课成绩"表中的"课程编号"、"成绩"字段，将它们添加到设计网格的"字段"行中。

第 3 步：选择"查询类型"→"更新"，设计网格中增加一个"更新到"行。

第 4 步：在"课程编号"字段的"条件"行中输入条件"105"，在"成绩"字段的"更新到"行中输入"［学生成绩表］.［成绩]-5"，如图 5-54 所示。

第 5 步：单击工具栏上的"视图"按钮，预览要更新的一组记录。

第 6 步：保存查询为"更新数据查询"。

第 7 步：单击工具栏上的"运行"按钮，单击"是"按钮，完成更新查询的运行。

第 8 步：打开"学生成绩表"，查看成绩是否发生了变化。

高效办公自动化实用技术

图 5-54　创建更新查询

4. 追加数据（通过查询完成）

在 5.3.2 小节的"1.生成学生课程表"中插入新的数据。

第 1 步：按照 5.3.1 小节中的"3.查询学生所学课程的成绩"完成前面 4 步。

第 2 步：选择"查询类型"，选择"追加查询"。

第 3 步：在"追加到"选项中的"表名称"下拉列表框中选择"学生课程表"，并选中"当前数据库"选项，单击"确定"按钮，这时设计网格中增加了一个"追加到"行。

第 4 步：单击工具栏上的"视图"按钮，预览要追加的一组记录。

第 5 步：保存查询为"追加记录"。

第 6 步：单击工具栏上的"运行"按钮，单击"是"按钮，完成记录的追加。

第 7 步：打开"学生课程表"，查看追加的记录。

5.4　创 建 窗 体

窗体有时被称为"数据输入屏幕"。窗体是用来处理数据的界面，而且通常包含一些可执行各种命令的按钮。

窗体提供了一种简单易用的处理数据的格式，它可以添加一些功能元素，如命令按钮等。按钮可以编程，以确定在窗体中显示哪些数据、打开其他窗体或报表、执行其他各种任务等。使用窗体还可以控制其他用户与数据库之间的交互方式。例如，创建一个只显示特定字段且只允许查询却不能编辑数据的窗体，有助于保护数据并确保输入数据的正确性。

具体来说，窗体具有以下几种功能。

1. 数据的显示与编辑

窗体的最基本功能是显示与编辑数据。窗体可以显示来自多个数据表的数据。此外，可以利用窗体添加、删除和修改数据库中的相关数据，并可以设置数据的属性。用窗体来显示并浏览数据比用表和查询的数据表格式显示数据更加灵活。

2. 数据输入

可以根据需要设计窗体,作为数据库中数据输入的接口,这种方式可以节省数据录入的时间,并提高数据输入的准确度。窗体的数据输入功能是它与报表的主要区别。

3. 应用程序流控制

与 VB 窗体类似,Access 2010 中的窗体也可以与函数、子程序相结合。每个窗体中可以使用 VBA 编写代码,并利用代码执行相应的功能。

4. 信息显示和数据打印

窗体中可以显示一些警告或解释信息。此外,窗体也可以用来打印数据库数据。

本节只对数据的显示与编辑以及数据输入窗体的创建进行介绍,应用程序流控制窗体、信息显示和数据打印窗体将在后面介绍。

5.4.1 使用向导创建窗体

1. 班级信息录入窗体(使用"窗体"按钮创建)

第 1 步:打开"教学管理系统.accdb",在导航窗格中选择作为窗体的数据源"班级信息表",在功能区"创建"选项卡的"窗体"组,单击"窗体"按钮,窗体立即创建完成,并以布局视图显示,如图 5-55 所示。

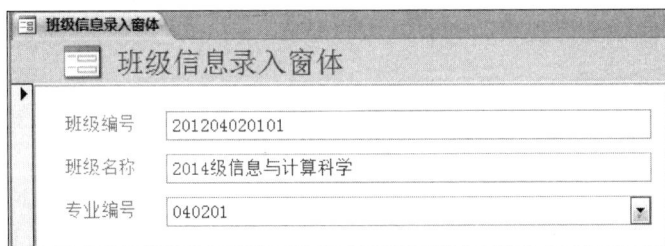

图 5-55　布局视图

第 2 步:在快捷工具栏单击"保存"按钮,在弹出的"另存为"对话框中输入窗体的名称"班级信息录入窗体",然后单击"确定"按钮。

2. 学生信息录入窗体(使用向导创建"纵栏式"窗体)

在"教学管理系统.accdb"数据库中创建一个窗体,用于显示"学生信息表"中的信息。具体操作如下。

第 1 步:打开"教学管理系统.accdb"数据库,在导航窗格中选择作为窗体的数据源"学生信息表",在功能区"创建"选项卡的"窗体"组单击"窗体向导"按钮,如图 5-56 所示。

图 5-56　窗体向导按钮位置

第 2 步：在打开的"窗体向导"对话框的"表和查询"下拉列表中，光标已经定位在所需要的数据源"学生信息表"，单击"＞＞"按钮，把该表中全部字段选择到"选定字段"窗格中，单击"下一步"按钮。

第 3 步：在"请确定窗体使用的布局"中选择"纵栏式"，单击"下一步"按钮。

第 4 步：输入窗体标题"学生信息"，选取默认设置"打开窗体查看或输入信息"，单击"完成"按钮。

第 5 步：这时打开窗体视图，图 5-57 所示为所创建窗体的效果。

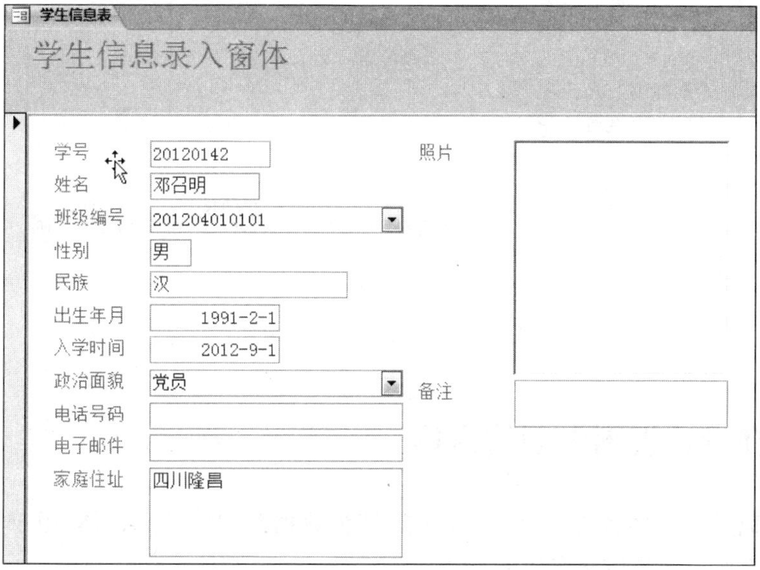

图 5-57　"纵栏式"窗体图

3. 学生-课程窗体（使用向导创建嵌入式的主/子窗体）

以"学生信息表"和"学生课程表"为数据源创建一个嵌入式的主/子窗体。具体操作如下。

第 1 步：在数据库窗口的"窗体"对象下双击"使用向导创建窗体"选项，打开"窗体向导"对话框。

第 2 步：在"窗体向导"对话框"表/查询"下拉列表框中选中"表：学生信息表"，并将其全部字段添加到右侧"选定字段"中；再选择"表：学生课程表"，并将全部字段添加到右侧"选定字段"中。

第 3 步：单击"下一步"按钮，在弹出的窗口中选择查看数据方式为"通过学生信息表"，并选中"带有子窗体的窗体"选项。

第 4 步：单击"下一步"按钮，选择子窗体使用的布局"数据表"选项。

第 5 步：单击"下一步"按钮，选择所用样式为"标准"选项。

第 6 步：单击"下一步"按钮，将窗体标题设置为"学生-课程"，"子窗体"标题设置为"所修课程表"。

第 7 步：单击"完成"按钮，效果如图 5-58 所示。

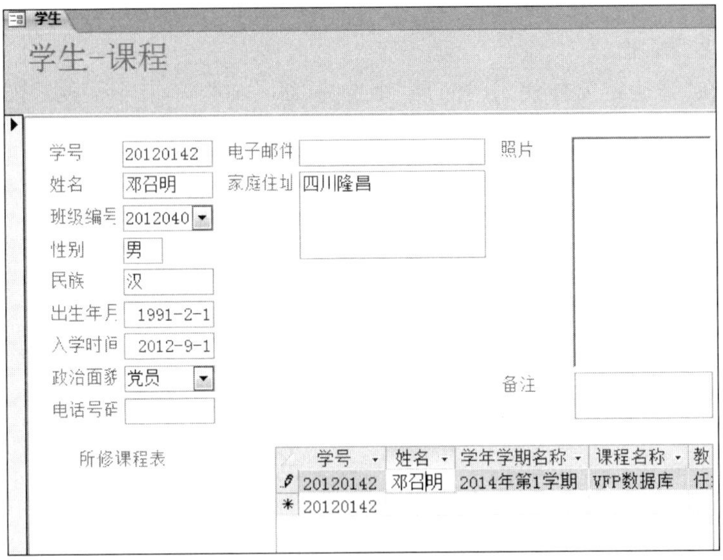

图 5-58　嵌入式的主/子窗体

5.4.2　在设计视图中创建窗体

以"教师信息表"的备份表"教师信息表 1"为数据源创建一个窗体，用于输入教师信息，如图 5-59 所示。具体操作如下。

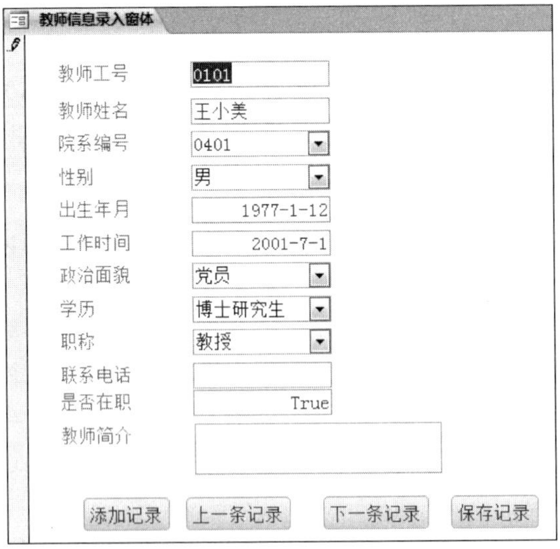

图 5-59　在设计视图中创建教师信息录入窗体效果

第 1 步：在导航窗格中选中"教师信息表"，选择"文件"→"对象另存为"，文件名为"教师信息表 1"。

第 2 步：在导航窗格中选择"表"对象，选择"教师信息表 1"，选择"创建"选项卡→"窗体"组，单击"窗体设计"按钮，建立窗体，弹出"字段列表"窗体，（有关"字段列表"窗体，可选择"窗体设计工具/设计"选项卡→"工具"组，单击"添加现有字段"按钮，切换进行显示/隐藏）。

第 3 步：分别将字段列表窗口中教师信息表 1 的所有字段拖放到窗体的主体中，并调整好它们的大小和位置。

第 4 步：选择"窗体设计工具/设计"选项卡→"控件"组，选择"使用控件向导"，再选择"命令按钮"，在窗体上添加命令按钮控件。在弹出的"命令按钮向导"中选择"记录操作"选项，然后在"操作"列表中选择"添加新记录"，如图 5-60 所示。

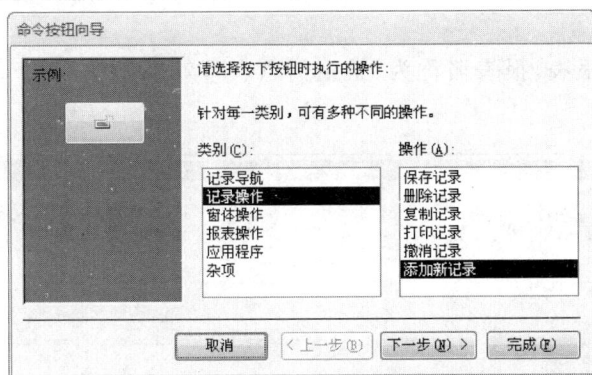

图 5-60　命令按钮向导

第 5 步：单击"下一步"按钮，选择"文本"，文本框内容为"添加记录"。单击"下一步"按钮，为命令按钮命名，选择默认值，然后单击"完成"按钮。

第 6 步：用同样的方法继续创建其他命令按钮。保存窗体，窗体名称为"教师信息录入窗体"。采用同样的方法可以设计所有表的录入窗体。

采用向导创建的窗体，往往都不满足需求，都需要使用设计视图进行修改。在实际的窗体创建中，一般按 5.4.1 节中的一种或多种方式创建窗体，然后再按照 5.4.2 节中的第4～6 步完成需求。针对教学管理系统，窗体的创建也是采用这种方法。

5.5　报　　表

尽管数据表和查询都可用于打印，但是报表才是打印和复制数据库管理信息的最佳方式。报表既可以输出到屏幕上，也可以传送到打印设备。

与其他打印数据方法相比，报表具有以下两个优点。

（1）报表不仅可以执行简单的数据浏览和打印功能，还可以对大量原始数据进行比较、汇总和小计。

（2）报表可生成清单、订单及其他所需的输出内容，从而可以方便有效地处理事务。

5.5.1 创建报表

1. 学生信息报表(使用“自动创建报表”方式)

以学生信息表为数据源,使用“报表”按钮创建报表。具体操作如下。

第 1 步:打开“教学管理系统”数据库,在“导航”窗格中选中“学生信息表”。

第 2 步:如图 5-61 所示,在“创建”选项卡的“报表”组中单击“报表”按钮,“学生信息”报表立即创建完成,并且切换到布局视图。

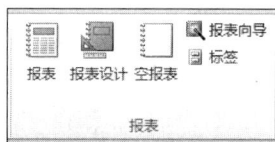

图 5-61 “报表”组

第 3 步:保存报表,报表名称为“学生信息表”,效果如图 5-62 所示。

学生信息表

2014年10月24日 8:59:50

学号	姓名	班级编号	性别	民族	出生年月	入学时间
20120142	邓召明	201204010101	男	汉	1991-2-1	2012-9-1
20120401	何宗维	201204010101	女	汉	1990-6-1	2012-9-1
20120402	谢兴春	201204010101	男	汉	1988-11-26	2012-9-1
20121062	向家翠	201204020201	女	汉	1992-12-1	2012-9-1
20122029	阮小平	201204020301	男	汉	1993-9-12	2012-9-1

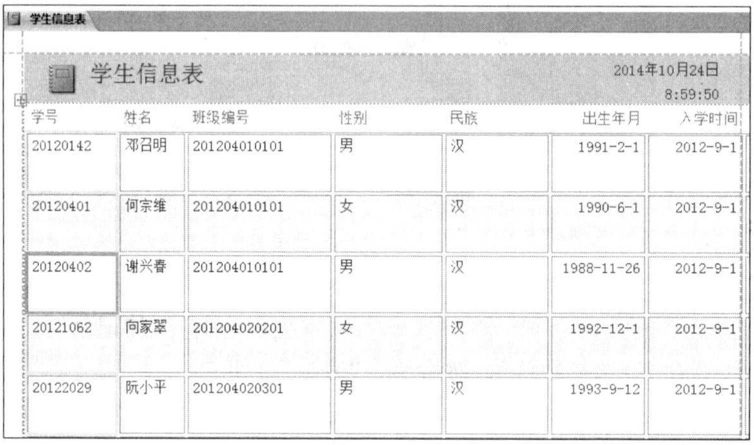

图 5-62 学生信息报表

2. 学生课程成绩报表(使用报表向导创建报表)

使用“报表向导”创建“学生课程成绩”报表,具体操作如下。

第 1 步:打开“教学管理系统”数据库,在“导航”窗格的查询中选择“学生课程成绩”。

第 2 步:在“创建”选项卡的“报表”组中单击“报表向导”按钮,打开“请确定报表上使用哪些字段”对话框,这时数据源已经选定为“查询:学生课程成绩”(在“表/查询”下拉列表中也可以选择其他数据源)。打开“可用字段”窗格,将全部字段移到“选定字段”窗格中,然后单击“下一步”按钮,如图 5-63 所示。

第 3 步:打开“是否添加分组级别”对话框,自动给出分组级别,并给出分组后报表布局预览。如图 5-64 所示,这里是按“学号”字段分组(这是由学生表与选课成绩之间建立的一对多关系所决定的,否则就不会出现自动分组,而需要手工分组),单击“下一步”按钮。如果需要再按其他字段分组,可以直接双击左侧窗格中的用于分组的字段。

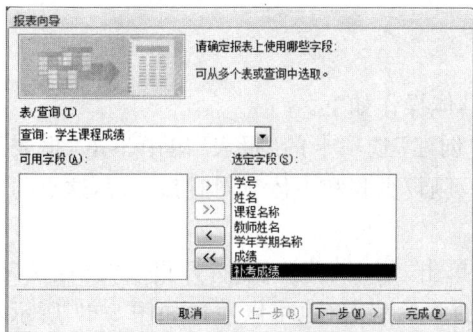

图 5-63 "请确定报表上使用哪些字段"对话框

图 5-64 "是否添加分组级别"对话框

第 4 步：在打开的"请确定明细信息使用的排序次序和汇总信息"对话框中选择按"成绩"降序排序，单击"汇总选项"按钮，选定"成绩"的"平均"复选项，汇总成绩的平均值，选择"明细和汇总"选项，单击"确定"按钮，再单击"下一步"按钮。

第 5 步：在打开的"请确定报表的布局方式"对话框中确定报表所采用的布局方式。这里选择"块"式布局，方向选择"纵向"，单击"下一步"按钮。

第 6 步：在弹出的图 5-65 所示的"请为报表指定标题"对话框中指定报表的标题，输入"学生课程成绩"，选择"预览报表"，然后单击"完成"按钮，如图 5-66 所示。

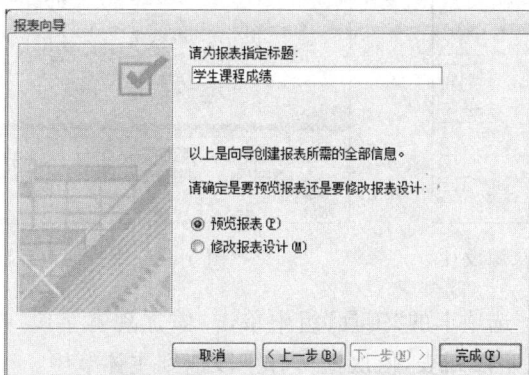

图 5-65 "请为报表指定标题"对话框

图 5-66 完成后的学生课程成绩报表

3. 教学计划报表（使用"设计"视图）

在报表设计视图中创建"教学计划报表"，具体操作如下。

第1步：打开"教学管理系统"数据库，在"创建"选项卡的"报表"组中单击"报表设计"按钮，打开报表设计视图。这时报表的页面页眉/页脚和主体节同时都出现，这点与窗体不同。

第2步：在"设计"选项卡的"工具"分组中单击"属性表"按钮，打开报表"属性表"窗口，在"数据"选项卡中单击"记录源"属性右侧的下拉列表（也可以通过如图 5-67 所示右边"…"按钮弹出的查询设计器设计查询），这里通过查询设计器设计查询来提供数据（也可以直接选择"教学计划表"，但这个表不是需要的结果），如图 5-68 所示。

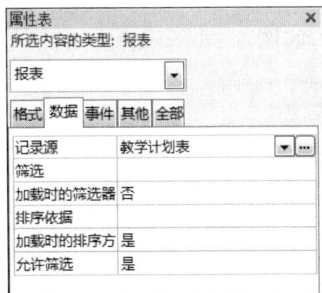

图 5-67　属性窗口记录源设计　　　　图 5-68　用查询设计器设计查询

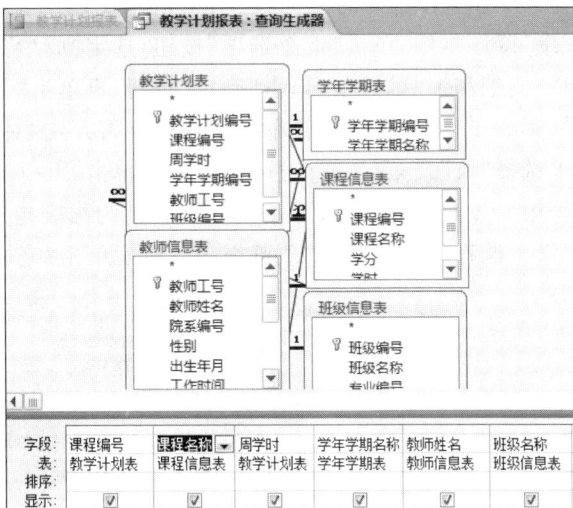

第3步：在"设计"选项卡的"工具"组中单击"添加现有字段"按钮，打开"字段列表"窗格，该窗格显示相关字段列表，依次把所有字段拖到主体节中。

第4步：在快速工具栏上单击"保存"按钮，以"教学计划报表"为名称保存报表。但是这个报表设计不太美观，需要进一步修饰和美化。

第5步：在报表页眉节区中添加一个标签控件，输入标题"教学计划报表"，使用工具栏设置标题格式：字号 20、居中。

第6步：打开"字段列表"窗口，依次将报表全部字段拖放到"主体"节中，产生 6 个文本框控件（6 个附加标签）。

第7步：选中主体节区的一个附加标签控件，选择快捷菜单中的"剪切"、"粘贴"命令，将它移动到页面页眉节区，用同样方法将其余 5 个附加标签也移过去，然后调整各个控件的大小、位置及对齐方式等；调整报表页面页眉节和主体节的高度，以合适的尺寸容纳其中的控件（注：可选择"报表设计工具/排列"→"调整大小和排序"进行设置），选中"教师姓名"标签，选择"属性窗口"→"格式"→"标题"，在其中将"标题"改为"任课教师"，设置后的效果如图 5-69 所示。

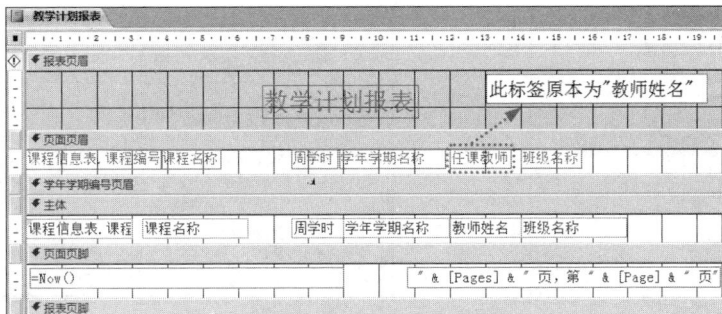

图 5-69　教学计划报表设置效果图

第 8 步：为使得显示效果更好，可以选择"报表设计工具/排列"选项卡"控件"组，选择"直线"控件，按住 Shift 键画直线。

第 9 步：选中"教学计划报表"标签，在属性窗口中修改字号、文本对齐属性值。

第 10 步：单击"视图"组→"打印预览"，查看报表。

第 11 步：保存报表，报表名称为"教学计划报表"。

5.5.2　修改报表

修改"学生课程成绩"报表，在页面页脚节区添加日期、页码，具体操作如下。

第 1 步：插入日期。打开"学生课程成绩"报表的设计视图，选择"页眉/页脚"，单击"日期和时间"按钮，选中"包含日期"复选框，取消"包含时间"选择，选择短日期格式，然后单击"确定"按钮，将新添加的日期控件移动到页面页脚的左端。

第 2 步：插入页码。选择"插入"，单击"页码"按钮，格式选择"第 N 页，共 M 页"选项，位置选择"页面底端"，对齐选择"中"选项。

第 3 步：保存并预览报表。

5.6　宏和 VBA 编程

5.6.1　宏

宏可以看做是一种简化的编程语言。利用宏后，不必编写任何代码，就可以实现一定的交互功能。比如弹出对话框、单击按钮打开窗体等。

1. 利用宏实现"学生课程成绩"报表打印预览

第 1 步：在"教学管理系统.accdb"数据库中选择"创建"选项卡→"代码与宏"组，单击"宏"按钮，进入宏设计窗口，如图 5-70 所示。

第 2 步：在"添加新操作"列第 1 行选择"OpenReport"操作，"操作参数"区中的"报表名称"选择"学生选课成绩报表"，"视图"选择"打印预览"，如图 5-71 所示。

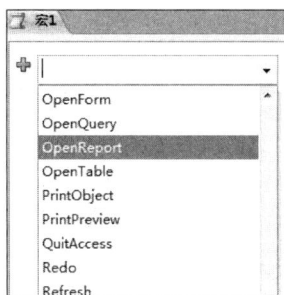

图 5-70 "添加新操作"对话框

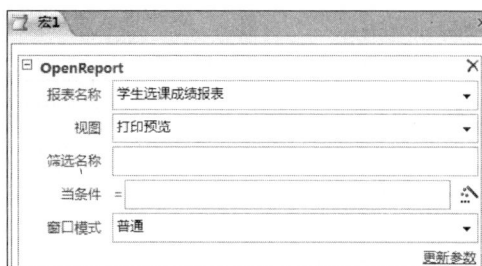

图 5-71 宏设计器组合框及操作参数的设置

第 3 步：单击"保存"按钮，在"宏名称"文本框中输入"学生课程成绩报表预览"。

第 4 步：单击"运行"按钮，运行宏。

采用同样的方式可以建立所有表格的打印数据预览的宏。

2. 利用 AutoExec 宏为数据库创建弹出欢迎界面

第 1 步：在"创建"选项卡的"宏与代码"组中单击"宏"按钮，打开"宏设计器"。

第 2 步：在"添加新操作"组合框中单击下拉箭头，在打开的列表中选择"MessageBox"，在"操作参数"窗格的"消息"行中输入"欢迎使用教学管理系统信息系统！"，在类型组合框中选择"信息"，其他参数默认。然后在"添加新操作"组合框中单击下拉箭头，在打开的列表中选择"OpenForm"，在"窗体名称"类型组合框中选择已经创建好的"登录窗口"，窗口模式选择"对话框"，其他参数默认，如图 5-72 所示。

第 3 步：保存宏，宏名为"AutoExec"。

第 4 步：关闭数据库。

第 5 步：重新打开"教学管理系统. accdb"数据库，宏自动执行，弹出一个消息框，并弹出登录框。

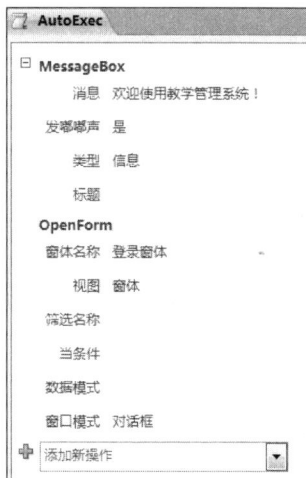

图 5-72 自动运行宏设计视图

5.6.2 VBA 编程

在宏操作列表中，可以以选择的方式在 Access 中创建宏，还可以用 VBA 编程语言编写过程模块。

模块是声明、语句和过程的集合，它们作为一个单元存储在一起。模块可以分为类模块和标准模块两类。类模块包含各种事件过程，标准模块包含与任何其他特定对象无关的常规过程。模块是由各种过程构成的，过程就是能够完成一定功能的 VBA 语句块。

───────── 高效办公自动化实用技术

1. 显示"学生信息表"第一条记录的"姓名"字段值

在"教学管理系统.accdb"数据库中新建一个标准模块。选择"数据库工具"选项卡→"宏"组→"Visual Basic",打开 VBE 窗口,在"教务管理系统—模块 1"窗口空白处输入以下代码。

```
Private Sub DemoField()                          '声明一个名为 DemoField()的过程
Dim rst As ADODB.Recordset                       '声明并实例化 Recordset 对象和 Field 对象
Dim fld As ADODB.Field
Set rst=New ADODB.Recordset                                    '设置 rst 为新数据集
rst.ActiveConnection= CurrentProject.Connection               '连接到当前数据库
rst.Open "select * from 学生信息表"                            '通过 SQL 语句打开表
Set fld=rst("姓名")                                           '设置 fld 为姓名字段
Debug.print fld.value                                        '输出 fld 的内容
End Sub
```

保存模块,模块名为"M-Test"。

选择"视图"菜单→"立即窗口",输入 call DemoField,运行过程 DemoField,观察运行结果。

小窍门:要使用 VBE 对数据库进行操作,必须引用相应的组件,即选择 VBE 窗口→"工具"→"引用",找到相应的引用,打上钩即可,比如上文中用到的 ADO 相关组件,应选择 Microsoft ActiveX Data Objects,dao:Microsoft DAO 3.6 Object Library。

2. 利用 VBA 程序增加记录

通过图 5-73 所示的窗体向"专业信息表"中添加专业记录,对应"专业编号"、"专业名称"、"院系编号"3 个文本及组合框的名称分别为 zNo、zName、xbno。单击窗体中的"添加"命令按钮(名称为 Command1)时,首先判断专业编号是否重复,如果不重复,则向"专业信息"表中添加记录;如果专业编号重复,则给出提示信息。

第 1 步:新建窗体,在窗体设计视图中的主体节中添加 3 个标签,2 个文本框,1 个组合框,2 个命令按钮,如图 5-73 所示。

第 2 步:打开属性窗口,将 2 个文本框中的"标题"属性分别设置为 zNo、zName,组合框"标题"属性设置为 xbno。第 1 个命令按钮的"名称"属性设置为 CmdAdd,"标题"属性设置为"添加",第 2 个命令按钮"名称"属性设置为"CmdExit","标题"属性设置为"退出";将窗体对象的"标题"属性设置为"添加记录",将"导航按钮"属性设置为"否","记录选择器"属性设置为"否"。

第 3 步:编写 CmdAdd 按钮事件,在如图 5-74 所示的对话框的"单击"下拉列表中选择"[事件过程]",单击"…"按钮,在打开的代码窗口中输入以下代码。

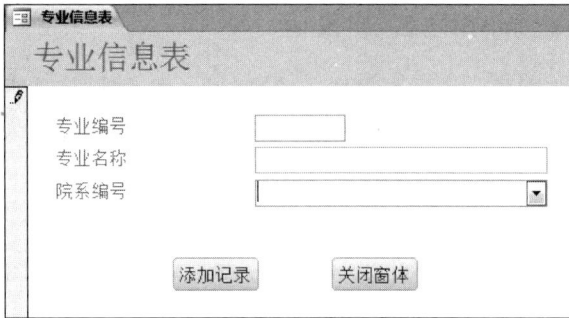

图 5-73　专业信息录入窗体

图 5-74　打开 CmdAdd 按钮事件

```
Option Compare Database                          '系统自动出现
Dim ADOcn As New ADODB.Connection                '定义数据库连接对象变量 ADOcn
Private Sub Form_Load()
    Set ADOcn=CurrentProject.Connection          '打开窗口时,连接 Access 数据库
End Sub
Private Sub CmdAdd_Click()
'增加专业记录
Dim strSQL As String                             '定义字符变量 strSQL
Dim ADORS As New ADODB.Recordset                 '定义 ADORS 为数据集变量
Set ADORS.ActiveConnection=ADOcn                 '设置数据集连接
ADORS.Open "Select 专业编号 From 专业信息表 Where 专业编号='"+zNo+"'"
'通过 sql 语句打开数据集
If Not ADORS.eof Then
    '如果该专业号的记录已经存在,则显示提示信息
MsgBox"你输入的专业编号已存在,不能增加!"
Else
    '增加新专业的记录
    strSQL="Insert Into 专业信息表(专业编号,专业名称,院系编号)"
    strSQL=strSQL+" Values('"+zNo+"', '"+zName+"', '"+xbno+") "
    ADOcn.Execute strSQL                         '执行插入
    MsgBox "添加成功,请继续!"
End If
    ADORS.Close                                  '关闭数据集
    Set ADORS=Nothing                            '设置数据集为空
End Sub
Private Sub CmdExit_Click()
    DoCmd.Close                                  '退出窗体
End Sub
```

　　第 4 步:保存窗体,窗体名称为"专业信息管理",切换至窗体视图,建立专业录入窗体。

3. 利用 VBA 实现系统登录窗体，并打开主窗体

在"教学管理系统"数据库中创建一个登录窗体，对用户输入的用户名和密码进行验证，将用户名、密码信息放在管理员信息表中，只有输入正确的用户和密码才能打开并使用教务管理系统，否则弹出消息框，提示用户输入的系统密码错误。操作步骤如下。

第 1 步：首先使用窗体设计视图创建一个登录窗体。登录窗体包括 2 个标签（label3、label4）和 2 个文本框（text1、text2），用来输入用户名和密码。1 个命令按钮（command0），用来验证用户名和密码，另外 1 个命令按钮（command7），用来退出应用程序以及窗体标题。该登录窗体的创建结果如图 5-75 所示。

图 5-75　登录窗体设计视图

第 2 步：打开"确定"按钮的代码窗口，输入以下代码。

```
Option Compare Database
Option Explicit                                  '变量在使用前必须进行显式声明
Private Sub Command0_Click()                     '完成命令按钮功能
    If IsNull(Me.username) Then                  '如果用户 ID 组合框为空
        MsgBox "请选择或输入用户名!", vbInformation  '提示选择或输入用户名
        Me.username.SetFocus                     '将焦点移到用户 ID 组合框
        Me.username.Dropdown                     '弹出组合框的下拉列表
    ElseIf Nz(Me.psd) <>Me.username.Column(1) Then  '如果密码不匹配
        MsgBox "密码不正确,请重新输入!", vbInformation  '提示重新输入密码
        Me.psd.SetFocus                          '将焦点移到密码框
    Else
        Me.Visible=False                         '隐藏登录窗体
        DoCmd.OpenForm "导航窗体"                  '打开主窗体
    End If
End Sub
Private Sub Form_Load()
    Me.psd=Null
    Me.username=Null
    Me.username.RowSource="SELECT 用户名,口令,权限 FROM 管理员信息表;"
                                                 '设置用户 ID 组合框行来源
    Me.username=DLookup("用户名", "管理员信息表")
```

```
'从管理员信息表表中读取前一次登录用户的用户名
End Sub
Private Sub cboUserID_NotInList(NewData As String, Response As Integer)
Response=acDataErrContinue
    '如果输入了不在组合框下拉列表中的用户名,不显示系统默认错误信息
    Me.username.Undo                                    '撤销输入
    MsgBox "输入的用户名不存在!", vbInformation        '显示自定义提示信息
End Sub
```

第 3 步：选中"窗体"对象,打开"登录窗体",分别输入正确的密码、错误的密码,单击"确定"按钮,查看结果,图 5-76 是密码输入错误出现的提示。

图 5-76　登录框密码输入错误提示

4. 利用 VBA 程序修改数据

对 VBA 编程,实现用户密码的修改功能,具体思路如下:从登录窗口获取用户名或口令,然后复制给新建的窗口,在新窗口修改。具体操作如下。

第 1 步：新建窗体,如图 5-77 所示,在窗体的主体节区中创建 5 个文本框,其中最后 1 个改为组合框;添加 2 个命令按钮,在属性窗口中分别将命令按钮的"名称"属性设为

图 5-77　修改密码窗体设计

"ok"和"close"，"标题"属性设为"确定"和"关闭"，并在"确定"按钮的下拉列表中选择"[事件过程]"，并单击"…"按钮，切换至 VBE 代码窗口中。

第 2 步：新建模块，打开 VBE 窗口，选择"工具"→"引用"，滚动列表，直到找到 Microsoft DAO 3.6 Object Library，勾选它，单击"确定"按钮，返回 Access。

第 3 步：在 VBE 的窗体代码区中输入并补充完整以下代码。

```
Option Compare Database
Private Sub Form_Load()                    '窗口加载时的代码开始
Me.username=Forms![登录窗体]![username]    '获取登录窗口中的用户名
Me.psd1=Forms![登录窗体]![psd]             '获取登录窗口中的密码
Me.username.Enabled=False                  '用户名框只读
Me.psd1.Enabled=False                      '密码框只读
Me.psd2=Null                               '新密码框置空
Me.psd3=Null                               '重复新密码框置空
Me.psd2.SetFocus                           '将焦点移到密码框
End Sub
Private Sub ok_Click()                     'ok 按钮代码开始
Dim str As String                          '定义 str 作为字符串变量,用于除非 sql 语句
If Nz(Me.psd2)<>Nz(Me.psd3) Then           '如果 2 次输入密码不匹配
    MsgBox "两次输入密码不相同,请重新输入!", vbInformation   '提示重新输入密码
    Me.psd2.SetFocus                       '将焦点移到密码框
  Else
    str="UPDATE 管理员信息表 SET 口令='"+Me.psd2+"',权限='"+Me.role+"'
    WHERE 用户名='"+Me.username+"'"
    CurrentDb.Execute str                  '更新管理员表中的密码
  End If
    Me.Visible=False                       '隐藏登录窗体
End Sub
```

第 4 步：保存窗体，窗体名称为"修改密码"，切换至窗体视图，输入 2 次密码，单击"确定"按钮，程序的运行结果如图 5-78 所示。

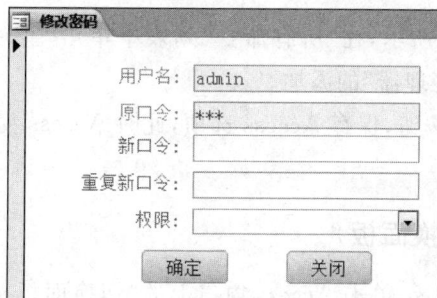

图 5-78　修改密码窗体运行效果

5.7　创建主窗体和启动项设置

5.7.1　创建主窗口界面

创建主窗口界面可以通过切换面板来完成。切换面板是一种带有按钮的特殊窗体，单击这些按钮，可以在数据库的窗体、报表、查询和其他对象中查看、编辑或添加数据。切换面板上的每一个条目都连接到切换面板的其他页，或链接到某个动作。它不仅提供了一个友好的界面，还可以避免用户进入窗体或报表的设计视图。

使用切换面板管理器，可以修改向导提供的切换面板，也可以自己创建切换面板。数据库的切换面板系统由分层排列的切换面板组成，排列从主切换面板开始，一般扩展到两个或多个子页面。每个页面包括一组项目，项目组含有执行特定操作的命令。绝大多数项目包括一个变量，该变量规定打开哪个窗口、预览哪个报表等。

在 Access 2010 中，切换面板管理器被隐藏，如果要使用它，可以选择"文件"→选项来自定义。

1. 设置"切换面板"工具

第 1 步：打开"文件"选项卡→"选项"组→"自定义功能区"，弹出"Access 选项"对话框。在"自定义功能区"的"自定义功能区"列表下选择"主选项卡"，单击"新建选项卡"按钮，如图 5-79(a)所示，主选项卡会增加一个"新建选项卡(自定义)"选项，右击"新建选项卡(自定义)"，在弹出的快捷菜单中选择"重命名"，将其命名为"切换面板选项卡"。

第 2 步：在"切换面板选项卡"下右击"新建组(自定义)"，在弹出的快捷菜单中选择"重命名"，然后输入"切换面板"。如图 5-79(b)所示，选择一个代表自定义组的图标，然后单击"确定"按钮。

第 3 步：单击"主选项卡"下的"切换面板"组，在窗口左侧的"从下列位置选择命令(C)"列表中选择"所有命令"。

第 4 步：如图 5-79(c)所示，在"所有命令"列表中单击"切换面板管理器"，单击"添加"按钮，完成"切换面板管理器"的添加。

第 5 步：单击"确定"按钮，保存 Access 选项，此时 Access 窗口上部将出现"切换面板选项卡"。

2. 创建主窗口(切换面板)

第 1 步：如图 5-80 所示，单击 Access 窗口上的"切换面板选项卡"→"切换面板管理器"(在"1. 设置'切换面板'工具"中自己定义的)。如第一次创建切换面板，系统会提示是否创建，单击"是"按钮。打开如图 5-81 所示的"切换面板管理器"对话框，开始创建切换面板窗体。

高效办公自动化实用技术

(a)　　　　　　　　　　　　　　　　　　　　(b)

(c)

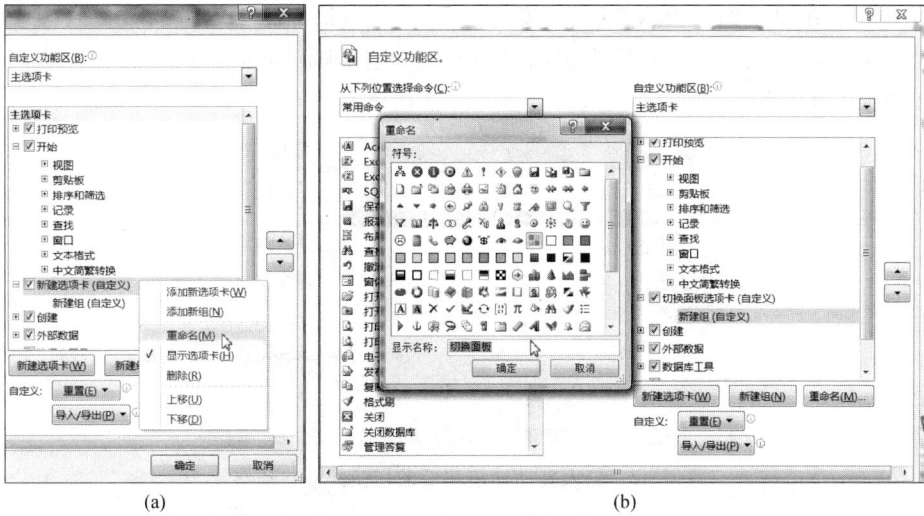

图 5-79　"Access 选项"对话框—自定义功能区

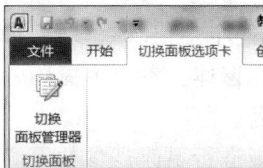

图 5-80　自定义的"切换面板选项卡"　　　　　图 5-81　切换面板管理器

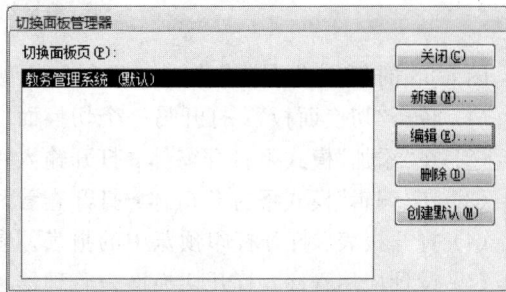

第 2 步：在图 5-81 中单击"新建"按钮，在弹出的对话框中分别输入教务管理系统的功能块名称（按图 5-18 教学管理系统功能图输入），这里所建的面板属于容器面板。输入完成后如图 5-82 所示。

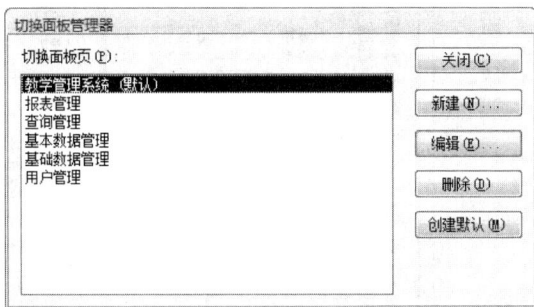

图 5-82　输入完功能模块后的切换面板管理器

第 3 步：在图 5-82 中选中"教学管理系统（默认）"模块，单击"编辑"按钮，弹出"编辑切换面板页"对话框，单击"新建"按钮，弹出如图 5-83 所示的"编辑切换面板项目"对话框，在文本栏中输入相应项目的名字（教学管理系统（默认）是主界面），在命令栏选择转至"切换面板"，在"切换面板"栏选择相应的第 2 步所建的面板。完成后的主控面板如图 5-84 所示。

图 5-83　编辑切换面板项目

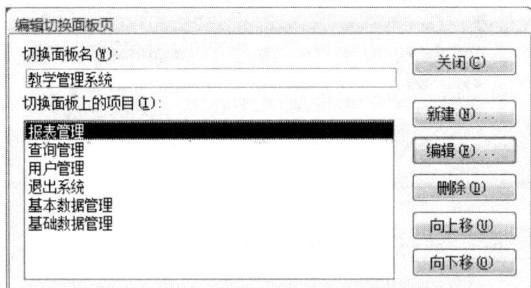

图 5-84　编辑切换面板页

图 5-83 的"命令"栏中提供了一些命令类型，具体说明如下。

（1）转至"切换面板"：打开另一个切换面板并关闭自身面板。参数为目标面板名。

（2）在"添加"模式下打开窗体：打开输入用窗体，出现一个空记录。参数为窗体名。

（3）在"编辑"模式下打开窗体：打开查看和编辑数据用窗体。参数为窗体名。

（4）打开报表：打开打印预览中的报表。参数为报表名。

（5）设计应用程序：打开切换面板管理器以对当前面板进行更改。参数无。

（6）退出应用程序：关闭当前数据库。参数无。

　高效办公自动化实用技术

（7）运行宏：运行宏。参数为宏名。

（8）运行代码：运行一个 VB 过程。参数为 VB 过程。

第 4 步：采用同样的方法，根据需要选择相应的"命令"，设置后完成如图 5-82 所示的余下的面板项目的创建。完成所有切换面板的创建后，单击"关闭"按钮，保存并命名为"导航窗体"，运行结果如图 5-85 所示。

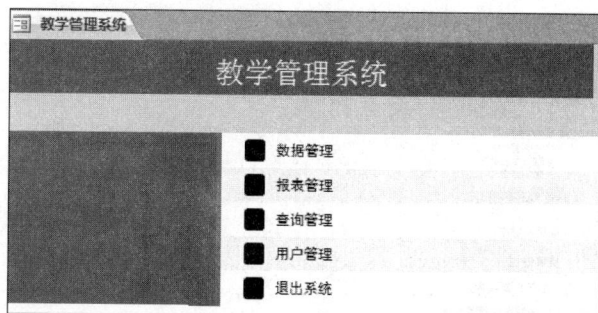

图 5-85　教学管理系统主界面

5.7.2　设置教学管理系统启动选项

第 1 步：打开教学管理系统.accdb 数据库。选择"文件"，单击"选项"，自定义功能区弹出如图 5-86 所示的"Access 选项"对话框。

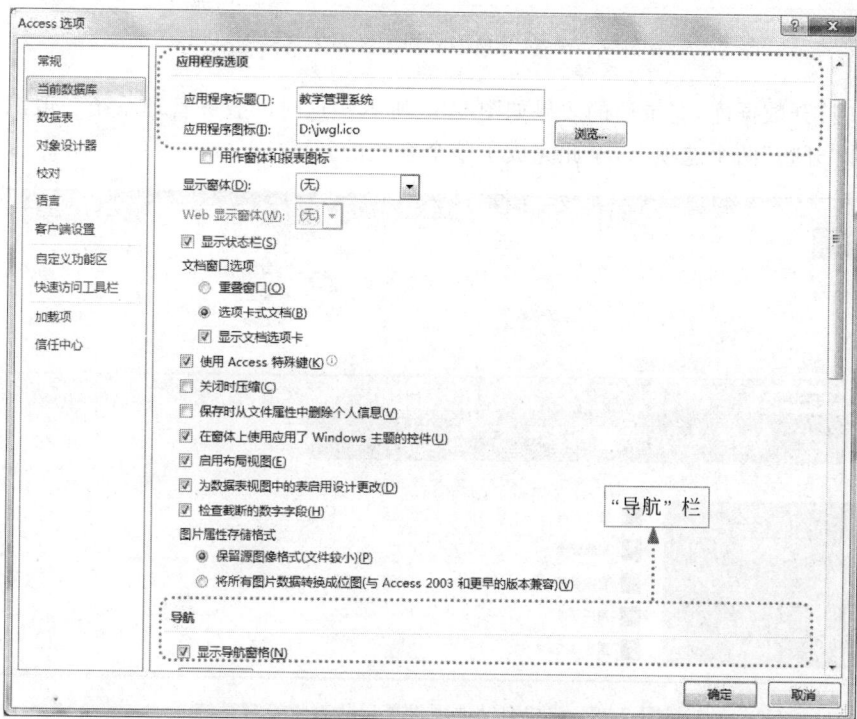

图 5-86　"Access 选项"对话框—当前数据库

第 2 步：在图 5-86 所示的对话框左边选择"当前数据库"，在右边的"应用程序标题"栏中输入"教学管理系统"，在"应用程序图标"栏选择一个图标。

第 3 步：去掉图 5-86 中"导航"栏的"显示导航窗格"前面的"√"。向下拖动垂直滚动条，在"导航"栏下面"功能区和工具栏选项"栏中去掉"允许全部菜单"和"允许默认快捷菜单"栏前面的"√"，单击"确定"按钮，关闭对话框，如图 5-87 所示。

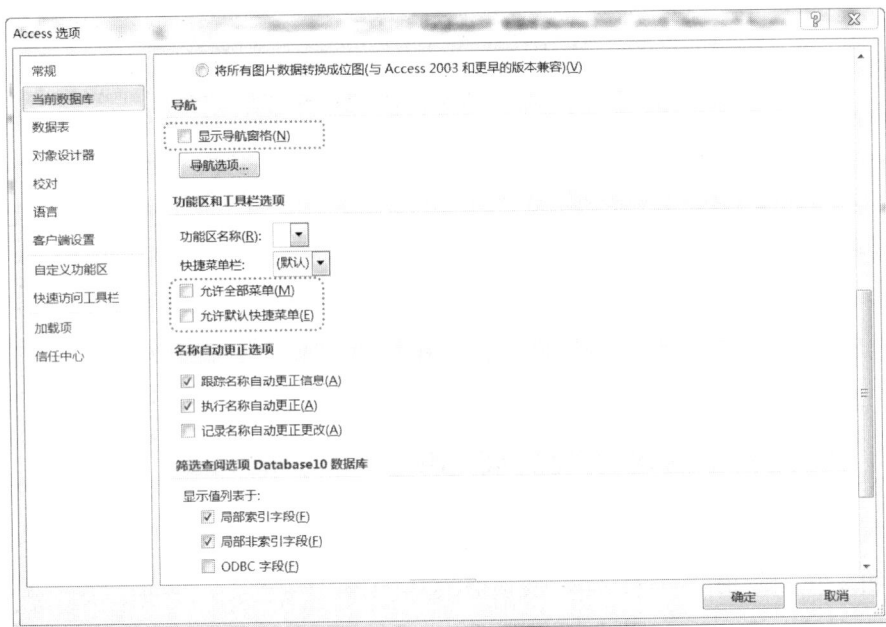

图 5-87　设置"导航"和"功能区和工具栏选项"

重新打开数据库，登录后的效果如图 5-88 所示。这时的教务管理系统一般默认只有"文件"和"开始"两个选项卡，至此完成了整个系统的开发。

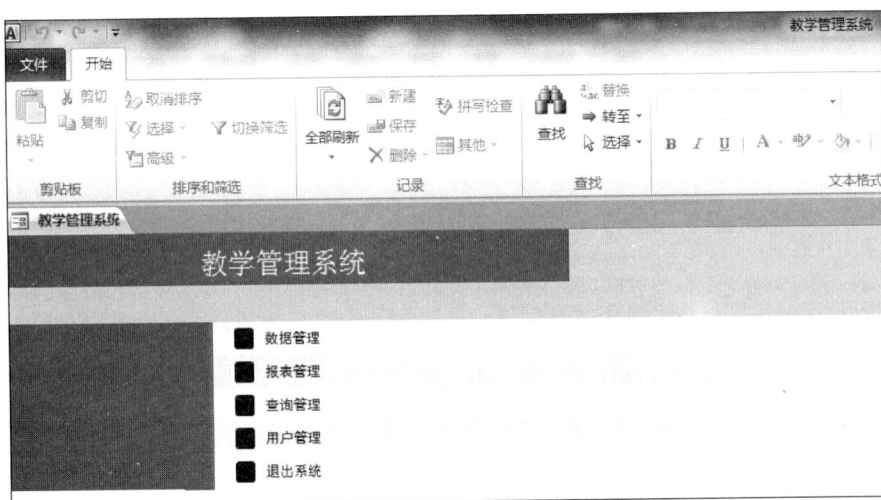

图 5-88　完成启动选项设置后的教学管理系统

5.8 本章小结

Access 2010 是 Microsoft Office 2010 办公软件的重要组成部分,它提供了一个能在办公室环境下使用、操作简便、易学好用的关系型数据库管理系统。Access 2010 除了继承和发扬了以前版本的功能强大、界面友好、易学易用的优点之外,在界面的易用性方面进行了很大改进。本章内容从关系数据库的基本知识入手,介绍了数据库模式、数据模型、关系数据库以及 Access 2010 关系数据库的相关知识,并以教学管理系统的实现为主线,分别介绍 Access 2010 关系数据库的对象:表、查询、窗体、报表、宏及 VBA 等的操作与实现。

通过本章的学习,应能掌握数据库的基本知识,用 Access 2010 开发实用的小型信息管理系统。

5.9 习　　题

1. 数据库、数据库管理系统、数据库系统的概念。
2. 数据库有什么特点?
3. 计算机数据管理经历了哪几个阶段?
4. 数据模型有哪些?
5. 作为一个"关系"的二维表,应满足哪些条件?
6. 关系数据库管理系统中常用的三种关系运算是什么?
7. 按照 Access 2010 开发系统的开发步骤,完成学习委员联系系统的建立。

该系统包括 2 个表,表 5-12 班级表和表 5-13 学习委员表,根据这 2 个表自行设计字段长度。要求能通过"登录窗口"输入密码,进入"系统主界面",能完成班级信息查询、人数汇总查询和学习委员信息查询;班级信息维护(增加、修改、删除信息)、学习委员信息维护(增加、修改、删除信息)。登录窗口采用自动宏处理。

表 5-12　班级表

编　号	班主任	年　级	专　业	班级	人　数
20121001	张　军	2012	信息与计算科学	1	53
20122001	向丽丽	2012	计算机科学与技术	1	76
20123001	吴　环	2012	软件工程	1	54
20124001	刘　芳	2012	数学与应用数学	1	44
20124002	刘　芳	2012	数学与应用数学	2	43
20131001	张　军	2013	信息与计算科学	1	52

编 号	班主任	年 级	专 业	班 级	人 数
20132001	向丽丽	2013	计算机科学与技术	1	61
20133001	刘 康	2013	软件工程	1	44
20133002	刘 康	2013	软件工程	2	44

表 5-13　学习委员表

编 号	姓 名	手 机	座 机
20121001	张 催	13123510×××	58100001
20122001	王 思	13123513×××	58100002
20123001	刘 晓	13310729×××	58100003
20124001	黄 磊	13193116×××	58100004
20124002	向 丽	13251164×××	58100005
20131001	瞿家碧	13123510×××	58100006
20132001	刘 婷	13870422×××	58100007
20133001	向 杰	13923405×××	58100008
20133002	张 进	13826386×××	58100009

第 **6** 章　网络化办公

本章要求

- 了解网络化办公的相关概念。
- 掌握组建局域网的基本方法。
- 熟练掌握办公室范围内的计算机资源共享方法。
- 能够熟练使用 Outlook 2010 管理邮件。
- 能够用 Outlook 2010 创建约会和任务。
- 能够利用 QQ 和网盘进行辅助网络办公。
- 掌握利用搜索引擎进行高级搜索的方法。
- 能够利用移动智能终端辅助办公。
- 了解事务协同化办理的相关知识。

6.1　网络化办公概述

6.1.1　网络化办公的含义

　　信息化是当今时代发展的大趋势。传统办公方式的特点决定了部门内部及各部门之间彼此孤立,大量的时间和资源浪费在人与人之间的沟通和协调上,消耗了本该投放在重点工作上的资源和时间。计算机技术及网络技术的迅猛发展为信息的交流和共享、团队的协同运作提供了技术保证,办公无纸化、网络化已经成为一种趋势,预示着网络化办公时代的来临。

　　网络化办公是以网络环境为支撑平台的办公自动化模式,是信息化在企事业单位管理方面最基本的体现,也是提高办公效率、提升办公质量的途径之一。单位要实现网络化办公,应首先组建办公局域网,将局域网与 Internet 相连,使用针对业务定制的办公信息系统和物联网通信系统等。组建局域网主要包括硬件设备购置、硬件安装、软件配置几个步骤,组建后应与 Internet 相连,并使用针对业务定制的办公信息系统,方便地实现办公资源的共享、网络资源的搜索、信息发布与交流等功能。

6.1.2　网络化办公的主要作用

随着现代计算机网络的普及,在日常办公中加速推进网络化已变得越来越迫切。提倡网络化办公,不仅能提高工作效率、优化办公结构,还可以改变人们的工作方式及习惯的思维方式。

1. 更大限度地实现办公资源共享

资源共享包括硬件资源共享、软件资源共享及信息共享。硬件资源,如打印机、服务器等,在相对集中的办公条件下,可以为多台计算机共用,不需要每台计算机单独配备,也不需要用移动存贮设备将需要打印的文件复制到装有打印机的计算机上。只要在连接打印设备的计算机上将打印机设为网络共享,或者使用专门的打印共享服务器,该局域网内其他计算机就可以直接打印。软件资源指各类文件、资料、技术图纸等,只要将文件夹设置成共享,其他用户就可以通过局域网,在各自的计算机上直接读取共享资料,或者通过文件传输工具快速实现文件的分享。信息共享是指员工在网络环境下借助软件实现消息通信、文档远程演示等。相比传统的办公方式,网络化办公更大限度地实现了资源共享。

2. 促使办公朝着"无纸化"方向转变

网络化办公为部门提供了日常办公支持及综合信息服务,实现档案管理自动化和事务处理自动化;实现各部门日常业务工作的规范化、电子化、标准化;增强文书档案、人事档案、科技档案、财务档案的可管理性;实现信息的在线查询、借阅。这种方式以电子文件为中心,使得电子化文件不在任何部门囤积,促使办公方式朝着"无纸化"方向转变。这种"无纸化"的办公方式既节约了成本,大大提高了工作效率,也符合当前的环保需求。

3. 便于单位内部信息发布与交流

单位可通过局域网建立单位综合办公自动化系统,供单位内部职工使用。单位可通过电子公告、电子论坛、QQ 群及电子邮件等手段分发各类新闻、通知,使内部的规章制度、新闻简报、技术交流、公告事宜等能够在单位内部广泛传播,从而使员工能够了解单位的发展动态。

4. 便于 Internet 资源的查找与利用

实现了网络化办公,还可以方便地使用网络搜索引擎在 Internet 上查找办公需要的各类电子资料,便于及时利用。

5. 便于单位与外界沟通交流

单位不但可以在 Internet 上发布动态门户网站,宣传单位自身情况,还可以利用网络了解其他外界信息,利用微云、QQ 等应用软件协助网络化办公的开展。

6.2 事务协同化办理

6.2.1 事务

事务是一个最小的工作单元,不论成功与否,都作为一个整体工作,不会有部分完成的事务。事务是由几个任务组成的,如果一个事务作为一个整体是成功的,则事务中的每个任务都必须成功。如果事务中有一部分失败,则整个事务失败。办公室事务办理的实质就是将预先计划好的任务进行分拆,具体安排,有序执行并加以统一管理,合理评估,最后达成某种目标的全过程。其特征主要是时序化、流程化、科学化、标准化、协调性。具体地讲,就是对任何事务讲究统筹安排,流程化管理、时间管理、标准化管理、协同合作等。办公室事务办理的主要内容包括日程安排、接听电话、档案管理、时间管理、会议安排、信息管理、人际关系处理、沟通协调等。

6.2.2 事务协同化办理的含义

协同指协调两个或两个以上的不同资源或个体,协同一致地完成某一目标的过程或能力。协同事务办理是指企业或组织中的成员利用某种工具或资源进行日程沟通、知识共享、任务协调等,对某一具体事务进行协作处理的过程。它具有方便、快捷和降低成本的优点,是提高事务办理效率的一种有效方法。采用协同化事务办理的方法进行日常办公被称为协同办公。大多企业不仅需要完成日常办公、资产管理、业务管理、信息交流等常规协同工作,还在即时沟通、数据共享、移动办公等方面提出了更进一步的全方面统一需求,不仅如此,很多企业也在寻求低成本、高性能、高整合、智能化管理企业的综合性管理应用平台——协同办公平台。它实际上是协同应用软件的开发平台和运行支撑平台,同时为协同应用提供协同工具和协同引擎服务。

6.2.3 事务协同化办理的内容

事务协同化办理在日常办公事务处理过程中可以发挥以下作用:在组织及部门内部以及各种跨组织、跨地区、跨系统、跨网络的动态团队内部实现安全、高效、方便的信息交换、知识管理与流程控制,从而全面提升组织的敏捷性,使应变更灵敏、决策更准确、管理更高效。事务协同化办理涉及以下内容。

1. 联系人管理

联系人管理主要通过对以信息管理和内容管理为中心的企业关系管理来完成,它不仅涉及企业内部和外部的基本通讯录管理,而且涉及与联系人相关的名片、日程、文档、通信、协作区等的综合管理,从而形成更紧密的客户关系,提高供应链竞争能力。

2. 消息传递

在事务协同办理过程中,消息传递主要以电子邮件、语音邮件、即时通信、语音通话、手机短信等多种通信方式实现各事务办理参与者之间的发送消息,让参与者能够及时沟通交流,使事务处理更加高效、迅速。消息传递可实现事务协同办理过程中的普通交流、待办事项、通知公告、工作日程、会议通知、超时预警、数据报警、人员异动、电子贺卡等功能。

3. 协同工作

协同工作要求在事务实施过程中能够实现团队协作,比如项目管理、流程管理、事务管理等。这样才能做到随需应变、动态适应,实现柔性管理。信息化的事务协同办理的协同工作要求以网络为基础、以工作流为中心,实现公文流转、流程审批、会议管理、制度管理等众多功能,极大地方便员工工作,规范组织管理,提高运营效率。

6.2.4 事务协同化办理的实现方式

在信息化时代,事务协同化办理需要协同办理平台支撑,该平台利用网络、计算机、信息化,给多人提供事务处理过程中的沟通、共享、协作机会。协同办公平台是信息化时代事务协同办理的核心部分,主要面对有分支机构的大中型企事业和政府机关单位,主要作用是把总部和各地的分支机构连接起来,进行统一管理,以系统手段规范全体员工的工作。领导可以在任意一点掌控全局,监控企业运行,从而达到提升管理、防范风险的目的;同时将协同办公平台作为信息化平台,使各种信息数据能共享使用,减少信息孤岛,充分发挥信息化的实际作用。事务协同化办理平台的实现方式主要有以下两种。

1. 电子邮件

电子邮件是一种通过网络实现相互传送和接收信息的现代化通信方式,它是互联网应用最广的服务。借助电子邮件,可以用非常低廉的价格,以非常快速的方式,与世界上任何一个角落的网络用户联系,这些电子邮件可以是文字、图像、声音等各种方式。同时,用户可以得到大量免费的新闻、专题邮件,实现轻松的信息搜索。

在事务协同化办理中,电子邮件分为三个层次。第一,利用电子邮件的基本邮件传递功能,可以实现事务参与者之间的消息通信,从而达到事务的协同化办理;第二,借助电子邮件的客户端管理软件(如 Outlook 2010、Foxmail 等)或部分在线 Web 端邮件系统,可以实现联系人管理、小型讨论、日程安排、工作任务安排与分配、日志与便签管理等事务协同办理中的常见功能;第三,在电子邮件系统的基础上,结合相应的电子邮件服务器(如微软的 Exchange Server、IBM 的 LotuS),利用邮件服务器实施工作流的定义和管理、联系人的管理、任务委托管理、信息共享等多种日常事务协同处理功能,从而实现功能完整、处理能力强大的事务协同办公网络平台。

2. 网络协同化办公系统

网络协同办公系统是从办公自动化软件发展而来的,可用关系数据库、文件系统以及邮件系统做数据存储,常采用 B/S 模式,用工作流引擎实现工作流的定义和管理功能。这种系统扩展性很强,不仅可实现事务协同办理的全部功能,而且可和企业门户、生产系统等相关系统进行整合。上述基于邮件服务器上开发出来的网络办公平台就属于这种系统。目前,比较典型的网络协同办公系统有竞开协同之星、IBM Lotus 协同办公软件、黄城网络办公系统等。一般地,系统协同化办公系统具有五大应用平台:外部信息门户、内部信息门户、协同交流平台、办公管理平台和移动办公平台。该办公系统利用顶层设计思想,采用商用密码技术、量子密码技术、USB 安全密钥技术、指纹认证技术、虚拟专用网技术、环网技术和链路备份技术等,具有收发文管理、会议管理、日志管理、督查督办、政务要报、视频点播、内部办公短信服务、网上业务办理等多种功能,并通过测试。系统以知识管理为核心,协同运作为进化手段,使各部门的资源融会贯通,吐故纳新,以崭新的形象生机勃勃地面对多变的外界环境。

6.3　组建办公局域网

6.3.1　设计并完成硬件组网

为单位组建局域网,首先要根据单位的规模选择合适的组网方式,根据客户机的数量选用适当型号的交换机连接。一般局域网常用交换机的接口数量有 4、8、16、24、48 端口,利用双绞线,将每台计算机直接连接到交换机的接口上即可;如果客户机数量较大,也可采用交换机级联方式进行组网。由于移动办公用户数量日益增多,需建立无线接入点,为移动办公设备(笔记本电脑、平板电脑、智能手机等)提供接入服务。

如果要将局域网与 Internet 相连,要考虑客户机数量,如果客户机数量较少,可采用非对称数字用户线路(Asymmetric Digital Subscriber Line,ADSL)连接、使用宽带路由器共享上网的模式。具体地,将 ADSL 调制解调器的 LAN 口和宽带路由器 WAN 口相连,宽带路由器的 LAN 口和交换机或客户机相连。如果是规模较大的办公环境,最好选用专线(如光纤)接入,再使用功能较强的专业路由器共享上网。典型的办公网络拓扑图如图 6-1 所示。

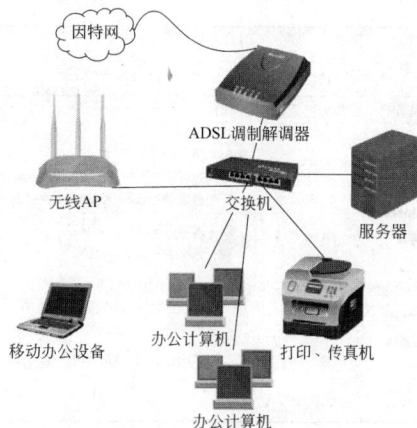

图 6-1　典型办公网络拓扑图

组建局域网成功后,以部门为单位建立工作组,各个终端计算机可以以用户的姓名或编号进行命名。每个部门可以配置一台打印机,只要在连接打印机的计算机上设置打印机为共享,其他计算机就可共享使用此台打印机。

6.3.2　基于 Windows 7 组建办公网

企业用户可以用 Windows 7 快速部署办公局域网,提高办公效率,Windows 7 系统针对企业用户提供了"家庭组"的家庭网络辅助功能,该功能主要针对多台计算机互联来实现网络共享,并可以直接共享文档、照片、音乐等各种资源,也可以直接进行局域网联机,并共享打印机等。在搭建"家庭组"之前,必须确保创建"家庭组"的这台计算机安装的是 Windows 家庭高级版(Windows 专业版或 Windows 旗舰版),如果用户使用的系统是 Windows 7 家庭普通版,就无法作为创建网络的主机使用。

用 Windows 7 组建基本办公网络,可以在 Windows 7 系统中选择"控制面板"→"网络和 Internet",如图 6-2 所示,单击其中的"家庭组",如图 6-3 所示,就可以在界面中看到

图 6-2　选择"网络和 Internet"选项

图 6-3　选择"家庭组"

家庭组的设置区域。如果当前使用的网络中没有其他人建立的家庭组，Windows 7 将提示创建家庭组进行文件共享。此时单击"创建家庭组"按钮，如图 6-4 所示，并选择需要共享的内容，如图 6-5 所示，就可以开始创建一个用于办公的家庭组网络，即办公局域网。

图 6-4　单击"创建家庭组"按钮

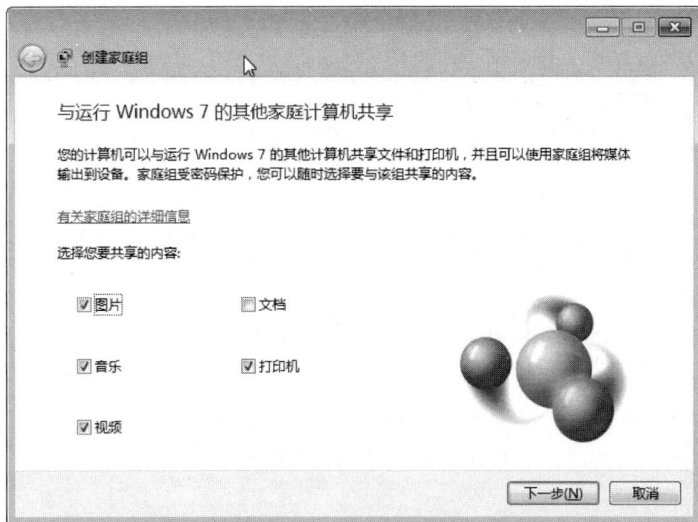

图 6-5　选择需要共享的内容

6.4　设置办公室资源共享

按照 6.3.2 节设置后，基本上可以实现办公局域网内的部分资源共享。为了更加灵活地控制资源共享，可以采用 Windows 7 中提供的通用文件共享功能。这就是利用 Windows 7 中默认的共享安全特性，启用密码保护的共享。

6.4.1 启用密码保护共享

这一设置是与网络类型配置文件关联的。例如，当新接入一个网络环境时，Windows
7 会弹出一个向导，用来选择家庭网络、工作网络或公用网络，选择家庭或工作网络对应
的都是专用网络配置文件，而选择公用网络则对应的是公用网络配置文件。但不论在哪
个配置文件中，密码保护的共享这一项的设置默认都是被启用的。

如果要检查或更改对应每种配置文件的设置，选择"控制面板"→"网络和 Internet"
→"网络和共享中心"→"高级共享设置"，可以设置"启用密码保护共享"，如图 6-6 所示。

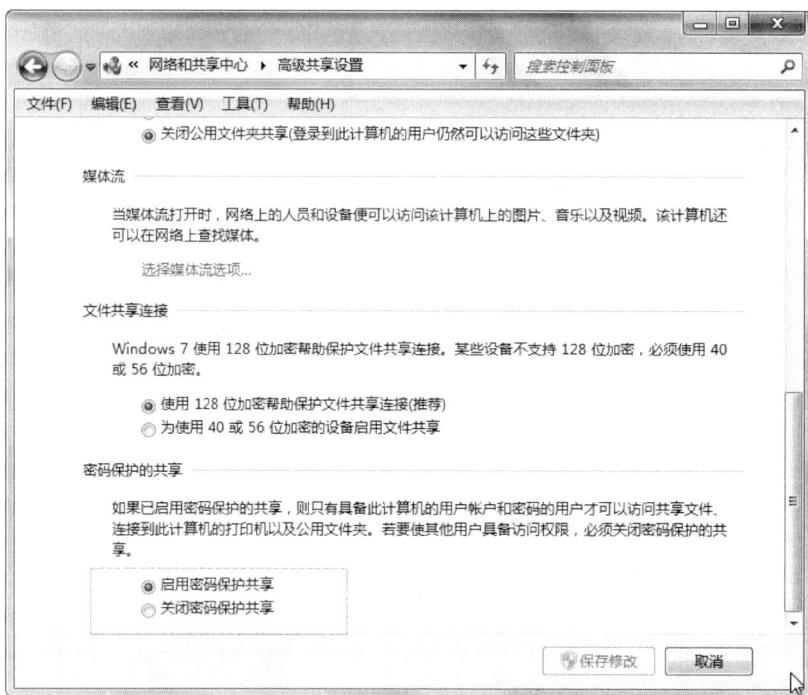

图 6-6 设置"启用密码保护共享"

6.4.2 分配账户和权限

开启了"启用密码保护共享"设置后，当尝试访问网络计算机时，必须先输入一个凭
据，该凭据是位于网络计算机上的某个用户名及其密码（该账户必须带有密码才能访问）。
当凭据验证通过后，才可以看见可用的共享文件夹，而当需要进一步访问某个文件夹时，
又需要将刚才输入的凭据与文件夹的共享访问权限进行匹配，如果有权限访问该文件夹，
才能继续。

⚠ 提示：启用密码保护共享的功能不适用于域网络，因为 Windows 域网络的共享
和密码由主域控制器控制。

因此,如果要顺利访问共享文件夹及里面的内容,除了需要确保计算机位于同一个工作组、同一网段,能够互访之外,还需要为该文件夹指定一个合适的账户,并分配权限,并且让访问者在首次弹出凭据输入框时就输入对应该账户的凭据(用户名及密码)。下面结合实例来阐述正确共享与访问。

问题:假设有两台计算机,分别是 A 和 B,如何实现在 A 上创建一个共享文件夹,并使用 Eric 这个本地账户进行保护,然后让 B 上的用户去使用计算机 A 上面的用户 Eric 的凭据访问?

第 1 步:在 A 上准备好要共享的文件夹。例如,创建一个名为"Share"的文件夹,然后右击,选择"属性"选项,并切换到"共享"选项卡,如图 6-7 所示。这个选项卡下面的密码保护中的信息显示当前计算机处于启用了密码保护共享的状态,必须具有此计算机的用户账户和密码才能访问共享文件夹。

第 2 步:单击"高级共享"按钮,弹出"高级共享"配置对话框,如图 6-8 所示,选中"共享此文件夹"前面的复选框,并设置限制共享用户数量,然后单击"权限"按钮。

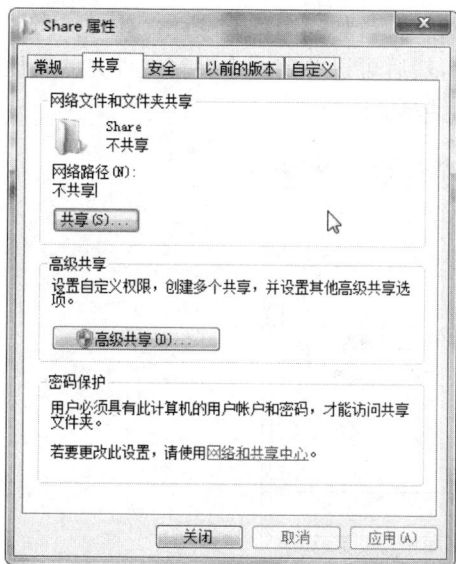

图 6-7　打开文件夹"共享"属性

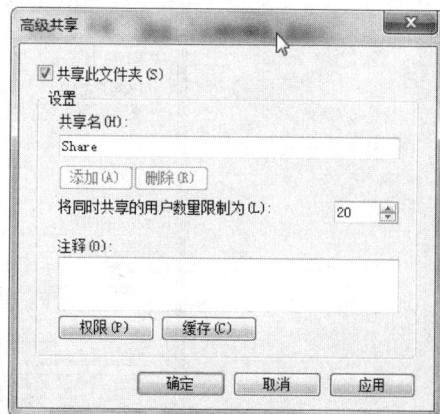

图 6-8　高级共享

第 3 步:如图 6-9 所示,在弹出的权限配置对话框中显示默认出现的 Everyone 组,按照这个默认设置,访问者只要输入本机的任何一个带密码账户的凭据并通过验证后,均可访问这个共享文件夹。如果只有提供指定账户的凭据并通过验证后才能访问共享内容,必须删除 Everyone 组,然后单击"添加"按钮,在弹出的"选择用户或组"对话框中输入一个本地的带有密码的用户账户的账户名,并且单击右侧的"检查名称"按钮。如果输入的名称正确,那么该名称前端会自动加上计算机名,整个名称也会加上下划线。例如,输入 Eric,检查名称后,就会如图 6-10 所示。

图 6-9　权限配置对话框

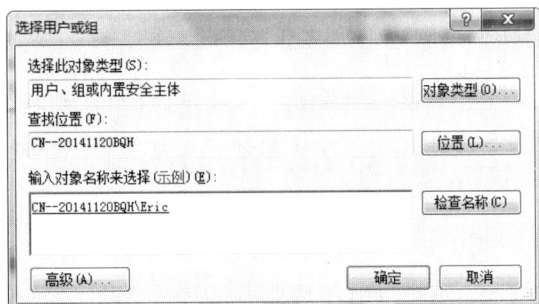

图 6-10　选择用户或组

第 4 步：在"选择用户或组"对话框中单击"确定"按钮，返回权限设置对话框，可以进一步勾选，决定远端用户访问该共享时是只读的还是可以更改里面的文件。例如，希望这个受密码保护的共享对于授权用户是可以进行更改删除等操作的，就可以在"完全控制"对应的"允许"列的复选框内打上钩，并且单击"确定"按钮，如图 6-11 所示。回到"高级共享"配置对话框，单击"确定"按钮，应用权限设置，然后可以关闭这个共享文件夹的属性对话框，就创建了一个特定用户才能访问其内容的共享。

图 6-11　设置共享权限

6.4.3　访问共享资源

登录计算机 B 上的某个用户，然后打开资源管理器，在地址栏中输入通用命名约定 (Universal Naming Convertion，UNC)路径，访问 A 计算机。当然，这要求这两台计算机都位于工作组中，并且在同一个网段内，而且启用了"网络发现"等相关设置。这里假设计算机 A 的计算机名为"CN--20141120BQH"，并且 IP 地址是"192.168.2.103"，那么既可

高效办公自动化实用技术

以在资源管理器的地址栏输入\\ CN--20141120BQH,也可以输入\\192.168.2.103 按回车键,就会弹出凭据输入框,如图 6-12 所示。在上下两个输入框内分别输入授权的用户名与密码,用户名的标准输入格式是"计算机名\用户名"。例如,之前在 A 计算机上仅对 Eric 用户进行了 Share 文件夹的授权访问,那么这里需要输入"CN--20141120BQH\Eric"以及对应的用户密码,但也可省略计算机名。

图 6-12　登录对话框

⚠️ **提示**:如果需要每次重新连接到该共享时都要输入密码,请确保"记住我的凭据"一项前面的复选框处于清空状态。否则,当下次再连接该共享时,由于 Windows 保存了登录的凭据,就不会再提示输入凭据。万一不小心选择了记住凭据,可以前往"控制面板"里的"用户账户和家庭安全"下的"凭据管理器",删除保存的这个凭据即可。

通过以上步骤和方法,就可以创建一个属于自己的受密码保护的共享,并且该共享仅对特定用户开放——这就是 Windows 7 中"启用密码保护共享"的好处,利用它可以限制使用不同账户凭据登录的人分别可以访问哪些共享文件夹。例如,A 计算机有两个带有密码的账户,一个叫 A1,另一个叫 A2,同时也创建有两个共享文件夹 S1 和 S2,那么可以采用以上步骤,限制只有 A1 可以访问 S1、只有 A2 可以访问 S2,其他计算机用户尝试访问 A 计算机时,输入 A1 或 A2 的凭据登录后,均可以看见两个共享文件夹,但每个凭据只能访问自己有权限的那个文件夹下的内容。

访问网络共享文件夹时,尤其是在 XP 等旧版本系统中,默认是使用共享计算机上的 Guest 账户进行访问的,所以默认不需要提供凭据。因为 Guest 这个内置账户具有一定的特殊性,除了作为来宾账户可以登录计算机外,系统还能够管理其设置和行为,在共享文件等操作时被应用。其实,在 Windows 7 中启用密码保护共享这一功能时,系统会自动关闭 Guest 账户,而关闭密码保护共享后,系统会启用 Guest 账户。Windows 7 默认是启用密码保护共享的,也就是默认禁用 Guest 账户,所以访问网络计算机时,就会被要求输入凭据登录。因此,如果要还原经典的通过 Guest 账户进行共享访问的设置,只需关闭密码保护共享功能即可。

⚠️ **提示**:共享文件的访问权限不仅仅受制于共享权限的设置,也受制于被共享文件在本地驱动器上的 NTFS 权限设置。例如,在计算机 A 上为 Share 文件夹分配了 Eric

账户的共享权限,而提供 Eric 的凭据后仍不能访问共享的文件,可能是因为被共享的 Share 文件夹在本地计算机 A 上就不允许 Eric 用户访问,所以需要在该文件夹属性的安全选项卡中检查用户 Eric 或者 Eric 隶属的用户组是否对其有访问和控制权限。

6.5 Outlook 2010 的应用

在办公业务处理中,办公人员经常需要进行电子邮件交流和桌面信息管理,比如管理邮件、安排约会、建立联系人和任务等,利用有关软件可以提高这些活动的管理效率。本节介绍利用 Outlook 组织、共享信息并与其他人通信的方法,主要讲述基本功能和具体操作,包括创建和维护联系人列表,创建、发送、接收和管理电子邮件,使用日历对约会、会议进行事务管理等。

6.5.1 Outlook 2010 的基本配置

首次打开 Outlook 2010,会启动配置向导,利用该配置向导可以进行 Outlook 2010 的基本配置。第一次启动 Outlook 2010 后,连续单击 2 次"下一步"按钮,弹出如图 6-13 所示的"添加新账户"对话框,填写邮件账户的基本信息,包括姓名、电子邮件地址和电子邮件密码。

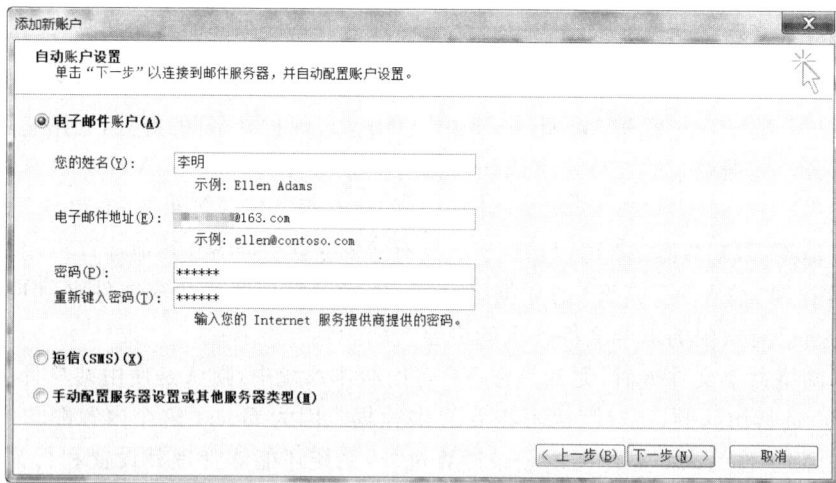

图 6-13 "添加新账户"对话框

单击"下一步"按钮,对于大部分知名的 ISP 提供的电子邮件服务,Outlook 均可采用联机搜索服务器的方式自动完成配置。如果 Outlook 不能自动完成配置,请在图 6-14 中选择"手动配置服务器设置"选项,然后单击"下一步"按钮。

在新窗口(如图 6-15 所示)中按邮件服务商提供的信息进行设置,单击"完成"按钮,打开测试窗体。

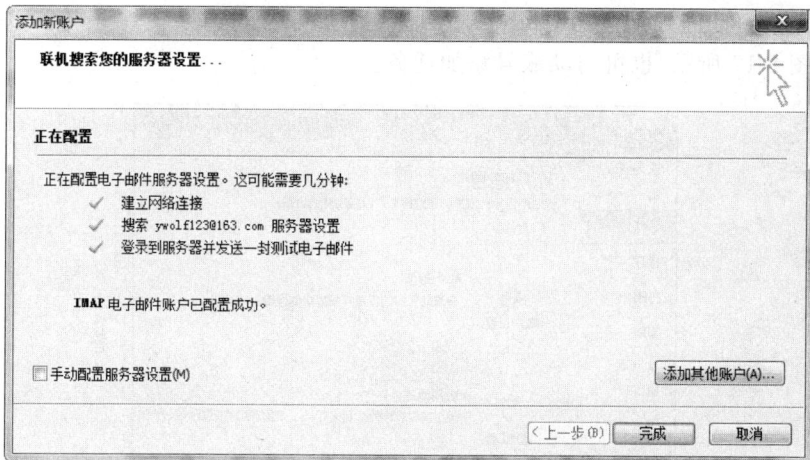

图 6-14　联机搜索服务器设置

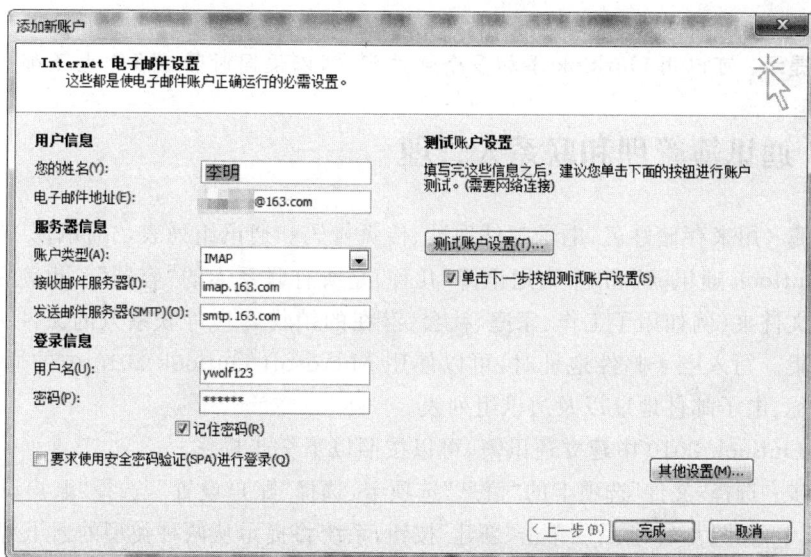

图 6-15　手动配置服务器设置

弹出的"测试账户设置"对话框如图 6-16 所示，说明设置成功。

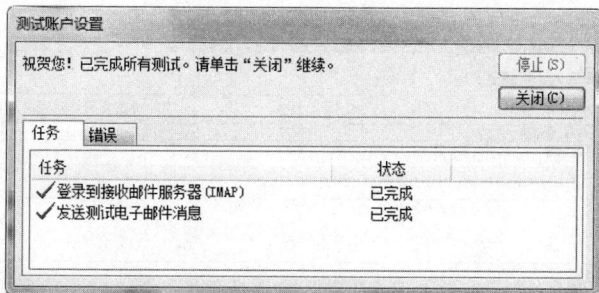

图 6-16　"测试账户设置"对话框

要在完成启动向导配置的 Outlook 2010 上添加账号,选择"文件"→"信息"→"添加账户",如图 6-17 所示,也可启动账号添加任务。

图 6-17　添加账户

提示:可以用 Outlook 添加多个邮件账户,以便同时管理多个电子邮箱的信息。

6.5.2　通讯簿管理和联系人管理

通讯簿(用来存储姓名、电子邮件地址、传真号码和通讯组列表,"通讯簿"有"全球通讯簿"、"Outlook 通讯簿"和"个人通讯簿"几种)是所有联系人的"容器"。也就是说,所有"联系人"文件夹(例如用于工作、家庭、社会、潜在的销售客户等联系人的文件夹)都是通讯簿的子集。写入电子邮件地址时,可以使用 Microsoft Outlook 2010 中的通讯簿查找和选择名称、电子邮件地址以及通讯组列表。

要在 Outlook 2010 中建立通讯簿,可以按照以下 2 步操作。

第 1 步:选择"文件"选项卡的"信息"选项卡,选择"账户设置",选择"账户设置"的"通讯簿"选项卡,如图 6-18 所示。单击"新建"按钮,系统将提示从两种类型的通讯簿中选择一种:使用 Internet 目录服务(LDAP)添加通讯簿、添加附加通讯簿,如图 6-19 所示。

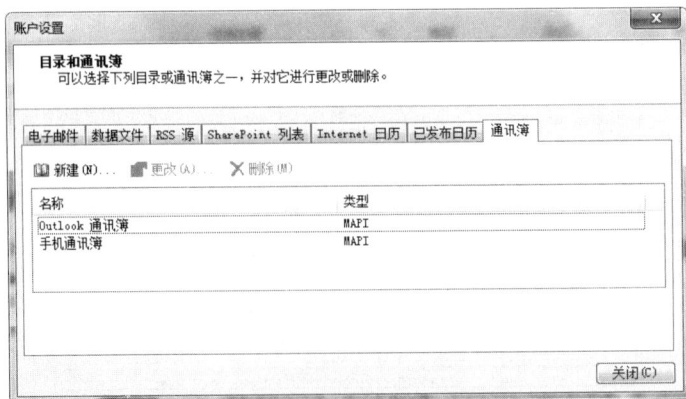

图 6-18　目录与通讯簿

高效办公自动化实用技术

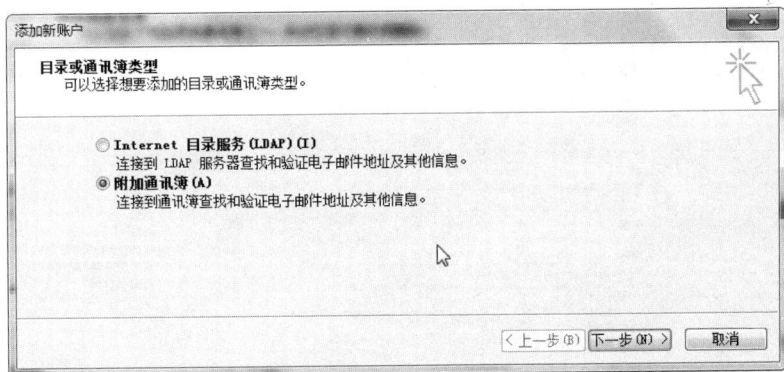

图 6-19　选择通讯簿类型

第 2 步：如图 6-19 所示，选择"附加通讯簿"，打开附加通讯簿相关窗体，选择 Outlook 通讯簿，如图 6-20 所示，单击"下一步"按钮，完成通讯簿建立。

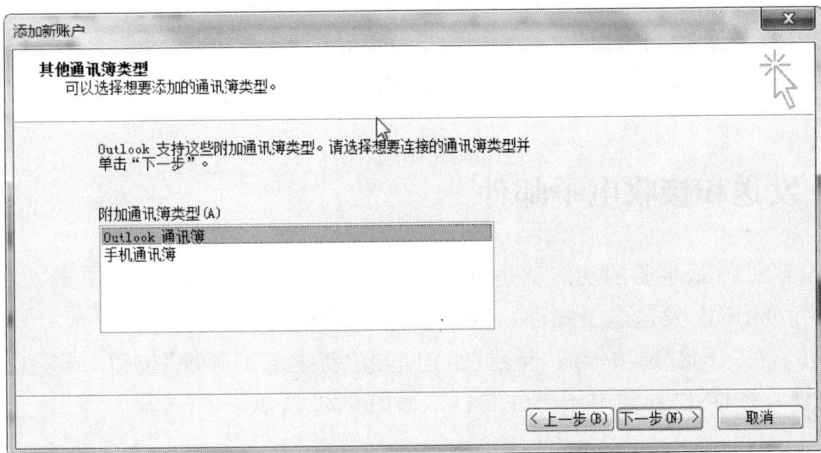

图 6-20　选择"附加通讯簿类型"

有了通讯簿，就可以管理联系人了，Outlook 中的"联系人"文件夹用于组织和保存有关人员、组织和业务信息。

要新建联系人，可以选择 Outlook 左侧的"联系人"选项，在"开始"选项卡的"新建"组中单击"新建联系人"按钮。利用快捷键 Ctrl＋Shift＋C 还可以直接打开"新建联系人"对话框。如图 6-21 所示，输入联系人姓名，以及希望包含的有关该联系人的任何其他信息。输入联系人信息后，请执行下列操作之一。

（1）完成联系人输入，在"联系人"选项卡的"动作"组中单击"保存并关闭"按钮。

（2）要保存此联系人并新建另一个联系人，单击"保存并新建"按钮。

（3）保存联系人并输入来自同一公司或地址的另一个联系人，单击"保存并新建"下方的下拉箭头，然后单击"同一个单位的联系人"按钮。

图 6-21　"新建联系人"对话框

6.5.3　发送和接收电子邮件

Outlook 2010 最主要的功能就是发送、接收和管理电子邮件。

要使用 Outlook 发送电子邮件，可按照以下几步进行。

第 1 步：在"开始"选项卡的"新建"组中单击"新建电子邮件"按钮（或按 Ctrl＋Shift＋M 组合键），将打开"新建电子邮件"窗口，如图 6-22 所示。

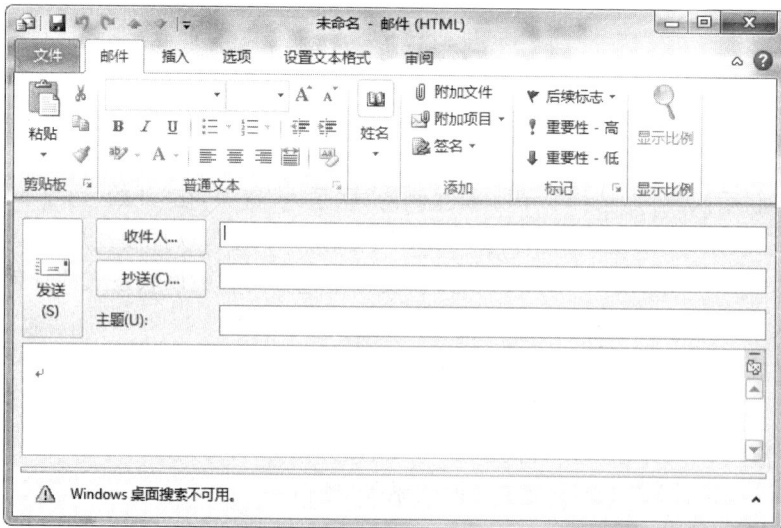

图 6-22　新建电子邮件窗口一

高效办公自动化实用技术

⚠ **提示**：在打开的"新建电子邮件"窗口中选择"选项"选项卡→"显示字段"组→"密件抄送"，"抄送"栏下即出现了"密件抄送"栏。

第2步：在"主题"框中输入邮件的主题。在"收件人"、"抄送"、"密件抄送"框中输入对方的电子邮件地址，用分号分隔多个收件人。若要从通讯簿中的列表中选择收件人的姓名，单击"收件人"、"抄送"或"密件抄送"按钮，然后选择所需的姓名。然后撰写邮件主体内容，完成新邮件创建，如图6-23所示。

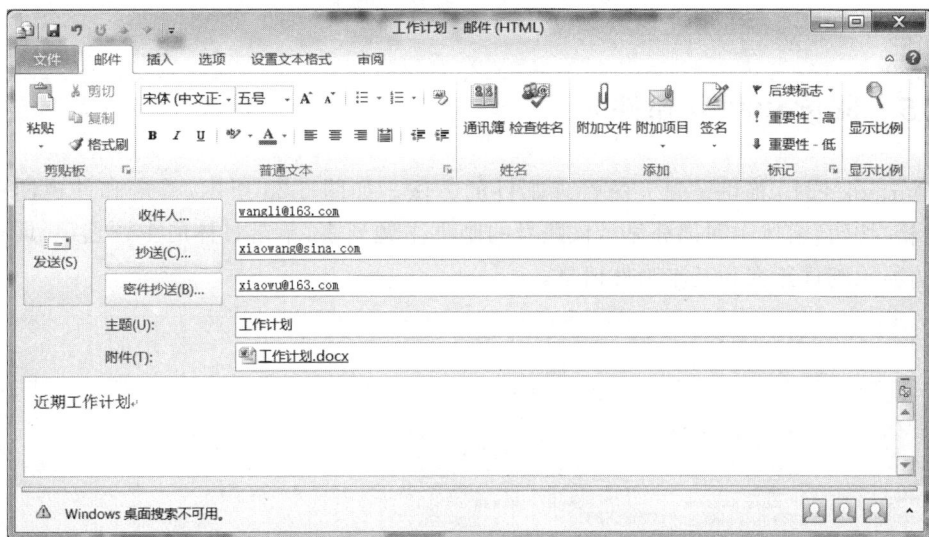

图 6-23　新建电子邮件界面二

第3步：单击窗口中的"发送"按钮，即可将邮件发送出去。

⚠ **提示**："收件人"、"抄送"和"密件抄送"的含义如下：邮件发送给"收件人"框中的收件人。"抄送"和"密件抄送"框中的收件人也会收到该邮件。但是，"密件抄送"框中的收件人的名称对其他收件人不可见。

6.5.4　手动发送/接收邮件

在默认情况下，单击新邮件窗口中的"发送"后，电子邮件会自动发送。Outlook 会在几个可能的时间自动检查新传入和传出的邮件，包括启动 Microsoft Outlook 2010 时、到达"发送/接收组"中定义的自动时间间隔时，以及手动启动"发送/接收"命令时。还可以随时手动发送和接收邮件。

要手动发送/接收邮件，可以按照以下方法进行。

如图6-24所示，在"发送/接收"选项卡的"发送和接收"组中单击"发送/接收所有文件夹"。就可以发送计算机上 Outlook 中所有账户中的未发邮件，并接收未收邮件。

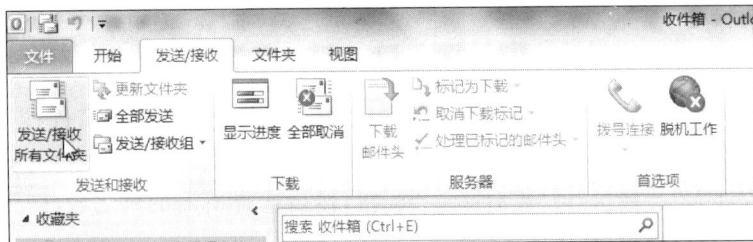

图 6-24 "发送/接收"选项卡

6.5.5 阅读和回复邮件

Outlook 2010 提供了强大的管理邮件的方法。如图 6-25 所示,单击邮件视图中的 "收件箱"按钮,窗体中间部分显示该账号的邮件主题列表,单击具体的主题选项,即可在其右边显示邮件正文和基本邮件信息。

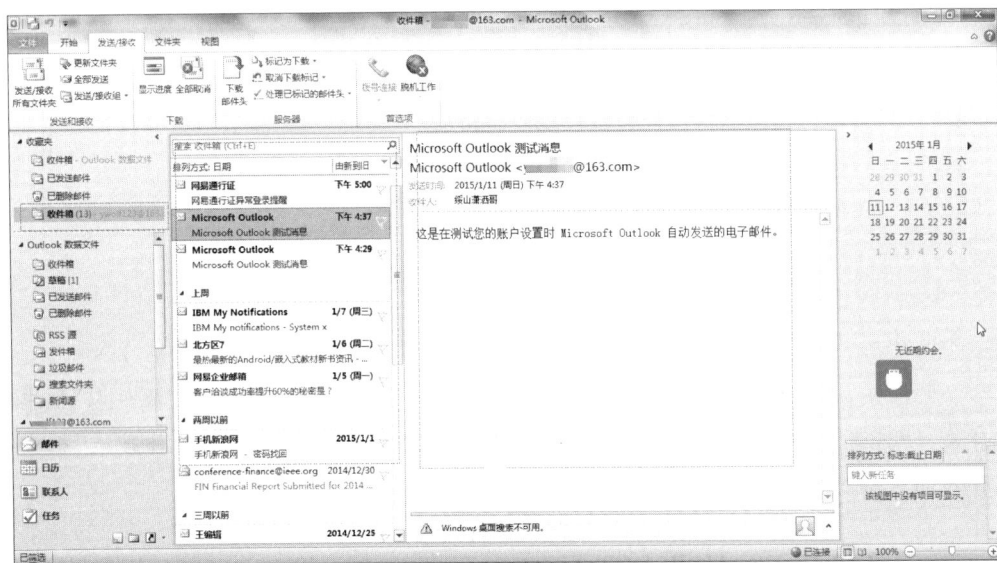

图 6-25 收件箱

若要以独立窗口查看邮件,需要双击邮件主题,打开邮件阅读窗口,如图 6-26 所示。

阅读邮件时,如需直接回复邮件,可以在图 6-26 中单击"答复"按钮,即可打开答复邮件窗口,如图 6-27 所示,在其中撰写邮件,完成后单击"发送"按钮,就完成了邮件答复。

⚠️ **提示**:利用邮件客户端软件收发邮件、登录邮箱很方便,即使断网也能查看历史邮件;支持邮件收发的客户端软件很多,如 Mozilla Thunderbird、Becky! Internet Mail、Foxmail、网易闪电邮和 Koomail 等,Outlook 只是其中的一种。

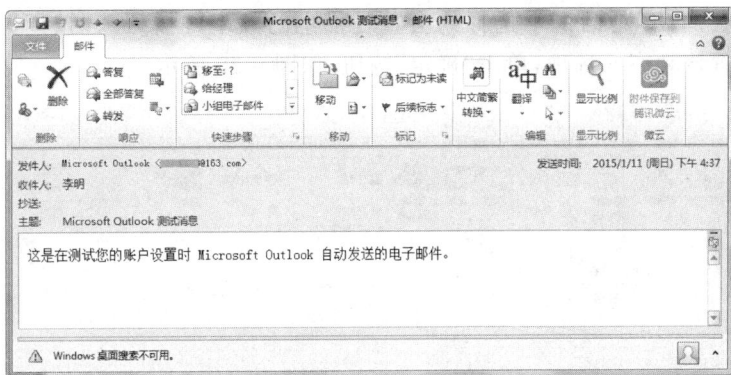

图 6-26　邮件阅读窗口

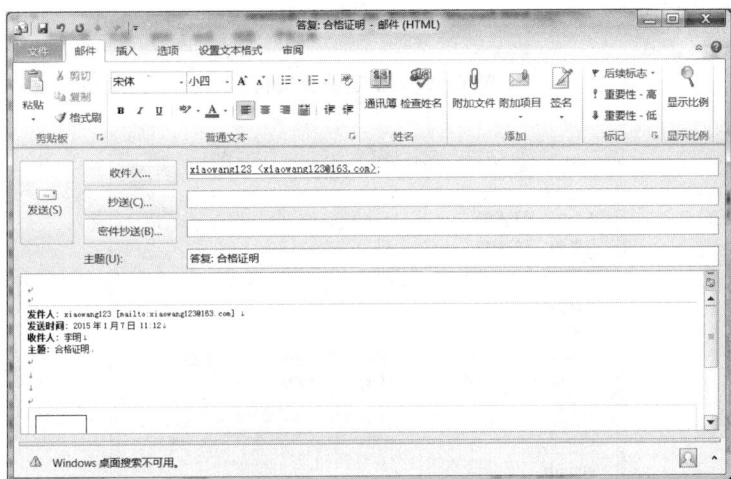

图 6-27　"答复邮件"窗口

6.5.6　计划约会管理

约会是在日历中计划的活动,不涉及邀请其他人或保留资源。通过将每个约会指定为忙、闲、暂定或外出,其他 Outlook 用户将知道本人的空闲状况,而且用 Outlook 2010 的约会可以进行会议管理。

要在 Outlook 2010 中创建约会,可以先选择左侧的"日历"选项,然后在"开始"选项卡的"新建"组中单击"新建约会"按钮。也可以右击日历网格中的时钟,然后单击"新建约会"按钮,即可打开"新建约会"窗口,如图 6-28 所示。

小窍门:要从 Outlook 的任意文件夹中创建约会,按 Ctrl＋Shift＋A 组合键,也可打开"新建约会"窗口。

在"主题"框中输入说明;在"地点"框中输入地点;输入开始和结束的日期和时间。若要将约会设置为定期约会,可以在"约会"选项卡的"选项"组中单击"重复周期" 按钮,在弹出的"约会周期"对话框中选择约会重复发生的频率("按天"、"按周"、"按月"、"按年"),然后设置该频率的选项,单击"确定"按钮,如图 6-29 所示。

图 6-28 "新建约会"窗口

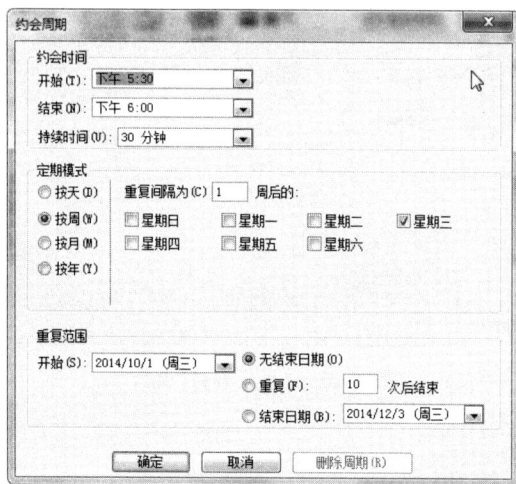

图 6-29 设置约会周期

小窍门:可以在"开始时间"和"结束时间"框中输入特定的字词和短语,而不是日期。例如,可以输入"今天"、"明天"、"元旦"、"从明天开始的两周"、"元旦前的三天"以及大多数节假日名称。

在默认情况下,约会开始前 15min 就会显示提醒。要更改提醒的显示时间,可以在"约会"选项卡的"选项"组中选择"提醒时间"框旁边的下拉箭头,然后选择新的提醒时间。若要关闭提醒,可以单击"无"。在"约会"选项卡上的"动作"组中单击"保存并关闭"按钮,就完成了约会创建。

提示:向约会中添加约会周期后,"约会"选项卡将更改为"定期约会"。

要查看和修改约会,可以在 Outlook 2010 主界面的左侧选择"日历"选项,即可打开

高效办公自动化实用技术

日历浏览窗口,如图 6-30 所示,在其中可以看到本账户所有的计划约会。要修改约会,可双击约会,即可打开约会编辑窗口。

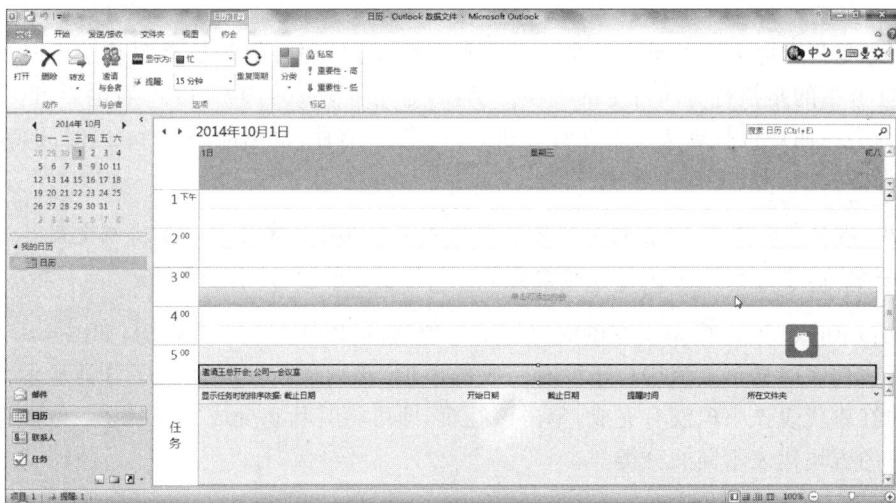

图 6-30　日历浏览窗口

在 Outlook 中,会议是一种邀请他人参加或为会议预定资源的约会。可以在 Outlook 中创建和发送会议要求,并为面对面的会议或联机会议预定资源。创建会议时,需要邀请人员、选定资源和预定时间,由会议的组织者通过电子邮件向参会者发出邀请。收到邀请后,参与者通过电子邮件响应,可以接受、暂定或拒绝会议邀请。Outlook 可以把收到的会议响应及参与者的时间安排显示在会议项目中,供组织者查看。参与者可以重发对会议邀请的答复。

如何在 Outlook 2010 中创建会议呢?在左侧的导航窗体中选择“日历”选项,在选项卡上单击“新建会议”按钮。在弹出的安排会议对话框中单击“收件人...”按钮,可以将通讯簿中的账号选定为参与会议的人员,也可直接输入参会人员的电子邮件地址。按创建约会的方式完善会议相关信息。单击“发送”按钮,系统将会议安排发送到参会人员的邮箱。在会议到来前,Outlook 会弹出提示约会和会议提示窗口,如图 6-31 所示。

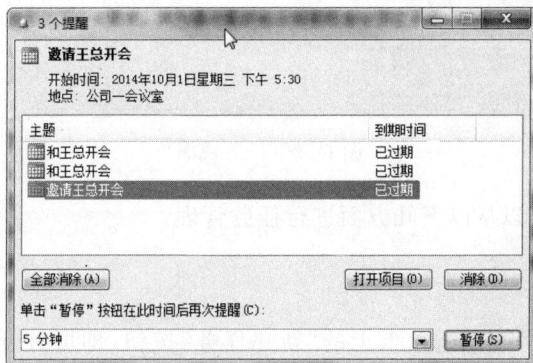

图 6-31　约会提醒

6.5.7　Outlook 2010 任务管理

任务是日常办公中的重要概念。任务和约会不同,约会指的是有明确发生时刻的事项,而任务指的是执行时间待定的事项。例如,定于今天 20:10~21:30 看电影,这个事项就是"约会";而最近打算买一台新计算机,可能是这个月,也可能是下个月,时间待定,这就是"任务"。

⚠️ **提示**:同任务、约会相关的还有另一概念:事件。事件指的是有确定发生日期的事项,一般地,事件指的是执行时间需要 24 小时或超过 24 小时的事项。

在 Outlook 2010 中单击左侧的"任务"选项,就可以切换到任务视图,如图 6-32 所示。代办事项列表中显示了该用户还没有完成的事项,该列表按照时间顺序分类显示。事项右边的红旗代表该事项没有完成,单击该红旗,即可将其状态变成完成状态。红旗旁边不同颜色的方块代表不同的分类。

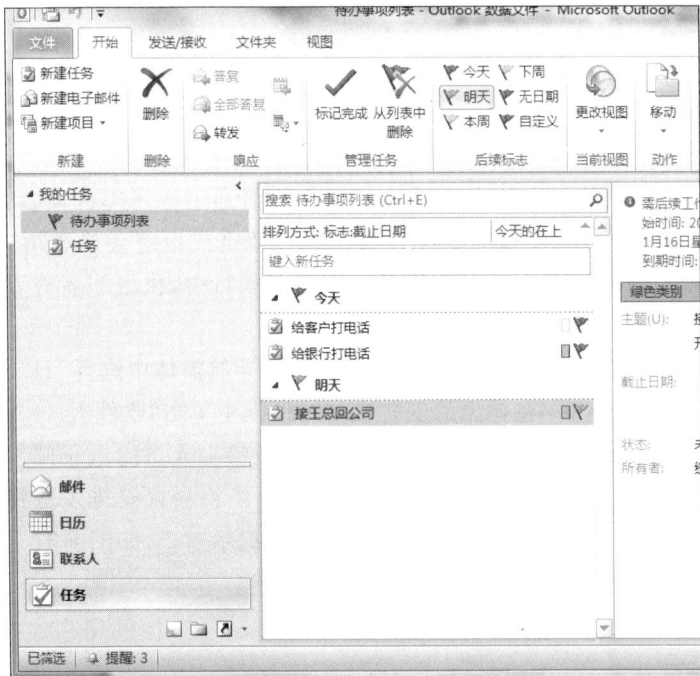

图 6-32　任务视图

在 Outlook 中,可以从以下几方面进行任务管理。

1. 新建任务

单击 Outlook 任务视图选项卡上的"新建任务"按钮,即可打开"新建任务"窗口,如图 6-33 所示。在该窗口中输入主题、开始时间、结束时间、状态和内容等基本信息,如需 Outlook 提醒,则可勾选提醒选项,并设置提醒时间和声音。单击"保存并关闭"按钮,就完成了新任务的创建工作。

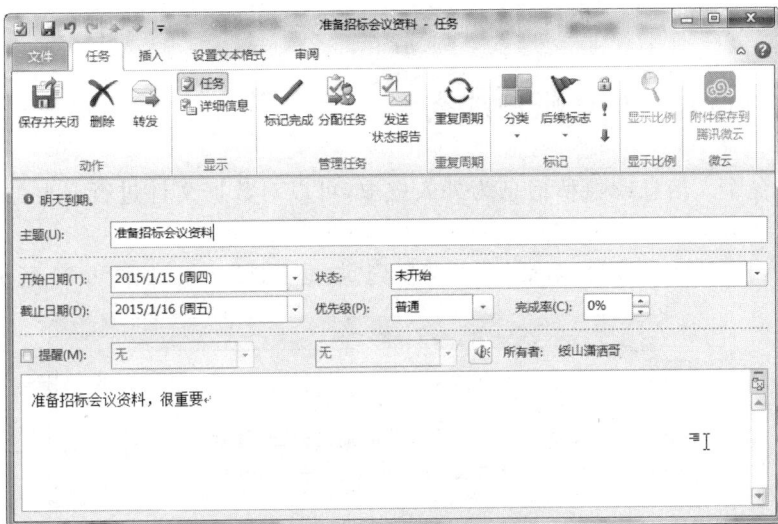

图 6-33　"新建任务"窗口

2. 分配任务

分配任务是通过电子邮件将创建的任务分配给联系人。单击图 6-33 中的"分配任务"按钮，弹出如图 6-34 所示的"分配任务"对话框，就可以进行任务分配了。输入联系人的邮件地址，或者在通讯簿中选择联系人的邮件地址，单击左边的"发送"按钮，就可以将该任务分配给相应的联系人了，对方可以在电子邮箱系统中查阅该任务。

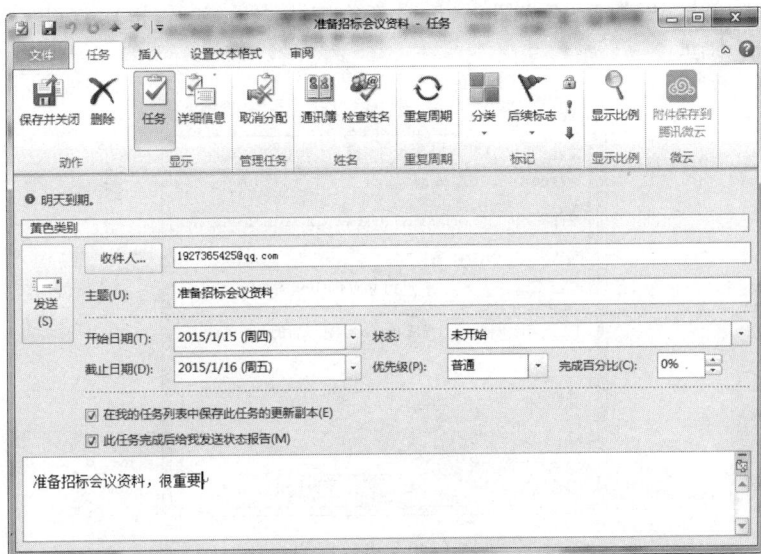

图 6-34　"分配任务"对话框

小窍门：可以从任何 Outlook 项目（如电子邮件、联系人、日历项目或便笺）创建任务。例如，可将电子邮件拖到"待办事项栏"中，即可创建基于该邮件的新任务。

6.5.8 Outlook 2010 账户加密

为了避免个人信息或隐私信息为外人盗取，可以对数据文件进行必要的密码保护。具体可按以下方法进行。

第 1 步，打开"账户设置"对话框，并切换到"数据文件"选项，如图 6-35 所示。

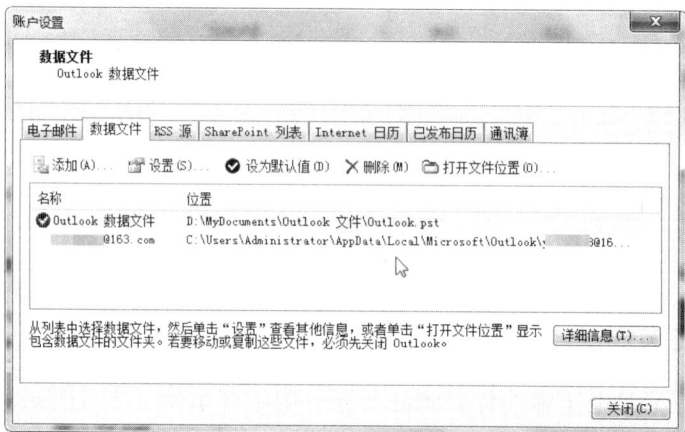

图 6-35　切换到"数据文件"选项卡

第 2 步：在图 6-35 中选择账户数据文件，然后单击"设置"按钮，如图 6-36 所示，在弹出的对话框中单击"更改密码"按钮，然后在新窗口中更改密码，再次打开 Outlook，就会要求用户输入密码。

图 6-36　更改密码

高效办公自动化实用技术

6.6　利用 QQ 和网盘进行网络化办公

腾讯 QQ(简称"QQ")是腾讯公司开发的一款基于 Internet 的即时通信软件。QQ 支持在线交流、视频通话、点对点断点续传文件、共享文件、网络硬盘、自定义面板、QQ 邮箱等多种功能,并可与移动通讯终端等多种通讯方式相连,在中国拥有数量巨大的用户群。

6.6.1　QQ 的下载与安装

QQ 软件不仅提供了 PC 版,也提供了移动客户端,它们可以在腾讯官方网站直接下载。现在官方提供的 PC 端 QQ 有 Windows 版本和 Mac 版本两个版本,图 6-37 所示为 PC 版 QQ 下载,移动版提供了 IOS、Android、WP 及 PAD 版,图 6-38 所示为移动 QQ 下载。

图 6-37　PC 版 QQ 下载

图 6-38　移动 QQ 下载

可以根据自己的平台下载相应的版本，这里介绍 Windows 平台 PC 版的安装和使用。双击下载的安装文件，即可启动安装向导，如图 6-39 所示，设置适当的选项后单击"立即安装"按钮，即可完成 QQ 软件的安装。

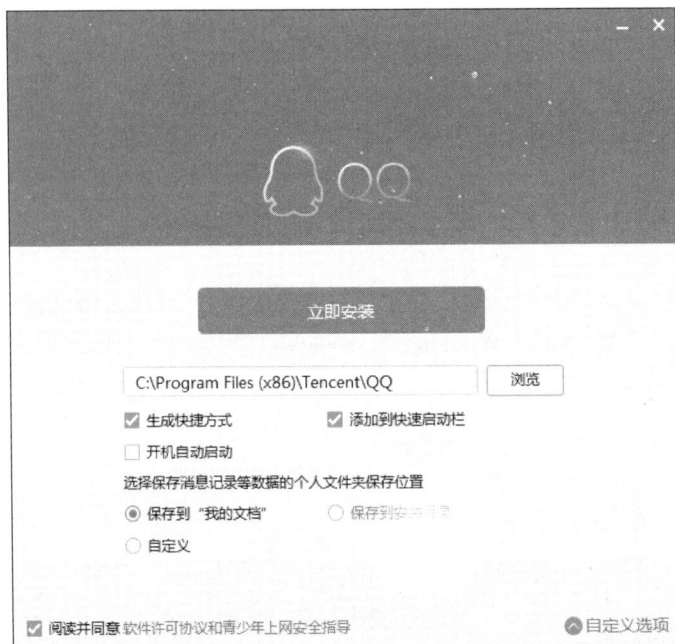

图 6-39　PC 版 QQ 安装向导

> **小窍门**：有时，为了在重新安装操作系统时不损坏对话记录，可以在安装向导中将"选择保存消息记录等数据的个人文件夹保存位置"设置成保存到"我的文档"。

6.6.2　QQ 号码的申请

要使用 QQ，必须拥有 QQ 账号。QQ 账号可以在 QQ 官方网站申请。现阶段可以申请 3 种类型的账号：QQ 账号（由数字组成）、邮件账号（由邮件地址组成）和手机账号，如图 6-40 所示。选择账号类型后，在页面右侧的文本框中填写相应的信息，就可以完成账号申请。

6.6.3　QQ 在网络化办公中的应用

成功申请 QQ 号码后，启动 QQ 软件，如图 6-41 所示。在登录界面中输入账号和密码，单击"登录"按钮就可以使用 QQ 了。查找同事及朋友的 QQ 号码，并将同事及朋友加为 QQ 好友。在日常网络化办公中，利用 QQ 可以完成文字通信、语音及视频通话等。

图 6-40 申请 QQ 账号

图 6-41 登录 QQ

1. 文字通信

在 QQ 好友列表中双击好友,即可开启对话窗口,如图 6-42 所示。在该窗口下方的输入框内输入具体内容后单击"发送"按钮,即可将输入的内容发送给好友。

小窍门:QQ 提供了快捷方式发送对话内容,输入完内容后,可以使用快捷键"Ctrl+回车"快速发送。

2. 语音通话

在好友对话窗口上方单击 图标,即可开启语音通话窗口。如果对方发起语音通话请求,则可在对话窗口中单击"接听"按钮,建立语音通话,如图 6-43 所示。

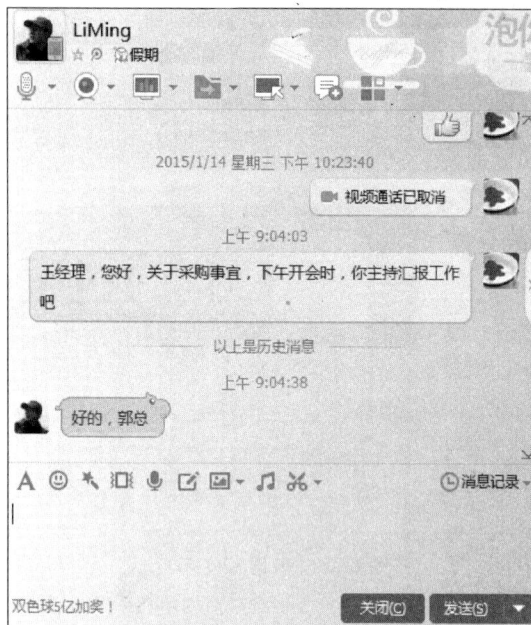

图 6-42　QQ 对话窗口

图 6-43　建立语音通话

⚠ 提示：QQ 语音通话可以实现电话通话功能，在手机 QQ 上使用 QQ 语音通话更方便。QQ 语音通话除了需要网络连接之外，不需要另外收费。

3．视频通话

在好友对话窗口上方单击 ◎ ▾ 图标，即可开启视频通话窗口，如果对方发起视频通话请求，则可在界面中单击"接听"按钮，建立视频通话，如图 6-44 所示。

⚠ 提示：采用视频通话也可以实现多人视频会议。只需单击如图 6-45 所示的"邀请多人视频通话"按钮，然后选择参加会议的好友，就可以发起多人视频会议。

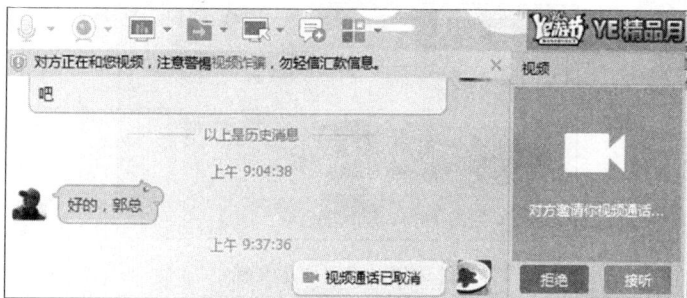

图 6-44　建立视频通话

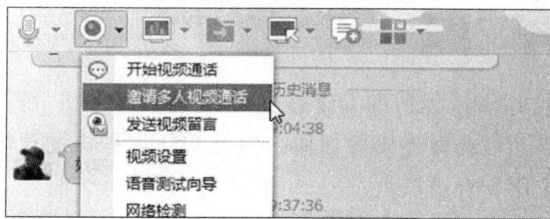

图 6-45　多人视频会议

4. 利用 QQ 传输文件

利用 QQ 文件传输功能可以与好友传递任何格式的文件,例如图片、文档、歌曲等。在好友对话窗口中单击如图 6-46 所示的"发送文件"按钮,然后选择本地磁盘上的文件,单击"打开"后即可开始向好友发送文件。

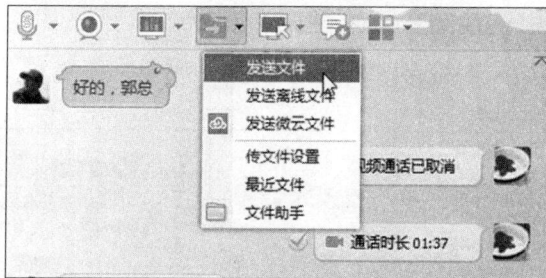

图 6-46　传输文件

提示:如果发送的文件比较大,或者因好友没在线而无法及时接收文件,可以选择发送离线文件。

5. 利用 QQ 实施远程文档演示

QQ 6.8 版本提供了一个远程演示的功能,使用该功能可以在屏幕上直接给 QQ 好友演示文档,目前支持的文档格式有 ppt、pptx、doc、docx、pdf、txt、html 等。在好友对话窗口中单击演示文档按钮,如图 6-47 所示,待对方接受后即可开始进行远程文档演示。

图 6-47　建立演示文档

⚠️ **提示**：如果需要给对方演示本机的计算机操作，可以使用"分享屏幕"功能。

6. 远程协助

QQ 远程协助主要用于远程帮助 QQ 好友，操作好友计算机，解决对方计算机操作上遇到的问题，其功能与远程桌面连接等相似。但是 QQ 远程协助速度更快，更方便，不需要防火墙特殊设置，应用场合更广泛。

要利用 QQ 实施远程协助，可以单击好友对话窗口中的"请求控制对方计算机"按钮，如图 6-48 所示，即可向好友发起一个控制对方计算机的请求，如果对方单击"接受"按钮，如图 6-49 所示，即可开始控制对方计算机，进行协助操作。

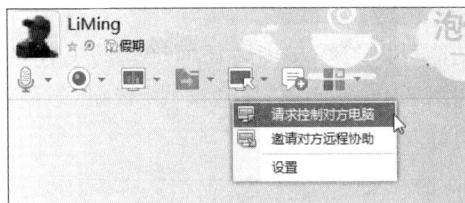

图 6-48　请求远程协助菜单

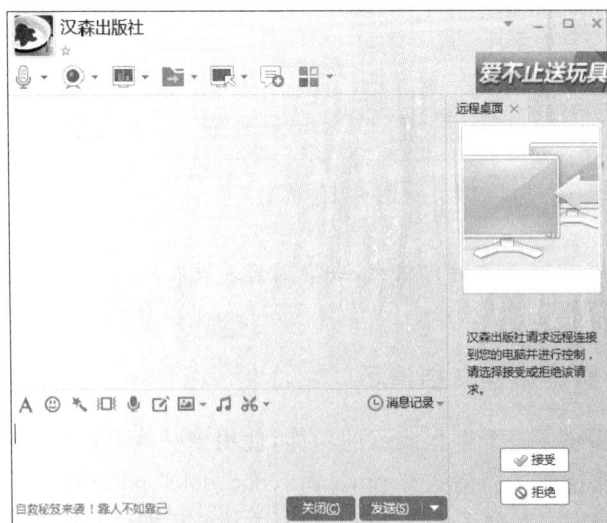

图 6-49　远程协助请求

小窍门：如果受控方只是想让对方查看自己的屏幕，而不愿意对方控制自己的计算机，可以在受控计算机上按 Shift＋ESC 组合键停止受控。

7. 利用 QQ 群辅助办公

QQ 群是腾讯公司推出的一个多人交流的公众平台。群主创建群后，可以邀请朋友或者有共同兴趣爱好的人到一个群里交流。腾讯还提供了群空间服务，群空间中可以使用群 BBS、相册、共享文件、群视频等方式交流。QQ 群虽然没有办公系统那么正统，在文件的安全性管理方面也存在不足，但 QQ 群好建好管，应用广泛，有传递文件、即时交流、发布通知等强大的功能，令 BBS 论坛和很多其他即时通讯网站都望尘莫及。

6.6.4　用网盘进行网络化办公

网盘，又称网络 U 盘、网络硬盘，是由互联网公司推出的在线存储服务，向用户提供文件的存储、访问、备份、共享等文件管理功能。可以把网盘看成一个放在网络上的硬盘或 U 盘，不管是在家中、单位或其他任何地方，只要连接到因特网，就可以管理、编辑网盘里的文件，不需要随身携带，更不怕丢失。

应用广泛的网盘有百度云网盘、115 网盘、咕咕网盘、金山快盘、华为网盘及腾讯微云等。下面以腾讯微云为例说明如何利用网盘进行网络化办公。

微云就是云计算的一个分支，是指云计算在局部范围里的某些应用。随着网络的发展，微应用将越来越广泛，就像微博一样，用起来简单、方便、快捷，微云将是云计算里像微博一样能简单操作、方便快捷的一种应用。通过微云，可以方便地在手机和计算机之间同步文件、传送照片和数据。目前已经有超过 1 亿用户在使用微云保存文件。2013 年 8 月，腾讯微云正式宣布推出 10T 免费云空间的重磅服务，此举使得个人云存储从"G 时代"进入"T 时代"，一步到位地打造个人云存储服务的标准。

（1）微云下载与安装：打开网址 http://www.weiyun.com/index.html 下载微云安装文件，根据不同的平台选择不同的文件下载安装，如图 6-50 所示。

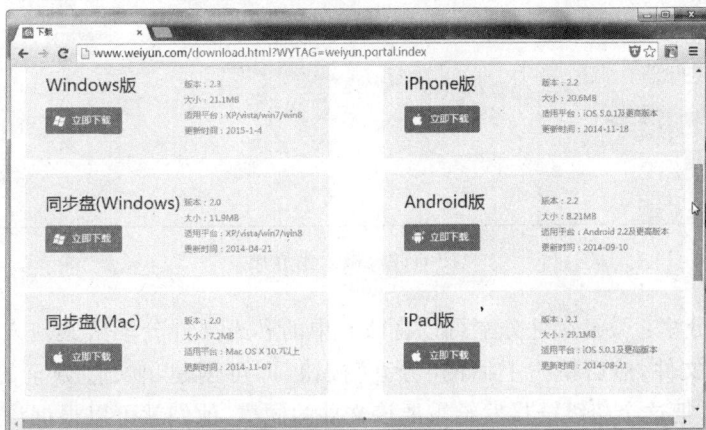

图 6-50　下载微云窗口

（2）启动微云：在 Windows 主机上单击微云图标，即可启动微云，微云登录有两种方式，如图 6-51(a)和(b)所示，一是使用账号登录，二是快速登录，当计算机上的 QQ 正在运行时，使用快速登录非常方便。

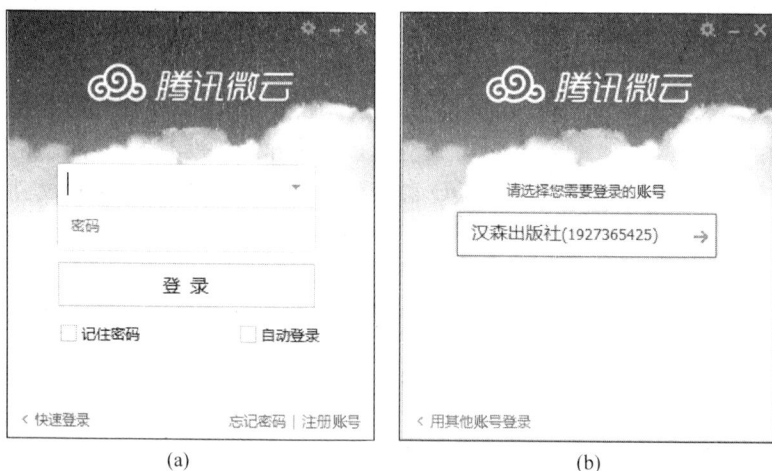

(a)   (b)

图 6-51　微云登录

（3）管理微云的文件和文件夹：打开微云后，可以在其主界面中看到和本地资源管理器类似的文件和文件夹，如图 6-52 所示。双击文件，即可用 Windows 系统文件关联的应用程序打开该文件，待修改结束保存后，文件会自动更新上传至微云。

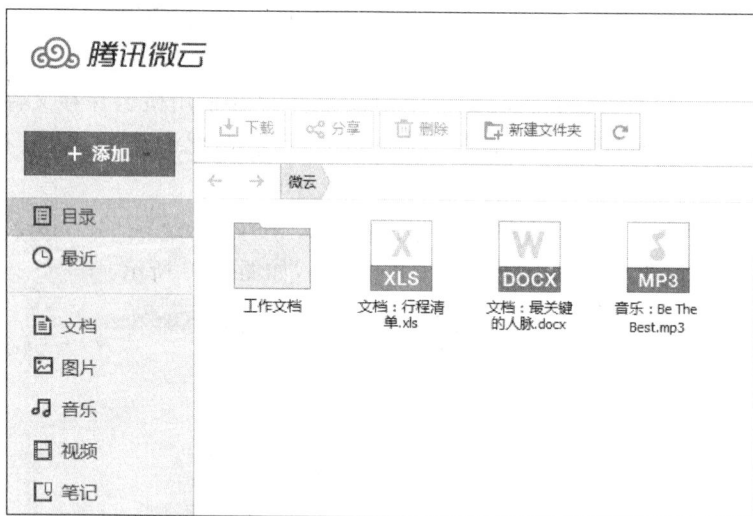

图 6-52　微云主界面

（4）文件分享：微云文件分享可以将微云中的私人文件分享给其他人。在微云中选择需要分享的文件，然后单击上面的"分享"按钮，即可创建出文件分享的超级链接，如图 6-53 所示。把这个超级链接发给需要该文件的同事，他们就可以根据该链接下载该文件了。

————————高效办公自动化实用技术

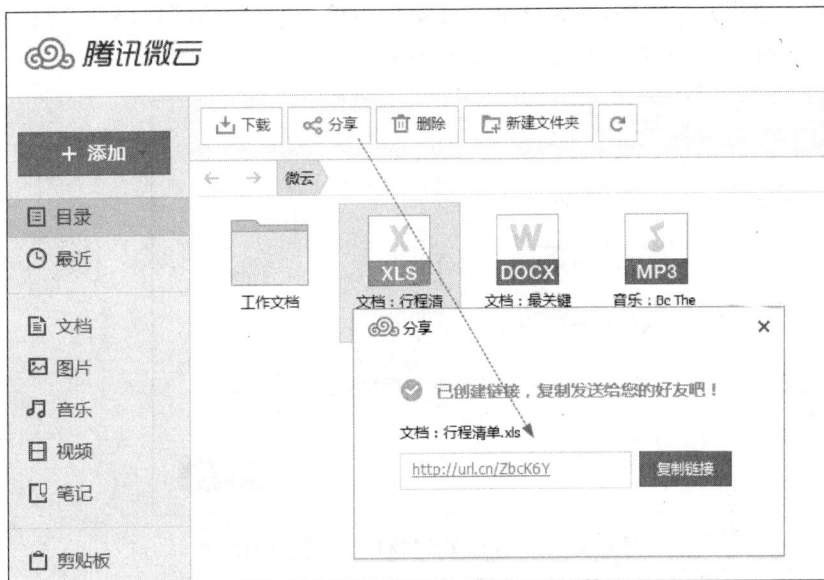

图 6-53　分享文件

⚠️ **提示**：在日常工作中，文件分享和传输的方法可以利用邮箱、QQ 对话窗口传输、微云分享等多种方法。微云分享在解决分享时间、大文件分享等方面有较强的优势。

❓ **问题**：如何创建由密码控制访问的文件分享呢？

第 1 步：从 QQ 应用管理器中启动微云应用，如图 6-54 所示。

图 6-54　从 QQ 应用中启动微云

第 2 步：创建分享文件，并在分享文件窗口中单击"添加访问密码"按钮设置访问密码，如图 6-55 所示，设置好密码后如图 6-56 所示。

图 6-55　在"分享文件"窗口中设置访问密码

图 6-56　设置访问密码完毕

6.7　利用搜索引擎查找相关资料

搜索引擎（Search Engine）是一个提供信息"检索"服务的网站，它使用某些程序，将因特网上的所有信息归类，以帮助人们在茫茫网海中搜寻需要的信息，它包括信息搜集、信息整理和用户查询三部分。目前常用的网络搜索引擎有百度、Google、我爱读、搜狐、雅虎、必应、好书搜索、有道、中搜、搜搜、搜客等，其中百度搜索引擎使用较为广泛。

百度搜索是全球最大的中文搜索引擎。2000 年 1 月，它由李彦宏、徐勇两人创立于北京中关村，致力于提供"简单，可依赖"的信息获取方式。"百度"二字源于中国宋朝词人辛弃疾的《青玉案》诗句"众里寻他千百度"，象征着百度对中文信息检索技术的执著追求。

打开浏览器,在地址栏输入 http://www.baidu.com/,出现如图 6-57 所示的页面,其中有"新闻"、"网页"、"贴吧"、"知道"、"音乐"、"图片"等不同的类型资料可供搜索,默认为"网页"类型。

图 6-57　百度主页

例如,要搜索关于"计算机网络"方面的信息,在搜索栏输入"计算机网络",出现如图 6-58 所示的页面。

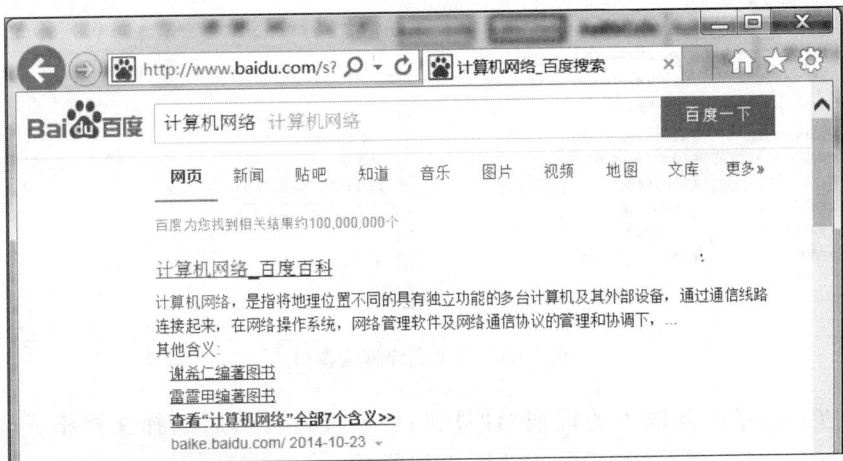

图 6-58　搜索"计算机网络"的结果

若要找到关于计算机网络方面的教材信息,可以在百度搜索引擎中输入"计算机网络",输入一个空格,再输入"教材"搜索,结果如图 6-59 所示。

日常办公经常处理的文档类型有 Office 文档、PDF 文档、文本文档等,可以使用百度搜索引擎直接搜索这些类型的文档。

问题:如何利用百度搜索引擎搜索关于"计算机网络方面的教材相关信息且格式为 PowerPoint 文档"的资料?

要解决这个问题,必须使用百度高级搜索,具体方法如下。

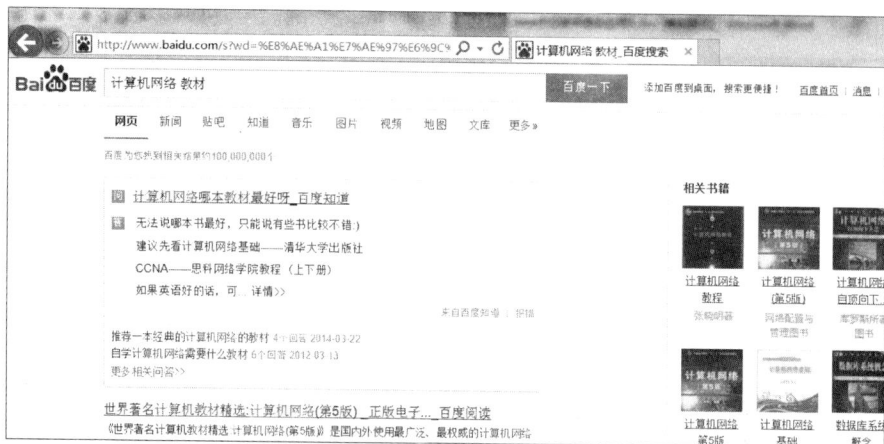

图 6-59　搜索计算机网络方面的教材信息

第 1 步：打开浏览器，在地址栏输入百度搜索引擎的高级搜索地址 http://www.baidu.com/gaoji/advanced.html，即可打开如图 6-60 所示的百度高级搜索页面。

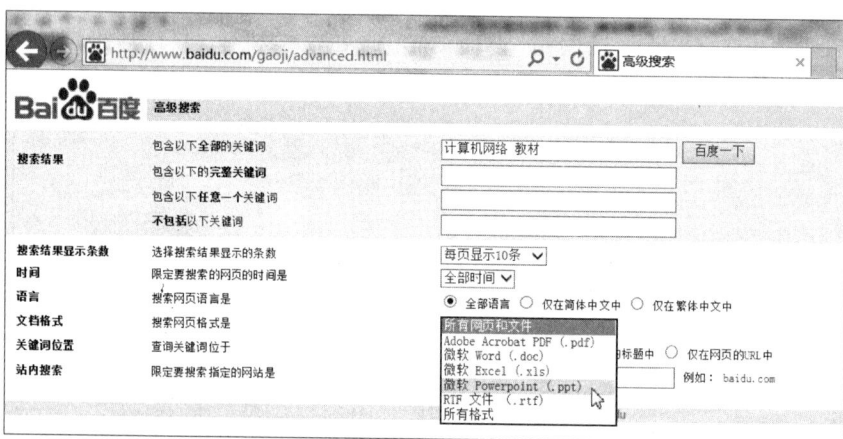

图 6-60　百度高级搜索窗口

第 2 步：根据需要输入关键词"计算机网络 教材"，然后选择文档格式为"微软 PowerPoint(.ppt)"，然后单击"百度一下"按钮即可。

提示：在"包含完整关键词"文本框中填写的关键词，搜索引擎不再做分词切分，将输入的词作为一个整体进行搜索。

还可以在高级搜索界面的"限定要搜索的网页的时间是"栏目中设置需要对哪个时间段的相关资料进行查找。

小窍门：文档类型搜索可以用 filetype 指令完成。例如，要搜索"三峡旅游"的 Word 文档，可以在百度搜索引擎的输入框中输入"三峡旅游 filetype：doc"完成。"filetype："后可以跟以下文件格式：doc、xls、ppt、pdf、rtf 等。

6.8 移动网络办公

6.8.1 移动网络办公简介

"移动办公",也可称为"3A 办公",即办公人员可在任何时间(Anytime)、任何地点(Anywhere)处理与业务相关的任何事情(Anything)。它是当今高速发展的通信业与IT业交融的产物,将通信业在沟通上的便捷、用户上的规模与IT业在软件应用上的成熟、业务内容上的丰富完美地结合到一起,成为继计算机无纸化办公、互联网远程化办公之后的新一代办公模式。这种全新的办公模式可以让办公人员摆脱时间和空间的束缚。随时随地通畅地交流单位信息,使工作更加轻松有效,整体运作更加协调。手机的移动信息化软件使手机也具备了和计算机一样的办公功能,摆脱时间和场所的局限,人们随时进行随身化的管理和沟通,有效提高管理效率。它不仅使办公变得轻松,而且使得使用者无论身处何种紧急情况下都能高效迅捷地开展工作,对于突发性事件的处理、应急性事件的部署都有极为重要的意义。

6.8.2 移动办公的优点

1. 使用方便

不需要计算机,不需要网线,只要一部可以上网的手机等移动智能终端,即使下班也可以很方便地处理一些紧急事务。

2. 高效快捷

即使在外出差,也可以及时审批公文,浏览公告,处理个人事务等。将以前不可利用的时间有效利用起来,自然提升了工作效率。

3. 功能强大

随着移动终端功能日益智能化以及移动通信网络的日益优化,大部分计算机上的工作都可以在移动终端上完成。

4. 灵活先进

针对不同行业领域的业务需求,可以对移动办公进行专业的定制开发,大到软件功能,小到栏目设置,都可以自由组装。

5. 信息安全

通过移动 VPN、专有 APN、SSL、CA 数字签名、GUID 与远程自毁等安全措施,能较好保证系统通信数据的安全性。

6.8.3　移动办公系统

移动办公系统是一套以手机等便携终端为载体实现的移动信息化系统,该系统将智能手机、无线网络、OA系统三者有机结合,开发出移动办公系统,实现任何办公地点和办公时间的无缝接入,提高了办公效率。它可以连接客户原有的各种IT系统,包括OA、邮件、ERP以及其他各类个性业务系统,使手机也可以操作、浏览、管理公司的全部工作事务,还提供了一些无线环境下的新特性功能。其设计目标是帮助用户摆脱时间和空间的限制,随时随地地处理工作,提高效率,增强协作效果。

移动OA是组织管理信息化进入到移动时代的必然结果,是组织通过移动通信技术延伸其协同应用和信息交流的必要手段。组织成员可以通过移动协同应用向领导和其他成员提供实时信息和服务,更方便地与客户、上级组织、同行业或上下游企业随时保持灵动的信息交流。当领导、相关审批流程的审批人出差或外出时,可以通过手机终端登录移动信息空间门户,实时了解单位最新信息,查阅内部资料,随时查看审批请求,以实现审批结果的快速回复。

在移动OA的帮助下,移动办公融合了3G移动技术、智能移动终端、VPN、数据库同步、身份认证及Web Service等多种移动通信、信息处理和计算机网络的前沿技术,以专网和无线通信技术为依托,使系统的安全性和交互能力有了极大提高,为用户提供了一种安全、快速的现代化移动执法机制,广受青睐,市场潜力无限。移动OA并不是把OA搬到手机上,而是与智能手机深度融合,为手机创造新的系统。它不仅有传统OA办公系统的功能,还拥有了其不具备的众多优势。比如,利用智能手机的通话、拍照、定位、信息推送、信息同步功能,引领出手机邮件、手机阅读、手机微博、手机社区等全新的体验模式。

6.8.4　利用智能终端移动办公

移动智能终端拥有接入互联网的能力,通常搭载各种操作系统,可根据用户需求定制各种功能。常见的智能终端包括智能手机(Smartphone)、平板电脑、车载智能终端、智能电视、可穿戴设备等,其中智能手机和平板电脑最为流行。

智能手机,是指"像个人电脑一样,具有独立的操作系统,可以由用户自行安装软件、游戏等第三方服务商提供的程序,通过此类程序不断对手机的功能进行扩充,并可以通过移动通信网络来实现无线网络接入的一类手机的总称"。手机已从功能性手机发展到以Android、IOS系统为代表的智能手机时代,是可以在较广范围内使用的便携式移动智能终端,已发展至4G时代。

平板电脑(Tablet Personal Computer)简称Tablet PC、Flat Pc、Tablet、Slates,是一种小型、方便携带的个人电脑,以触摸屏作为基本的输入设备,如图6-61所示。它拥有的触摸屏(也称为数位板技术)允许用户通过触控笔或数字笔来进行作业,而不是传统的键盘或鼠标。用户可以通过内建的手写识别、屏幕上的

图6-61　平板电脑

软键盘、语音识别或者一个真正的键盘(如果该机型配备)进行输入。平板电脑的概念最初由比尔·盖茨提出,支持来自 Intel、AMD 和 ARM 的芯片架构,从微软提出的平板电脑概念产品上看,平板电脑就是一款无须翻盖、没有键盘、小到放入女士手袋但却功能完整的 PC。当前最流行的平板电脑主要运行 IOS、Android 及 Windows 操作系统。

1. 在移动终端操作 Web 办公

在移动终端上操作 Web 和在 PC 上操作 Web 没有本质的区别,主要是操作方式不同,在移动终端上操作主要依赖特殊移动终端浏览器,依赖触摸操作。目前流行的移动终端浏览器有 UC 浏览器、Safari 浏览器、Opera 浏览器和 Chrome 浏览器等。下面以 UC 浏览器为例说明基本 Web 的使用方法。

在手机上启动 UC 浏览器后,其首页上有很多网站导航,如图 6-62 所示。单击上方的"搜索或输入网址",在文本框中输入网址(如 http://mail.163.com)后,即可打开邮箱页面,在其中输入用户名和密码,登录就可处理电子邮件了,如图 6-63 所示。按照这个方法,使用移动浏览器可以访问那些支持移动设备的 Web 应用(包括移动 OA 的 Web 版)。

图 6-62　UC 浏览器首页

图 6-63　用移动浏览器访问邮箱

2. 移动即时通信

即时通信、实时传信(Instant Messaging,IM)是一种可以让使用者在网络上建立某种私人聊天室的实时通信服务,前边讲述的 QQ 就是其中一种。移动设备上有很多即时通信工具,如腾讯手机 QQ、微信、百度 Hi、飞信、易信、阿里旺旺、YY、Skype、Google Talk、ICQ、FastMsg 等。

问题：利用手机 QQ 能实现哪些方式的即时通信？

手机 QQ 实现即时通信可以有以下几种方式。

（1）利用手机 QQ 实现文字通信，这种方式和 PC 版的 QQ 文字通信类似。

（2）利用手机 QQ 实现语音通信，手机 QQ 语音通信的使用和打电话很类似，使用十分方便，如图 6-64 所示，在有些场合甚至可以替代电话。

（3）利用手机 QQ 实现视频通话。

3. 浏览和编辑文档

在手机和平板电脑上可以使用文字浏览和编辑工具处理文档，其中金山 WPS Office 移动版就是一款运行于 Android 和 IOS 平台上的办公软件。如图 6-65（a）、（b）、（c）、（d）所示，WPS Office 移动版内含 4 大组件，文字、演示、表格和 PDF 阅读器，兼容桌面办公

图 6-64　手机 QQ 语音通话

文档，支持 doc/docx/wps/xls/xlsx/ppt/pptx/txt/pdf 等 23 种文件格式。支持查看、创建和编辑各种常用 Office 文档，方便用户在手机和平板电脑上使用，满足随时随地的办公需求。

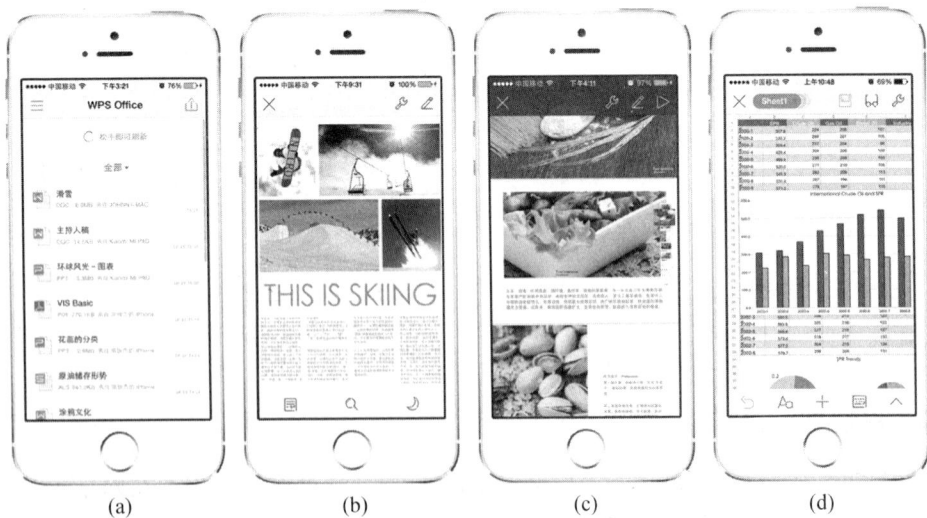

（a）　　　　　　（b）　　　　　　（c）　　　　　　（d）

图 6-65　WPS Office 移动版

⚠ **提示**：WPS Office 6 内置自动同步服务，这意味着用户的文档可以在所有设备上使用。通过登录账号来开启服务，可以使用常用的 QQ 账号、WPS 账号、小米账号或者微博账号登录。在任何一部设备做出的更改都会出现在用户所有的设备中，甚至是正在编辑的文件。

4. 日程管理

在移动设备上，也可以将每天的工作和事务安排在日期中，并做一个有效的记录，方便管理日常的工作和事务，达到工作备忘的目的。同 Outlook 一样，手机日程管理应用最重要的功能在于记事、提醒、与他人分享自己的日程。手机上的日程管理软件非常丰富，其中推荐量较大的移动日程管理软件有 91Todo 企业级日程管理、老皇历、Any. DO 待办事件列表等。

91Todo 任务管理不仅能够帮助用户进行个人事务的智能安排及备忘提醒，更创新引入组织协作模式，是一款具有团队多成员间跨多平台（手机、网页、PC）任务同步分发、反馈、跟踪与免费短信、邮件提醒功能的软件。它能在移动互联网时代有效节约自己和他人的时间成本，达到事半功倍的目标。

如何在 91Todo 任务管理软件中添加新的事项呢？91Todo 任务管理将事件分为"待办"、"无截止"、"已过期"和"已完成"4 个类别，如图 6-66 所示。单击窗体上方的 ✚ 按钮，即可打开"新增任务"窗口，如图 6-67 所示。在其中添加相关信息后，单击上方的"确认"按钮即可。

图 6-66　91Todo 事项待办列表　　　　图 6-67　"新增任务"窗口

6.9　本章小结

　　本章主要介绍了网络化办公、事务协同化办理的含义和作用,讲解了可以为网络化办公服务的局域网组建方法。常用办公局域网一般采用星型拓扑结构,当前主要基于 Windows 进行组网。组网完成后,可以实施基于 Windows 的资源共享,为了资料安全,一般共享时需要启用密码保护。

　　针对办公中的邮件管理,可以采用 Outlook 2010 管理邮件,Outlook 2010 能够实现联系人管理、收发邮件管理。同时辅助办公,可以采用 Outlook 2010 进行约会、任务管理。为了保证 Outlook 2010 账户安全,可以启用账户加密。

　　QQ 不仅可以实现日常文字交流,而且可以利用语音通信、视频通信、文档演示、远程协助、建立交流群等方式辅助办公。同时,腾讯微云能够实现文档的在线存储和分享。

　　使用搜索引擎及其高级搜索功能,可以让用户快速查询所需资料。

　　本章还介绍了移动办公的相关概念,说明了移动办公的优点,重点介绍了使用智能终端实现移动办公的方法。

6.10　习　　题

1. 简述网络化办公的含义。
2. 简述网络化办公的主要作用。
3. 阐述事务协同化办理的含义和内容。
4. 设置计算机实现局域网内的文件共享。
5. 设置 Outlook 账号,并接收和发送邮件。
6. 使用百度搜索引擎搜索"秘书的修养",并且排除关键字"礼仪"。
7. 下载并安装微云,从计算机中选择文件上传到微云,并创建分享链接。
8. 完成手机 QQ 和 PC 版 QQ 之间的语音及视频通话。

———————— 高效办公自动化实用技术

第 **7** 章 办公设备的使用及维护

本章要求

- 认识各种办公自动化设备。
- 掌握常见办公自动化设备的种类。
- 熟练掌握操作系统和驱动程序的安装方法。
- 了解打印机、复印机、传真机和刻录机的工作原理。
- 掌握打印机、复印机、传真机和刻录机的常规操作。
- 知道日常办公设备的使用注意事项。

7.1 办公自动化设备简介

人类社会生产的进步和发展,对办公手段的发展和变革起了促进和支持作用。办公设备是实现办公自动化的必备工具。在信息时代,现代办公效率的提高主要依赖于办公设备功能的不断完善和使用方法的逐步简便。而现代办公设备的水平与成熟程度直接影响 OA 系统的应用与普及。

7.1.1 现代办公设备的分类

现代办公设备是现代办公自动化系统中的硬件,根据设备对信息的作用形式,现代办公设备可以分为信息处理设备、信息传输与通信设备、信息复印和复制设备、办公影像设备、办公辅助设备等。办公自动化设备主要包括计算机、打印机、复印机、传真机、扫描仪、数码相机、刻录机、移动硬盘、闪盘等。

7.1.2 现代办公设备和技术发展趋势

随着现代计算机技术和通信技术的发展,人们对改善工作环境的要求逐渐提高。现代办公设备与技术不断发展,并呈现许多新的发展趋势。

(1) 现代办公设备将向着高性能、多功能、复合化和系统化的方向发展。新的现代办公设备不断推向市场,并被广泛应用。

(2) 现代办公系统向着数字化、智能化、无纸化和综合化方向发展。主要体现在多媒体办公计算机软件的进一步丰富和完善、多媒体网络信息的快速反应和实用化、计算机系统及网络系统信息传送技术的进一步提高、计算机系统及网络系统安全保密技术的进一步加强等，并逐步实现各类信息的处理综合化。

（3）通信技术和设备在现代办公中将发挥更大的作用。计算机网络的通信速度将会更快，人们会切身体会到远程办公与本地办公几乎无时间差。新的现代时空观将会迫使人们进一步更新办公观念。

（4）现代办公设备将会更加符合人—机工程的设计标准，使用户能够在充满友好和情感的现代办公设备与环境中愉快地开展办公活动。

7.2　微型计算机

7.2.1　微型计算机简介

如图 7-1 所示，微型计算机简称"微型机"、"微机"，由于其具备人脑的某些功能，所以也称为"微电脑"。它是由大规模集成电路组成的、体积较小的电子计算机。它是以微处理器为基础，配以内存储器及输入输出（IO）接口电路和相应的辅助电路而构成的裸机，体积小、灵活性大、价格便宜、使用方便。把微型计算机集成在一个芯片上，即构成单片微型计算机（Single Chip Microcomputer）。由微型计算机配以相应的外围设备（如打印机）及其他专用电路、电源、面板、机架以及足够的软件，构成的系统叫作微型计算机系统（Microcomputer System），即通常所说的电脑。

图 7-1　微型计算机

一个完整的微型计算机系统包括硬件系统和软件系统两大部分。硬件系统由运算器，控制器，存储器（含内存、外存和缓存），各种输入输出设备组成，采用"指令驱动"方式工作。

软件系统可分为系统软件和应用软件。系统软件是指管理、监控和维护计算机资源（包括硬件和软件）的软件。主要包括操作系统、各种语言处理程序、数据库管理系统以及各种工具软件等。其中操作系统是系统软件的核心，用户只有通过操作系统才能完成对计算机的各种操作。应用软件是为某种应用目的而编制的计算机程序，如文字处理软件、图形图像处理软件、网络通信软件、财务管理软件、CAD 软件等。

7.2.2　微机执行程序的过程

开机后，在 CPU 的控制下，微机把要执行的程序从外存中（如硬盘、U 盘、光盘等）调入内存 RAM 中，然后按照程序设定的指令顺序，将指令逐条取进 CPU 中分析。根据对指令的分析结果，CPU 再发出相应的控制操作命令，控制主机内部部件或通过接口控制外部设备完成指令规定的操作。

7.2.3 微型计算机选配策略

选配办公用多媒体微机时,通常应根据以下注意事项综合考虑。

(1) 微机系统的性能/价格比要较好。

(2) 选符合发展趋势和性能较高的机型,以便在今后较长时期内不被淘汰。

(3) 微机系统的兼容性好,可扩充性强,易于升级。

(4) 具有较强的汉字与多媒体处理功能。

(5) 有完善的通信接口,便于联网。

(6) 选配流行的操作系统软件。

(7) 供方有良好的售后服务承诺和措施。

7.2.4 微型计算机软件安装与使用

1. 操作系统安装

当前主流的计算机操作系统有 Windows 8、Windows 7、Windows XP,计算机必须安装操作系统才能运行。在计算机的光驱中插入操作系统安装盘,从光盘启动,即可开始安装操作系统。除了直接从原光盘安装外,还可以借助第三方的安装工具进行安装。

1) 利用老毛桃 Win PE U 盘工具安装原版 Windows 7/8

提示:老毛桃 Win PE 是一个嵌入式的 XP 的 PE 操作系统,一般做 U 盘工具盘用,系统崩溃时可用来修复系统,还可以备份数据,系统丢失密码后也可以修改密码。老毛桃 Win PE 可以从光盘、U 盘、移动硬盘等启动。有关老毛桃 Win PE U 盘的制作方法,请参考其官方网站。

第 1 步:用老毛桃 Win PE U 盘工具启动计算机,进入老毛桃主菜单界面,将光标移至"【03】运行老毛桃 Win8PEx86 精简版(防蓝屏)",按回车键确认,如图 7-2 所示。

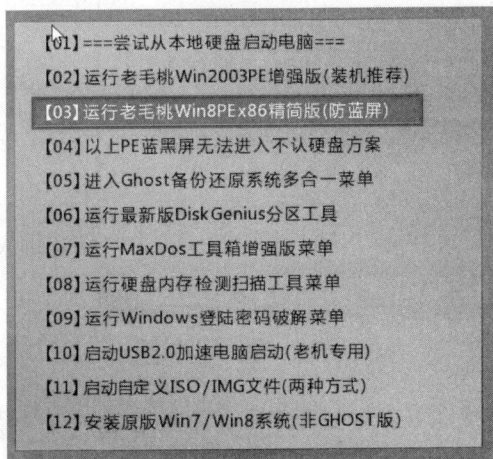

【01】===尝试从本地硬盘启动电脑===

【02】运行老毛桃Win2003PE增强版(装机推荐)

【03】运行老毛桃Win8PEx86精简版(防蓝屏)

【04】以上PE蓝黑屏无法进入不认硬盘方案

【05】进入Ghost备份还原系统多合一菜单

【06】运行最新版DiskGenius分区工具

【07】运行MaxDos工具箱增强版菜单

【08】运行硬盘内存检测扫描工具菜单

【09】运行Windows登陆密码破解菜单

【10】启动USB2.0加速电脑启动(老机专用)

【11】启动自定义ISO/IMG文件(两种方式)

【12】安装原版Win7/Win8系统(非GHOST版)

图 7-2 启动 Win PE

提示：使用 U 盘启动之前，应在 BIOS 的系统启动顺序中调整 USB 设备的启动顺序到最前方。

第 2 步：运行老毛桃智能快速装机 PE 版，在映像路径中选择 Windows 7 光盘映像文件，如图 7-3 所示，程序会自动加载此 ISO 文件，并搜索和列出里面的安装文件 install. wim，选择该文件。

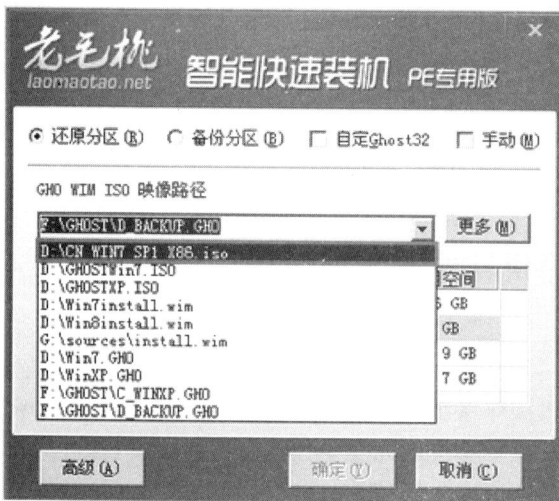

图 7-3　选择系统源盘的 ISO 文件

第 3 步：选择需要安装的 Windows 版本，选择需要安装的分区，如图 7-4 所示，单击"确定"按钮，进行下一步，选择格式化分区操作后开始安装。

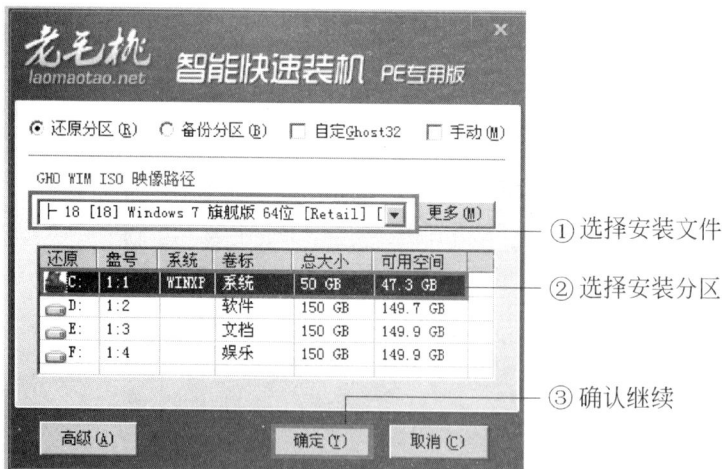

图 7-4　选择要安装的分区

第 4 步：等待安装完成和引导修复完成后自动重启，就可以开始安装 Windows 7，如图 7-5 所示。

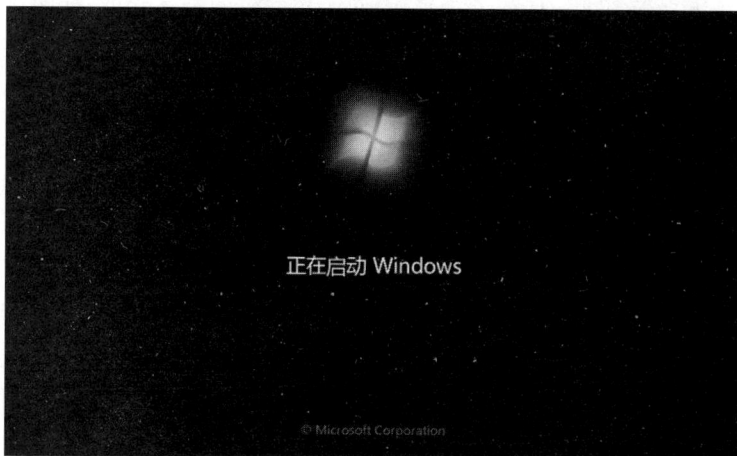

图 7-5　开始安装 Windows 7

2）利用老毛桃 Win PE U 盘工具安装 Ghost 版 Windows 7/8

⚠️ **提示**：Ghost 是美国赛门铁克公司旗下的硬盘备份还原工具，Ghost 版一般指由该工具制作的装机系统。

利用老毛桃 Win PE U 盘工具安装 Ghost 版 Windows 7/8，具有速度快的优势，具体步骤如下。

第 1 步：用老毛桃 Win PE U 盘启动工具启动并进入 Win PE 系统。

第 2 步：进入 Win PE 系统，双击桌面上的"老毛桃 PE 一键装机"工具，程序会自动检测各磁盘中所存储的系统镜像文件，并显示出来，以便于选择，如图 7-6 所示。若工具没有识别到所存放的系统镜像文件，则可以通过单击右边的"更多"按钮进入深层目录选择。

第 3 步：选择一个硬盘分区，安装系统，这里默认第一个分区进行安装。一切选择完毕，单击"确定"按钮后会弹出一个提示窗口，如图 7-7 所示，单击"是（Y）"后即可开始进行系统安装。

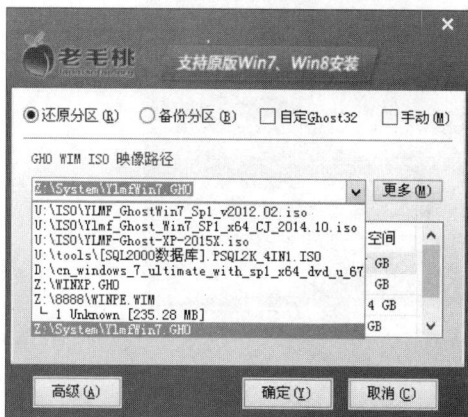

图 7-6　选择映像文件

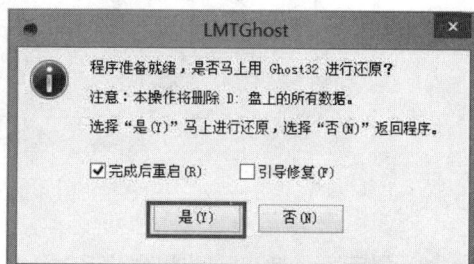

图 7-7　确定完成后重启

第 4 步：接下来无须进行任何手动操作，只需等待复制系统文件，如图 7-8 所示。

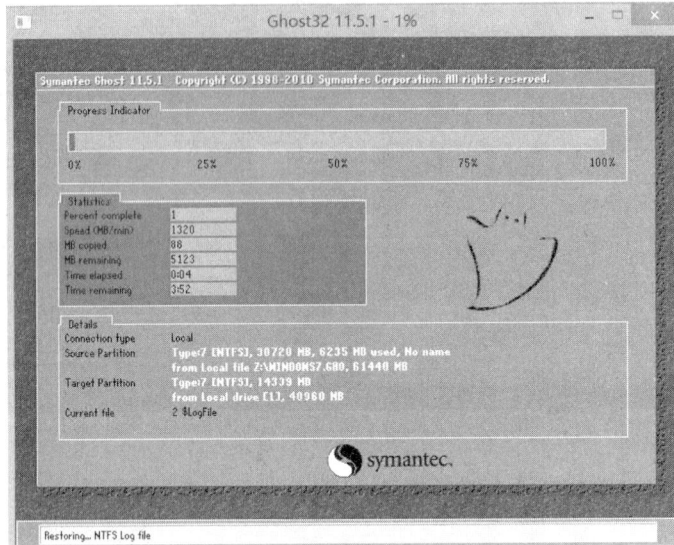

图 7-8　等待复制系统过程

第 5 步：待系统复制完成后，从硬盘重新启动计算机，计算机则会继续执行后续的系统安装工作，只要静静等待系统安装过程结束后重新启动进入到系统桌面即可，如图 7-9 所示。

图 7-9　进入系统

提示：采用 Ghost 版安装系统，一定请确定合法的用户版权许可。

高效办公自动化实用技术

2. 安装驱动程序

驱动程序(Device Driver)的全称为"设备驱动程序",是一种可以使计算机和设备通信的特殊程序。它相当于硬件的接口,操作系统通过这个接口才能控制硬件设备的工作,假如某个设备的驱动程序未能正确安装,便不能正常工作。因为这个原因,驱动程序在系统中的地位十分重要,一般操作系统安装完毕后,首要任务便是安装硬件设备对应的驱动程序。

在大多数情况下,操作系统已经自带了部分硬件的驱动程序,常见的设备(硬盘、显示器、光驱等)在操作系统安装成功后就可以直接使用,而显卡、声卡、扫描仪、摄像头、Modem 等就需要单独安装对应的驱动程序。另外,不同版本的操作系统对硬件设备的支持也是不同的,一般情况下,版本越高,所支持的硬件设备也越多。

问题:如果操作系统默认情况下不带有某种硬件的驱动程序,需要怎么解决呢?

要给操作系统默认不能识别的硬件安装驱动程序,可以按照以下两种方法处理。

第 1 种:如果拥有该硬件的驱动程序安装文件,可以直接使用驱动程序安装文件。也可以让操作系统搜索 Windows Update 上的驱动程序。

第 2 种:可以使用"驱动精灵"或"驱动人生"等软件辅助自动识别和安装驱动。下面以驱动精灵为例说明该方法。

(1)访问驱动精灵网站 http://www.drivergenius.com/,然后下载其安装软件,如图 7-10 所示,如果当时计算机没有正确安装网卡驱动程序,建议下载驱动精灵万能网卡版。

图 7-10　安装驱动精灵

(2)启动驱动精灵,使用"一键体检"的功能,如图 7-11 所示,驱动精灵就能检查出该计算机上的驱动情况。单击"驱动向导",就可以开始安装缺失的硬件驱动,单击"立即升级",就可以开始升级驱动程序,如图 7-12 所示。

图 7-11　一键体检

图 7-12　安装驱动程序

3. 计算机使用注意事项

（1）正确的开/关机顺序：先接通并开启计算机的外部设备电源，如显示器、打印机等，再开启计算机主机电源；关机顺序正好相反，先关主机电源，然后再断开其他外部设备电源。

（2）开关机不要过于频繁，关机后不要马上开机，主机电源的开关间隔最好不低于 10s。

（3）注意进行计算机除尘。由于计算机机箱并不是完全封闭的，而且静电会吸附灰尘，因此灰尘很容易进入计算机。灰尘附着在集成电路表面时，会造成散热不畅，严重时会造成短路；如果光驱的光头上吸附了过多的灰尘，容易造成读盘能力急剧下降；显示器中的过多灰尘容易使显示器烧毁；另外，键盘、鼠标等其他配件也怕灰尘。

（4）接通电源后，计算机的各种设备不要随意搬动，不要热插拔各种接口卡及外部设备和主机的信号电缆，支持热插拔的设备除外。

（5）计算机运行时，如无特殊情况，请勿人为断电以及按机箱重启按钮。

（6）U 盘、光盘等外部存储设备，使用完毕后需及时拔出。

（7）计算机运行时，敲击键盘、鼠标不要太用力，轻触即可，这样既省劲又可延长设备寿命。

（8）如无绝对把握，请勿随意添加、删除、更改文件和设置（特别是 C 盘）。

（9）C 盘、桌面勿放置重要的文件；如有重要文件，要做好数据备份，可以拷贝到 U 盘、光盘、移动硬盘或者其他电脑。

（10）定期查杀计算机病毒。

（11）如需关机，要先关闭当前所有窗口，再依次选择"开始"→"关闭计算机"，然后等待程序关闭，计算机及主机外指示灯全灭。

（12）关机后，若几小时内不用计算机，则最好切断外部总电源。

（13）雷雨天气时，建议不要使用计算机，切断电源，防止雷击。

（14）擦拭屏幕或键盘时，请勿将清洁液直接喷到需要清洁的部位，可先将清洁液喷到柔软的布料上，再去擦拭。

（15）停电频繁或接到停电通知时，要及时关机，如果已经停电，须关闭总电源，防止突然来电损坏计算机硬件设施。

（16）应避免计算机长期闲置不用。如果计算机长期不用，每一个月也应该通电一两次，每一次的通电时间应不少于 2h。

7.3 打　印　机

打印机（Printer）是计算机的输出设备之一，用于将计算机处理结果打印在相关介质上。衡量打印机好坏的指标有 3 项：打印分辨率、打印速度和噪声。打印机的种类很多，按打印元件对纸是否有击打动作，分为击打式打印机与非击打式打印机。

按打印字符结构，打印机分为全形字打印机和点阵字符打印机。按一行字在纸上形成的方式，打印机分为串式打印机与行式打印机。按所采用的技术，打印机分为柱形、球形、喷墨式、热敏式、激光式、静电式、磁式、发光二极管式等打印机。

7.3.1 针式打印机

如图 7-13 所示，针式打印机是一种特殊的打印机，和喷墨、激光打印机都存在很大差异。针式打印机是通过打印头中的针击打复写纸，从而形成字体，可以根据需求选择多联纸张，一般常用的多联纸有 2 联、3 联、4 联纸，也有 6 联的打印机纸。只有针式打印机能够快速完成多联纸一次性打印，喷墨打印机、激光打印机无法实现。针式打印机很长一段时

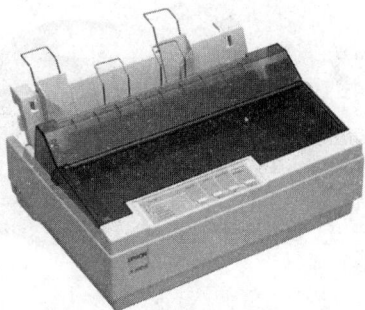

图 7-13 针式打印机

间占有着重要的地位,从 9 针到 24 针,可以说针式打印机贯穿着这几十年的始终。它之所以能长时间流行不衰,与其极低的打印成本、很好的易用性以及单据打印的特殊用途是分不开的。正因为如此,针式打印机在日常办公中一直都有自己独特的市场份额,服务于一些特殊的行业用户,主要用于票据打印。

针式打印机的耗材是色带,色带分宽带和窄带,部分色带可以单独更换,部分色带须连色带架一起更换。可以根据需要更换不同颜色的色带。

使用针式打印机时,最常见的就是色带故障,下面介绍几种打印机色带故障解决方法。

(1)色带断裂。色带的拉力过大,拉断缝合线或字锤打烂色带导致色带断裂。前一种情况可将断裂部分剪掉,重新缝合好;后一种情况只要更换色带即可。

(2)色带被卡。色带的边缘脱丝、起毛后容易缠住色带轮,导致色带轮被卡,色带不能正常缩回色带盒。解决方法是:首先打开打印机盖,打开色带转臂与锤排联锁手柄,在色带盒的送带端将色带轻轻拉回,然后合上色带转臂与锤排联锁手柄,打开电源,机子自检后,色带就会被装回色带盒。

(3)霍尔效应器损坏。色带频繁的卡带,霍尔效应器不断受到挤压,进而造成损坏断裂。这种故障只能更换色带转臂总成(总成:实现一个特定功能的零部件系统总称)或用色带运动传感器替代。

(4)色带主动轮驱动带磨损或断裂。这种故障是由于驱动带使用时间过长或字符链摩擦驱动带引起的。解决方法是:调整字符链的位置,使其不再摩擦驱动带;已断裂的,要更换。

(5)色带运动传感信号无故中断。先检查色带运动传感信号线是否已经损坏,若断裂,要更换信号线;再检查一下互锁转换板上 J6 插座处的色带运动传感信号线是否损坏或接触不好,请更换或插好信号线。

7.3.2 喷墨打印机

如图 7-14 所示,喷墨打印机是在针式打印机之后发展起来的,采用非打击的工作方式。比较突出的优点有体积小、操作简单方便、打印噪音低、使用专用纸张时可以打出和照片相媲美的图片等。经过若干年的磨炼,喷墨打印机的技术已经取得了长足发展。按工作原理喷墨打印机可分为固体喷墨和液体喷墨两种,现在又以后者更为常见。液体喷墨就是通过数字电路控制打印喷头点阵喷射打印墨水,完成打印。液体喷墨方式又可分为气泡式与液体压电式。气泡技术(Bubble Jet)使用加热喷嘴,使墨水产生气泡,喷到打印介质上。喷墨打印机因有着良好的打印效果和较低的价位,占领了广大中低端市场。此外,喷墨打印机还具有更为灵活的纸张处理能力。在打印介质的选择上,

图 7-14 喷墨打印机

喷墨打印机也具有一定的优势：既可以打印信封、信纸等普通介质，还可以打印各种胶片、照片纸、光盘封面、卷纸、T恤转印纸等特殊介质。

打印图像时，喷墨打印机需要执行一系列繁杂程序。当打印机喷头快速扫过打印纸时，它上面的无数喷嘴就会喷出无数小墨滴，从而组成图像中的像素。在打印机头上，一般都有48或48个以上的独立喷嘴，喷出各种不同颜色的墨水。例如，Epson Stylus photo 1270 的48个喷嘴分别能喷出5种不同的颜色：蓝绿色、红紫色、黄色、浅蓝绿色和淡红紫色，另外还有喷出黑色墨水的48个喷嘴。一般来说，喷嘴越多，打印速度越快。不同颜色的墨滴落于同一点上，形成不同的复色。用显微镜可以观察到黄色和蓝紫色墨水同时喷射到的地方呈现绿色。所以可以这样认为：打印出的基础颜色是在喷墨覆盖层中形成的。通过观察简单的四颜色喷墨的工作方式，可以很容易理解打印机的工作原理：每一像素上都有0到4个墨滴覆盖于其上。一些打印机还可通过颜色的组合，如"蓝绿色和黑色"或者"红紫色，黄色和黑色"的组合，产生16种不同的颜色。

喷墨打印机的耗材是墨水和一体式墨盒。根据打印色不同，喷墨打印机有4种颜色、5种颜色或6种颜色等几种，如果墨水用完，一般可以单独更换其中一种颜色的墨水，而不必像早年的喷墨打印机，只要其中一种颜色的墨水用完了，就需要连同余下的颜色一起换掉。有些打印机墨水用完后，只要换用完的墨水，而打印喷头可以永久使用，这种打印机换墨水的成本较低，但如果打印头多次使用，打印质量会有所下降，也容易出现堵塞喷嘴的问题，严重的话要维修或报废。有些打印机喷嘴和墨盒是一体的，更换墨盒时，连同墨盒底部的喷嘴也一同换下来，这种墨盒比较贵，但不会出现喷嘴堵塞的问题，如果堵塞，换掉墨盒后打印机还能用，打印质量可以保持精美。

使用喷墨打印机时需要注意如下几点。

(1) 使用彩色喷盒（这里指同体的墨盒）的过程中，要注意红、黄、蓝等各种色调的均衡使用，不要只打印偏重一种颜色的图片，因为只要墨盒中用尽一种颜色，即使其他颜色未用尽，喷墨盒也无法继续使用。一般来说，打印图片的分辨率越高，使用的墨水也就越多。浅色消耗较少的墨水，鲜红或蓝色的复合色需要一种以上的基本颜色合成，因而需要消耗较多的墨水。

(2) 不要频繁开关打印机，因为许多类型的打印机开机时都会执行自检程序，会消耗墨水。尽量将需要打印的材料集中起来一起打印（但同时要注意不要让打印机连续工作过长时间），这样也会节省墨水。

(3) 如果一体式墨盒打印头干结堵塞，可采取以下方法予以改善。

① 将打印头部分（不包括电路板）浸入温水中10～20min，让温水溶解掉干结的染料（注意：保持电路板的干燥）。

② 将打印头放在几张柔软而干燥的纸巾上面，让纸巾慢慢将喷嘴的残留水分和墨水吸干，不要使劲擦拭打印头。如果墨盒需马上使用，将之放回打印机内的正确位置即可。如果暂时不用，可购买特制的打印头保护座（夹）妥善储存，保护座（夹）内的橡胶垫可阻隔空气，保持喷嘴的长久湿润。

③ 墨盒缺墨水时千万不要再打印，以免使喷头烧毁。

7.3.3　激光打印机

如图 7-15 所示,激光打印机脱胎于 20 世纪 80 年代末的激光照排技术,流行于 90 年代中期。它是将激光扫描技术和电子照相技术相结合的打印输出设备。其基本工作原理是通过视频控制器,将计算机传来的二进制数据信息转换成视频信号,再由视频接口/控制系统把该视频信号转换为激光驱动信号,然后由激光扫描系统产生载有字符信息的激光束,最后由电子照相系统使激光束成像,并转印到纸上。与其他打印设备相比,激光打印机有打印速度快、成像质量高等优点。但使用成本相对高昂。

图 7-15　激光打印机

激光打印机是利用激光扫描成像技术使成像鼓充电,带上静电后吸引碳粉,同时加热辊加热纸张,把碳粉熔在纸张里面,从而完成热成像。激光打印机的常用耗材主要是硒鼓,激光打印机硒鼓可以打印上千张纸。

激光打印机的主要耗材是墨粉和硒鼓。有些激光打印机的墨粉和硒鼓是分离的,墨粉用完后,可以方便地填充墨粉,然后继续使用,直到硒鼓老化更换;有些激光打印机的墨粉和硒鼓是一体的,墨粉用完后,硒鼓要弃掉,造成一定的浪费。硒鼓的成本占整机成本的较大比例。

激光打印机有高压电路和高温电路,其电子辐射和热辐射都对人体有一定影响,孕妇及幼儿应远离这些设备。打印过程中,高温加热会带出一些粉墨颗粒物,对呼吸不利,应尽量避免长时间在激光打印机旁边工作。

与针式打印机和喷墨打印机相比,激光打印机有非常明显的优点。

(1) 高密度。激光打印机的打印分辨率最低为 300dpi,还有 400dpi、600dpi、800dpi、1200dpi 以及 2400dpi 和 4800dpi 等高分辨率。

(2) 高速度。激光打印机的打印速度最低为 4ppm,一般为 12ppm、16ppm,有些激光打印机的打印速度可以达到 24ppm 以上。

(3) 噪声低。一般在 53dB 以下,非常适合在安静的办公场所使用。

(4) 处理能力强。激光打印机的控制器中有 CPU,有内存,控制器相当于计算机的主板,所以它可以进行复杂的文字处理、图像处理、图形处理,这是针式打印机与喷墨打印机不能完成的,也是页式打印机与行式打印机的区别。

7.3.4　其他打印机

在日常办公中,除了以上三种最常见的打印机外,还有热转印打印机和大幅面打印机等几种应用于专业方面的打印机机型。热转印打印机是利用透明染料进行打印的,它可以打印出接近于照片的连续色调的图片来，一般用于印前(上机印刷之前所涉及的工艺流程)处理及专业图形输出。大幅面打印机的打印原理与喷墨打印机基本相同，但打印幅宽一般都能达到 24inch(61cm)以上。它的主要用途一直集中在工程与建筑领域，但随着其墨水耐久性的提高和图形解析度的增加，大幅面打印机也越来越多地应用于广告制作、大幅摄影、艺术写真和室内装潢等装饰宣传领域中，又成为打印机家族中重要的一员。

7.3.5 打印服务器

一般不需要为一个办公室内的所有员工都单独配置一个打印机，可以通过打印服务器共用一个打印机，它提供简单而高效的网络打印解决方案。打印服务器虽然也是服务器，但网络打印服务器的外形却与日常的计算机服务器大相径庭，如图 7-16 所示。网络打印服务器分外置和内置两种，内置网络打印服务器一般和网络打印机一起打包售出，也就是各大打印机厂商销售的网络打印机。而外置网络打印服务器则是为已经购买了打印机的用户设计的。通过打印机的 USB 口和并口，就可以连接外置网络打印服务器，使其轻松升级为网络打印机。

在网络中，将打印服务器一端连接打印机，一端连接网络(交换机)，如图 7-17 所示，打印服务器在网络中的任何位置，都能够很容易地为局域网内所有用户提供打印。连接局域网内的电脑无数量限制，极大地提高了打印机利用率。可以这样认为，打印服务器为每一个连接在局域网内的电脑提供了一台打印机，实现了打印机共享功能。

图 7-16　打印服务器

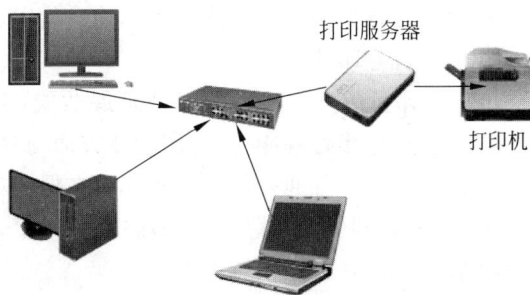

图 7-17　打印服务器连接方法

7.4　复　印　机

复印机是在日常办公中进行文书复制的重要办公设备。复印机是从书写、绘制或印刷的原稿得到等倍、放大或缩小的复印品的设备。复印机复印的速度快，操作简便，与传统的铅字印刷、蜡纸油印、胶印等的主要区别是无须经过其他制版等中间手段，而能直接从原稿获得复印品。复印份数不多时较为经济。按工作原理划分，复印机可分为光化学

图 7-18　复印机

复印机、热敏复印机、静电复印机和数码激光复印机 4 类,目前主要以数码复印机为主。

图 7-18 所示为数码复印机,它与模拟复印机的主要工作原理不同。模拟复印机的工作原理是:通过曝光、扫描,将原稿的光学模拟图像通过光学系统直接投射到已被充电的感光鼓上,产生静电潜像,再经过显影、转印、定影等步骤完成复印过程。数码复印机的工作原理是:首先利用 CCD(电荷耦合器件)传感器,对通过曝光、扫描产生的原稿的光学模拟图像信号进行光电转换,然后将经过数字技术处理的图像信号输入到激光调制器,调制后的激光束对被充电的感光鼓进行扫描,在感光鼓上产生由点组成的静电潜像,再经过显影、转印、定影等步骤,完成复印过程。

7.4.1　数码复印机的常用功能

数码复印机在日常办公中常见的功能有复印、打印、扫描及网络应用等功能。

(1)复印功能是复合机的核心功能,提供高效且丰富的文档复制处理功能,大幅度提高工作效率。短时间的预热及最快至 80 页/min 的作业输出能让用户体验卓越的高生产率;复印的高清晰度使文档图像更加清晰与生动。它可以彻底取代普通复印机,作为办公中的复印设备,其复印性能和功能又远远超出传统复印机,不仅复印内容可以存储,而且可以衍生很多特色的复印功能。例如缩放复印、海报复印、名片复印、组合复印等,实现多种实用的文件复印功能。

(2)打印虽然是复印机的一种延展功能,但它可以完全作为打印机使用,从打印速度、打印质量、纸张处理能力、打印功能方面与打印机完全一致,而在打印负荷和单页打印成本方面还要优于普通打印机。复印机在保密打印、存储打印、网络打印等技术上与打印机保持了一致,即使在彩色发展潮流中,数码复印机与打印机领域也保持了同步,似乎没有理由将其排斥在打印领域之外。

(3)扫描功能同样是复印功能的一种延展,相较于普通的扫描仪,数码复印机的功能更加面向文档扫描,没有片面追求扫描分辨率和色深,对文档中的文字和图片扫描完全没有问题。其扫描速度、批量扫描能力、双面扫描能力又是普通扫描仪无法比拟的。

文档电子化是数码复印机扫描功能的拓展,堆积如山的各种文档和票据的保存和管理是很多办公室头痛的问题,利用数码复印机的扫描功能,可以快速将这些文档电子化,以电子文件的方式保存在计算机中,分类、检索后再输出都非常方便,而且可以改善文件处理、传送流程,是提高办公效率的一个重要发展方向。文档电子化在欧美等发达国家的应用已经非常普及,国内一些政府部门、大型企业和一些现代办公室也在应用。数码复印机配置了强大的处理和存储功能,本身就是一个功能完备的文档处理设备。除了衍生的扫描,增加的打印、传真功能外,还可以利用自身的处理和控制功能完善文档分拣、装订功能,小册子、海报等特色复印、打印功能,保密打印、权限打印等安全和管理功能。

（4）数码复印机可以接入网络,与信息系统和办公系统融合,成为企业信息化系统的重要组成部分。相较于普通复印机,它的另一大改变是人机交互能力大大加强,大尺寸液晶显示屏、触摸输入方式的引入,使其本身成为一种高度智能化、可独立操作运行的信息处理终端。

7.4.2 复印机使用常识

尽管复印机在企业中的普及率很高,但大多数人使用复印机的次数不多,以下是复印机的使用技巧。

（1）摆放复印机的环境要合适,要注意防高温、防尘、防震,还要注意放在不容易碰到水的地方。复印机上不要放置太重的物品,避免面板受到重压而变形,影响使用。最重要的是,要把复印机摆放到通风好的场合,因为复印机工作时会产生微量臭氧,长期接触对操作人员的健康有害。

（2）还要注意复印机的电源问题,一般复印机额定电压在200~240V之间,电源插座电压过高或过低都会影响复印机的正常工作。无论进行插拔电源,还是排除卡纸故障等,都应该先关闭复印机的电源开关再操作,否则会缩短复印机使用寿命,造成故障。

（3）合理预热对延长复印机使用很有帮助,每天应该先对复印机预热半小时左右,使复印机内保持干燥。长时间没有复印任务时,应该关掉复印机电源,节省能耗。平时应该让复印机工作在节能状态,避免因频繁启动预热使复印机的光学元件受到损害。复印零碎文件的时候,也应该将文件积累起来,达到一定数量后一次复印,有效地保护光学元件。

（4）随时注意耗材的剩余量,碳粉量不够发出警告时,应该对复印机进行加粉,否则可能造成复印机故障。加粉时不要选择劣质墨粉,避免影响复印效果,对复印机内部的硒鼓造成磨损。更要注意的是,千万要避免复印机内部掉落墨粉,以免造成电路短路,损坏复印机。

（5）添加复印纸时,要正确放置复印纸张,使用平整的高质量的复印纸,纸盘内的纸不能超过复印机所允许放置的厚度。如果使用的纸张不标准或者厚度过厚,就容易出现一次进多纸、不进纸或卡纸现象,严重时会损坏内部的进纸装置。

7.5 传 真 机

如图7-19所示,传真机是应用扫描和光电变换技术,把文件、图表、照片等静止图像转换成电信号,传送到接收端,以记录形式进行复制的通信设备。

传真机按照规定的顺序,通过光学扫描系统,将需发送的原件分解成许多微小单元（称为像素）,然后将这些微小单元的亮度信息由光电变换器件顺序转变成电信号,经放大、编码或调制后送至信道。接收机按照与发送机相同的扫描速度和顺序,将收到的信号放大、解码或解调后,以记录形式复制出原件的副本。

图 7-19　传真机

7.5.1　传真机的分类

按照传送色彩,传真机可分为黑白传真机、彩色传真机;按占用频带,可分为窄带传真机(占用 1 个话路频带)、宽带传真机(占用 12 个话路、60 个话路或更宽的频带)。

占用 1 个话路的文件传真机,按照不同的传输速度和调制方式,可分为以下几类。

(1) 采用双边带调制技术,每页(16 开)传送速度约 6min 的,称为一类机。

(2) 采用频带压缩技术,每页传送速度约 3min 的,称为二类机。

(3) 采用减少信源多余度的数字处理技术,每页传送速度约 1min 的,称为三类机。

(4) 将可与计算机并网、能储存信息、传送速度接近于实时的传真机定为四类机。

按用途可分为气象图传真机、相片传真机、文件传真机、报纸传真机等。记录方式多用电解、电磁、烧灼、照相、感热和静电记录等。

按工作原理,市场上常见的传真机可以分为四大类:热敏纸传真机(也称为卷筒纸传真机);激光式普通纸传真机(也称为激光一体机);喷墨式普通纸传真机(也称为喷墨一体机);热转印式普通纸传真机。但是四种传真机在接收到信号后的打印方式是不同的,它们工作原理的区别也基本在以下这些方面。

(1) 热敏纸传真机:热敏纸传真机是通过热敏打印头将打印介质上的热敏材料熔化变色,生成所需的文字和图形。热转印从热敏技术发展而来,它通过加热转印色带,使涂敷于色带上的墨转印到纸上,形成图像。最常见的传真机中应用了热敏打印方式。

(2) 激光式普通纸传真机:激光式普通纸传真机是利用碳粉附着在纸上而成像的一种传真机,其工作原理主要是利用机体内控制激光束的一个硒鼓,凭借控制激光束的开启和关闭,从而在硒鼓产生带电荷的图像区,此时传真机内部的碳粉会受到电荷的吸引而附着在纸上,形成文字或图像图形。

(3) 喷墨式普通纸传真机:工作原理是由步进马达带动喷墨头左右移动,把从喷墨头中喷出的墨水依序喷布在普通纸上,完成打印工作。

7.5.2 传真机使用方法

第1步:首先把要传真的内容放入传真机,一般传真机是将文字面向下放置,如图图 7-20 所示。

第2步:进行拨号。

第3步:然后按监听键,就相当于按了电话的免提键,传真机会有外音。如果不需要外音,直接将听筒提起就可以。

⚠ **提示:**也可以先拨号,再放要传的文件,但是要把握好速度,不要等电话接通了,信号已经给了,内容还没放好,这样就会失败,一般建议先放传真内容。总之要保证电话接通前把文件放好。

第4步:开始传真,有的传真机是自动的,拨通之后就会直接给传真信号,听到刺耳的"滴"的声音,就是有信号了,一般这个信号是连续的,此时按下"传真/开始"按钮,传真就会自动传送了,如图 7-21 所示。

图 7-20 将文件放入传真机

图 7-21 开始传真

⚠ **提示:**有些传真机是电话传真一体的,拨打的号码是有人先接听的,电话接听后告诉人家你要发传真,请她给你个传真信号就可以了。要注意,也是要等到听到传真信号响起"滴……"的声音,才可以按下"传真/开始"按钮开始传送。

7.5.3 传真机使用注意事项

使用传真机时需要注意以下几点。

(1)不能私自拆卸传真机部件。如果接触设备内部暴露的电接点,将引起电击,如出现故障,应将传真机交给所在地经授权的传真机维修商维修。

(2)传真机只能在水平的、坚固的、稳定的台面上运行。

（3）传真机的背面、底面均有通风孔。为避免传真机过热（将引起运转反常），请不要堵塞和盖住这些孔洞。不应将传真机置于床上、沙发上、地毯上或其他类似的柔软台面上。传真机不应靠近暖风或热风机，也不应放在壁橱内、书柜上及其他通风不良的地方。

（4）传真机所用电源只能是设备上标注的电源类型。应确认插在墙面电源插座上的所有设备所用的总电流不超过插座断路器的电流整定值。

（5）不允许电源软线挨靠任何物品。不要将传真机放置在电源软线会被踩到的地方。确认电源软线无绞缠、打结。

（6）不要使传真机靠近水或其他液体，如果设备上或设备内溅了水，应立即拔去电插头，并给所在地经授权的传真机维修商打电话。

（7）不要使小件物品（如大头针、曲别针或钉书钉）掉入传真机内，如果有东西掉入，应立即断电，并给所在地授权的传真机维修商打电话。

7.6 刻 录 机

刻录机也称为光盘刻录机，是一种数据写入设备，它利用激光将数据写到空光盘上，从而实现数据的储存。其写入过程可以看做普通光驱读取光盘的逆过程。刻录机使用的光盘可分为一次写入和重复擦写盘片。一次写入技术盘片刻入数据时，利用高功率的激光束反射到盘片，使盘片上的介质层发生化学变化，模拟出二进制数据 0 和 1 的差别，把数据正确地存储在光盘上，可以被几乎所有 CD-ROM 读出和使用。由于化学变化产生质的改变，盘片数据不能再释放空间重复写入。重复擦写则采用先进的相变（Phase Change）技术。刻录数据时，高功率的激光束反射到盘片的特殊介质，产生结晶和非结晶两种状态。经过激光束的照射，介质层可以在这两种状态中相互转换，达到多次重复写入的目的。

7.6.1 刻录机的分类

刻录机一般可以分 4 种：CD 刻录（包含 CD-RW 刻录）、DVD 刻录（包含 DVD-RW 刻录）、HDDVD 刻录、Blu-ray Disk（BD）刻录机。

7.6.2 刻录机使用方法

刻录可以使用操作系统自带的刻录功能，也可以使用专业的刻录软件进行，其中比较著名的刻录软件有 Nero。Nero 是一款德国公司出品的非常出色的刻录软件，它支持数据光盘、音频光盘、视频光盘、启动光盘、硬盘备份以及混合模式光盘刻录，操作简便，提供多种可以定义的刻录选项，同时拥有经典的 Nero Burning ROM 界面和易用界面 Nero

Express。

在办公中,经常需要刻录数据光盘,使用数据光盘可以将电脑硬盘里任何类型的文件都刻进光盘。可以将光盘当做小硬盘来使用,读取光盘内容就像读取硬盘里的内容一样容易。使用 Nero 刻录数据光盘非常容易,只需在文件浏览器中找到想刻录的文件,直接拖到如图 7-22 所示的箭头所指的区域,然后单击上方的"刻录"按钮就可以了。

图 7-22　刻录数据光盘

7.7　本 章 小 结

本章介绍了办公自动化设备,包括计算机、打印机、复印机、传真机、刻录机等。就办公设备中使用最广泛的微型计算机相关知识进行了讲解,说明了微型计算机的启动过程和选购策略,重点介绍了微型计算机操作系统安装方法:原版安装和基于 Ghost 文件安装。在安装驱动程序时,可以使用驱动精灵等软件自动安装驱动程序。

打印机是办公自动化设备中非常重要的设备,主要流行的有针式打印机、喷墨打印机、激光打印机,同时为了在办公室共享打印机,可以使用打印服务器。复印机是日常办公中进行文书复制的重要办公设备,当前流行的是数码复印机。传真机可以将文件、图表、照片等转换成电信号,传送到接收端。刻录机可以将资料刻录在光盘上永久保存,刻录机使用的盘片有一次写入和重复擦写两种,刻录机有 CD 刻录和 DVD 刻录,比较流行的刻录软件有 Nero 刻录软件。

7.8 习　　题

1. 完成计算机操作系统和驱动程序的安装。
2. 简述打印机的分类及其各自的特点。
3. 简述复印机的功能。
4. 简述如何在局域网中实现打印机共享。
5. 简述传真机的一般使用方法。
6. 简述刻录机的工作原理。

参 考 文 献

[1] Walkenbach J，Tyson H，Groh M R，etc. 中文版 Office 2010 宝典[M]. 郭纯一，刘伟丽，译. 北京：清华大学出版社，2012.

[2] 周贺来，连卫民. 办公自动化实用教程[M]. 北京：高等教育出版社，2003.

[3] 黄良友. 秘书办公自动化[M]. 北京：高等教育出版社，2013.

[4] 吴卿. 办公软件高级应用[M]. 杭州：浙江大学出版社，2012.

[5] 陈宝明，宣军英. 办公软件高级应用与案例精选[M]. 北京：中国铁道出版社，2010.

[6] 王振. 办公自动化研究综述[J]. 办公自动化杂志，2010（11）：4-7.

[7] 董健全，丁宝康. 数据库实用教程[M]. 北京：清华大学出版社，2001.

[8] 科学工作室. Access 2010 数据库应用（第二版）[M]. 北京：清华大学出版社，2011.

[9] 尹静，朱恽. Access 2010 数据库技术与应用[M]. 北京：清华大学出版社，2014.

[10] 百度百科[EB/OL]. [2015-04-15]. http://baike. baidu. com/.

[11] Word 联盟[EB/OL]. [2015-04-15]. http://www. wordhome. com. cn/.

[12] Office 网站[EB/OL]. [2015-04-15]. http://office. microsoft. com/.

[13] 系统集成网[EB/OL]. [2015-04-15]. http://www. xtjc. com/news/.

[14] MBA 智库百科[EB/OL]. [2015-04-15]. http://wiki. mbalib. com/wiki/.